JN438483

깜도
안 되는 것들이

깜도 안 되는 것들이

장세진 산문집

신아출판사

■ 저자의 말

애꾸눈 나라의 두 눈 달린 병신 같은 짓

편저까지 포함하면 장세진 지음의 37권째 책 『꺍도 안 되는 것들이』를 세상에 내놓는다. 교육에세이로는 8권째 책이다. 2011년 5월 펴낸 『인간의 도리』 이후 불과 1년 7개월 만이다. '불과'라고 말한 것은 일반적으로 책들을 펴내는 주기보다 다소 빠른 듯해서다. 평론집도 아닌 『인간의 도리』를 510쪽이나 되는 책으로 상재한 후 생긴 서두름이고, 그 결과물인 셈이다.

그만큼 할 말이 많았다는 얘기다. 이제 끝나가는 시점이지만, 이명박정부는 역대 어느 정권보다 교육정책 홍수시대였다 해도 과언이 아닐 만큼 많은 일을 벌였다. 10년 만에 정권을 교체한 감격에 겨워 진짜 열심히 해볼 생각이었는지 모르지만, 그러나 이명박정부 5년은 한 마디로 역주행시대였다. 교육분야도 예외가 아니다. 아이러니칼하게도 너무 열심히 하려 한 게 탈이라고 할까!

이 책을 읽다보면 이명박정부의 잘못된 교육정책이나 현실이 적나라하게 드러난다. 세월과 함께 무르익으면 뭔가 좋아지고 진일보해야 살맛이 날텐데, 유독 그렇지 못한 것이 학교현실이다. 단적인 예로 교사의 명퇴 급증이 그것이다. 하늘의 별따기인 교직을 그렇듯 스스로 내던지는 교사들이 해마다 늘어나고 있는 건 분명 심각한 문제이다.

소위 집중이수제의 경우를 보자. 나로선 이름부터 고약하게 생각하는 집중이수제가 학교폭력 심화의 주범이라는 생각이 떠나질 않는다. 학생들의 수업부담을 줄여준다는 명분은 온데간데 없다. 그 단기간으로 인해 학생과 교사가 소통할 기회를 원천봉쇄하고 있는, 아주 나쁜 교육정책이 집중이수제이다. 학생 수 기준 교원 배정 따위도 농산어촌 죽이기라는 참혹한 현실만 남기는 참 나쁜 정책이다.

교육을 시장논리로 재단해선 안된다는 것이 교원단체나 학자 등 전문가의 한결같은 주장인데도 이명박정부는 오불관언, 요지부동을 고수해 왔다. 박근혜 당선인이 새 대통령으로 취임하지만, 내건 공약을 볼 때 별로 나아질 것 같지 않아 보여 걱정이다. 진짜 이런 책이 필요 없는 날은 요원한 일인가? 이런 책 발간이 애꾸눈 나라의 두 눈 달린 병신 같은 짓이라는 생각이 드는 건 그래서다. 그래도 역시 침묵은 금이 아니라 '똥'이다.

장세진 산문집 『깜도 안 되는 것들이』에는 '청렴과 바꾼 교장 자리' 같이 '무식하게' 긴 것도 있지만, ('개 같은' 교육계 현실을 직접 겪고 쓴 글이라 그리 되었다.) 101편의 비교적 짧은 글이 실려 있다. 제5부 끝부분에 있는 몇 편을 제외하곤 『인간의 도리』 이후 2012년 12월까지 쓴 글들이다. 대부분 신문 등에 이미 발표한 글들이지만, 미발표작도 있다. 교육문제를 주제로 한 글들이 대부분이지만, 역시 그렇지 않은 것도 있다. 그냥 수필이라든가 르포며 기행문들이 그렇다. 『깜도 안 되는 것들이』를 산문집이라고 한 것은 그런 이유에서다.

책은 5부로 나누었다. 가장 최근에 발표한 글이 앞에 오게 역순으로 실었다. 수필이나 르포, 기행문들도 발표나 쓴 시점에 맞춰 중간중간 끼게 했다. 아마도 '씹거나 까는' 것이 아닌 그런 글들이 이 책 읽기에 어느 정도 완충 역할을 하지 않을까 생각해본다. 한 권의 책으로 묶다보니 더러 중복되는 내용의 글도 발견된다. 그 사안에 관한 한 그만큼 할 이야기가 많았던 것이라 봐주었으면 한다. 발표 당시 제목과 다른 글들이 더러 있음도 양해 바란다.

한 가지 더 양해를 구할 것이 있다. 난데없는 겹낫표나 낫표 따위가 사용된 점이다. 원래 원고에는 사용하지 않은 부호들인데, 편집과정에서 집어넣은 모양이다. 작은 따옴표로만 작품명을 표기하는 것이 다소 어색했는데, 국립국어원은 과거 세로쓰기 전용이던 겹낫표나 낫표를 부활한다고 한다. 그러고보면 앞서가는 셈인가.

끝으로 선뜻 책으로 묶어준 신아출판사 서정환 대표와 직원 여러분에게 고마움 전한다. 한글작업 등 수고한 '녹원소식' 학생기자들 - 미애 · 우리 · 주혜 · 은녕에게도 마찬가지다. 이런 내용의 책이 나오지 않아도 되는 그런 세상이 아니어서 슬프지만, 그래도 이 글들을 읽어줄 독자들과 출간의 기쁨을 함께 해야겠다.

2013 정초

지은이 **장 세 진**

차례

제1부

제2부

제3부

제4부

제5부

제1부

아무리 생각해도 참 이상한 나라
공모전, 애들 울리지 말아야
대선, 그 변절의 계절
KT를 규탄한다
나도 할 수 있어, 해낼 수 있거든
교원정기인사에 바란다
신사적 대선전은 아직도 요원한가
진로방해꾼
대선 공약에 교원이 없다
청남대 르포, 좋은 대통령을 기대하며
농협은행 불합격 유감
선생님, 너무너무 행복해요
MBC를 어찌 할꼬
일제고사도 특성화고 차별인가
백양촌문학상 부활을 기대하며
'곽노현 학습효과' 되새겨야
제자에게 배운 물의 소중함
금연, 담배를 없애면 될 일
한글날을 다시 법정 공휴일로
역사적 책임감 없는 일본을 어찌 할꼬
고졸 취업의 빛과 그림자

아무리 생각해도 참 이상한 나라

박빙 승부라는 예상과 다르게 제18대 대통령선거는 박근혜후보의 승리로 싱겁게 끝나버렸다. '싱겁게'라고 말한 것은 개표 과정에서 일찌감치 '박근혜후보 당선유력'이 TV 자막에 뜬 이래 한 번도 엎치락뒤치락하지 않은 채 108만여 표 차로 결과가 정해졌기 때문이다.

박근혜후보의 득표율은 51.6%다. 17대 대선 63.0%에 비해 12.8% 포인트나 높은 투표율 75.8%인데도 과반을 넘어선 역대 최초의 득표로 제18대 대통령에 당선된 것이다. 그와 동시에 한국 최초의 부녀 대통령, 여성 대통령, 미혼 대통령 등 한국정치의 역사를 새로 쓰게 되었다.

일단 박근혜 당선인에게 축하를 보낸다. 그러면서도 대한민국은 '참 이상한 나라'라는 의구심을 떨굴 수 없다. 박근혜후보가 당선되어선 안될 여러 이유가 있음에도 불구하고 대통령이 되어서다. 가령 박근혜후보 당선에 결정적 기여를 한 것은 50~60대의 높은 투표율과 압도적 지지로 분석되었다.

50대인 필자로선 우선 그것이 이상하다. 예컨대 "50대들 '내 자식의 미래 걱정돼서, 내 자식과 다른 선택했다"(조선일보, 2012.12.21)를 들 수 있다. 자식들을 위해서라면 그들이 지지하는 후보에 뜻이 모아져야 일반적이고 상식적 아닌가?

거기서 필연적으로 떠오르는 게 있다. 통합진보당 이정희후보다. 파급력이 엄청난 TV토론회에서 이후보는 "박근혜후보를 떨어뜨리려고 나왔다"고 말하는 등 공격적 태도로 일관했다. 50~60대 보수표가 결집한 주요 요인중 하나라는 분석이 설득력있게 들리는 이유이다.

임성호 경희대 교수는 "5060세대 역시 현실에 불만이 있지만, 그보단 불안감이 더 큰 세대"라며 "경제와 북한문제 등에서 상대적으로 덜 불안해보이는 쪽에 투표한 것"(앞의 조선일보)이라고 진단한다. 이 역시 50대인 필자로선 도무지 이해 안 되는 진단이다.

북한문제가 중요하지만, 그것이 위기니 불안감으로 다가온 것은 냉전시대 대결의식 때문이다. 이명박정부와 크게 다르지 않은 박 당선인의 대북관으로는 천안함 피폭이라든가 연평도 포격 같은 북한의 국지적 도발이 계속될 개연성이 높다. 50~60대의 박근혜후보 지지는 그런 현상을 이어 가라는 투표인 셈이어서 이상한 것이다.

경제문제만 해도 그렇다. 5년 전 경제전문가라는 이명박후보를 압도적 지지로 대통령에 당선시켰지만, 지금 어떤가? IMF 외환위기때보다 경제가 더 안 좋다고 한다. '민생대통령' 어쩌고 하는데 이제야 하는 말이지만, 무엇보다도 미혼의 박 당선인은 가정을 이루지 않았다. 바구니 물가를 겪어보지 못했다. 커나가는 자식들로 인해 겪는 허리 휘는 교육비 따위를 알 리 없다.

오히려 저 '유신'으로 상징되는 독재자 박정희의 딸은 아무런 제약도 아니다. 이것 역시 박 당선인이 진정한 민주주의자라면 종당엔 '아버지를 밟고 가야 하는' 족쇄로 작용할 가능성이 크지만, 박근혜 후보가 당선되어선 안될 주된 이유는 이미 말했듯 따로 있는 것이다.

50~60대는 소위 '박통' 시절을 겪은 세대이다. 가난한 투사가 '배부른 돼지'보다 더 절실했던 시절을 겪어온 그들이 자식을 위해 모든 걸 30년쯤 전으로 되돌린 이명박정부의 공동 책임자이거나 그 연장선에 있는 박근혜후보를 지지하다니! 그들과 같이 50대인 필자로선 그 '무지'가 놀랍고 짠하다.

그러나 어찌하랴. 이미 선거는 끝났다. 박 당선인이 내건 슬로건대로 '준비된 대통령'에 기대를 걸어보는 수밖에 도리가 없게 되었다. 이제 문재인후보를 찍은 48%의 1469만 2632명은 슬퍼하고 답답하다며 한숨만 내쉴 게 아니다.

참 이상한 나라이지만, 어떻게 통합하고 상생도 하는지 지켜보자. 말할 나위 없이 참 이상한 나라를 만든 주역이나 마찬가지인 민주당 등 야권이 어떻게 환골탈태하는지 눈 부릅뜬 채 살펴보자.

(한겨레, 2012.12.27)

공모전, 애들 울리지 말아야

학생들을 울리는 등 실망시키는 공모전이 있다. 작년에도 겪은 일인데, 개선은커녕 더 심화된 양상이라 교사로서 펜을 들었다. 가령 '내가 꿈꾸는 미래녹색도시 공모전'을 주최한 녹색성장진흥원의 경우 처음 발표한다던 약속을 한 번도 아니고 무려 두 번이나 미루었다.

또 지난 해 제천녹색세상이 주최한 '제7회전국자연사랑 생명사랑 시 공모전' 역시 처음 발표한다던 약속을 두 번이나 미루었다. 올해 공모전에서도 8월 21일 당초 발표 약속을 어기고 9월 1일 발표한 바 있다.

무슨 말 못할 주최측 사정인지 알 수는 없지만, 과연 전국대회를 치를 역량이 있는 단체인지 의구심을 갖게 하는 진행인 것은 분명해 보인다. 홈페이지를 통해 양해를 구했다곤 하지만, 발표일 지연에 면죄부가 주어지는 건 아니다.

공교롭게도 '녹색'이 공통적으로 들어간 이들 단체의 공모전 최고상은 환경부장관상이다. 그걸 보면 환경부 산하 단체이거나 정부로부터 예산을 지원 받는 환경단체들로 관련 행사를 치르는 것이라 짐작된다.

응당 환경을 살리겠다며 관련 단체에서 학생 대상의 공모전이나 백일장을 하는 것은 좋은 일이다. 그런 만큼 그들 단체의 존재가치를 폄훼할 생각은 추호도 없지만, 결국 국민 세금으로 하는 공모전을 그리 '개념없이' 진행해선 안될 것이다.

그 동안 주최(주관)측 홈페이지를 수없이 방문하는 등 시간낭비가 심했음은 물론이다. 어른으로서 어린 학생들에게 '쪽팔릴' 일도 그렇지만, 불신마저 심어준다면 많은 돈을 들여가며 굳이 그런 공모전을 할 이유가 없는 게 아닌가?

그뿐이 아니다. 한국도서관협회 산하 '문학나눔'에서 주최하는 '제19회 우수문학도서독서감상문모집'은 마감 날짜를 미루더니 아니나 다를까 심사결과 발표일까지 10일이나 늦추었다. 마감날짜 연장은 기한에 맞춰 열심히 준비한 많은 응모학생들에게 허탈감을 안겨준다.

심사결과 발표 연기를 예사로 하는 주최측은 명심했으면 한다. 내게 "왜 발표하지 않느냐"며 따지듯 묻는 제자가 있기도 했지만, 대놓고 표현을 안해서 그렇지 어린 학생들일망정 모두 느끼긴 한다는 사실이다.

이런 경우도 있어 지도교사로서 학생들에게 궁색한 처지에 놓이게 되었다. 7월 31일 작품모집을 마감하고 이미 수상자까지 발표한 '제21회원자력공모전'은 참가 학생과 교사에게 준다던 기념품을 12

월 중순인 지금까지도 보내오지 않고 있다.

하긴 그것은 '제43회한민족통일문예제전'에 비하면 양반일지도 모른다. 민족통일전라북도협의회의 경우 10월 5일 시상식 후 두 달이 더 지난 지금까지도 2명의 수상학생 상장을 보내주지 않고 있다. 전화를 두 번씩 했는데도 그렇다. 과연 학생들에게 뭐라 변명해야 하는지 만천하에 답을 구하고 싶은 심정이다.

앞으로 주최측은 툭하면 발표연기 따위 공신력 잃는 행태에서 벗어나기 바란다. 기획 단계에서부터 충분히 검토하여 시행하면 가능한 일이다. 정 힘에 겨우면 주최하지 않으면 될 일이다. 학생 대상 일망정 국민과의 공적인 약속이나 다름없는 무릇 공모전이 애들 장난은 아니지 않은가?

(조선일보, 2012.12.18에 실린 글의 원본임)

대선, 그 변절의 계절

그야말로 제18대 대선이 코앞으로 다가왔다. 안철수 전 후보의 문재인 적극지지 이후 대선 판세는 보수와 진보 1대 1 구도로 짜인 모양새다. 그중 보수대연합의 똘똘 뭉치기는 1987년 직선제 개헌 이후 처음이라는 평가를 받고 있다. 이러다 전두환, 노태우 전 대통령들까지도 보수대연합에 합류하지 않을까 싶다.

김영삼 · 김종필 · 이회창 · 이인제 등 전 대통령 내지 정당 대표들은 그렇다 치자. 친인계 핵심인 이재오 의원이나 박세일 한반도선진화재단이사장의 박근혜 후보 지지도 나름 설득력 있어 보인다.

보수대연합에 설득력이 떨어져 오히려 화룡정점인 것은 '리틀 DJ'라 불리우는 인사(전 새천년민주당 대표)의 박근혜 후보 지지다. 이른바 동교동계의 박근혜 지지 인사는 그뿐이 아니다. 김대중 대통령 비서실장을 했던 인사 등 여러 명이다.

문단에선 박정희 독재정권 탄압의 한 상징이었던 '오적'의 시인 김지하가 '원수의 딸'인 박근혜 지지에 나서 때아닌 감동을 선사하고 있다. 이를테면 대선, 그 변절의 계절을 폭설, 한파와 함께 온몸으로 맞고 있는 셈이다.

야당이거나 재야인사였던 그들이 왜 그런 결정을 했는지 자세히 알 수는 없다. 지난 시절의 탄압과 굴욕을 흐른 세월에 묻어둔 용서와 화해로 보이지도 않는다.

박근혜 후보 지지가 변절이라는 비판에 대해 김지하는 "뭐가 변절이냐? 누가 내 동지냐? 민주화운동이 무슨 당에 속한 것이냐?"(경향신문, 2012.12.6) 강변하지만, 썩 공감되진 않는다. 특히 동교동계의 이합집산은 김대중 대통령 서거로 이미 구심점을 잃은 상태라 해도 한국정치사의 오점으로 남을 가능성이 크다.

전 새천년민주당 대표의 경우, 언론보도에 의하면 이른바 친노세력에 대한 사감도 많이 작용해 그런 선택을 한 것으로 보인다. 설사 지난 총선에서의 공천 탈락 등 소외감이 컸더라도 "나를 무시해. 니들 맛 좀 봐라." 하는 억하심정으로 평생 쌓아온 정치 신념이나 브랜드를 포기하는 일은 득보다 실失이 많지 않을까?

전 새천년민주당 대표의 박근혜 후보 지지는 문재인 후보의 버팀목이라 할 친노세력의 포용력 부재가 원인일 수도 있다. 또 정치적 선택은 민주사회에서 개인의 자유에 속하는 문제이기도 하다. 그렇더라도 변절의 계절, 대선을 지켜보는 일은 씁쓸하다. 우울하다.

그에 반해 '정권교체와 새 정치를 위한 국민연대'의 진보대연합은 대체로 그럴 듯해 보인다. 민주당과 진보정의당, 안 전 후보 캠프, 재야 · 시민단체 등 범야권이 두루 진보대연합을 이루고 있어서다. 또 변절로 보이는 과거 한나라당이나 새누리당쪽 인사의 진보대연합 합류가 없어서이기도 하다.

김덕룡 전 한나라당 원내 대표의 문재인후보 지지 선언이 있었지만, 그의 본류는 야당이었기에 '귀환' 쯤으로 봐줘도 무방할 듯하다. 어쨌든 상대적으로 정치 거물은 없어 보인다는 게 진보대연합의 한 특징이다.

그렇게 보수 대 진보로 재편되고 보니 흥미로운 게 있다. 보수대연합 세력은 후보를 빼곤 많은 면면들이 '올드 보이'라는 사실이다. 그들의 박근혜 후보 지지로 인해 대선 승리가 이루어져도 크게 할 일은 없어 보이는 것이다. 글쎄, 그것이 새 정치를 위한 대통합일지 의아스럽다.

반면 진보대연합은 '한물 간' 인물들이 아니다. 원로가 없는 건 아니지만, 구태정치에 비교적 때 묻지 않은 인사들이 대거 포진해있다. 변절의 계절일망정 대선을 지켜보는 일이 흥미로운 또 하나의 이유이다.

(전북연합신문, 2012.12.17)

KT를 규탄한다

프로야구가 르네상스를 맞고 있다. 715만 관중은 걸출한 스타들을 배출한 축구도 '감히' 따라오지 못하는 꿈의 숫자라 할 수 있다. 축구 외 스포츠에 별 흥미가 없는 필자로선 다소 이해 안 되는 일이지만, 715만 관중시대의 프로야구는 엄연한 현실이다.

전라북도가 10구단 창단에 부심하는 것은 그래서라고 보아도 무방할 듯하다. 715만 관중의 '국민스포츠'에 소외되어 도민들이 느낄 상대적 박탈감을 해소해보자는, 뭐 그런 것 말이다. 사실 전라북도 홀대는 LH(한국토지주택공사) 경남 이전, 30년 동안 경무관 승진 전무, 6년 연속 '올해의 스승상'(교과부 · 조선일보 공동 주최) 배제 등 심각한 수준이다.

사정이 그런데도 KT가 수원과 손을 잡아버렸다. 수원을 연고로 삼는 프로야구 10구단 창단 의사를 공식 발표한 것이다. 지난 해 연고 기업으로 의향을 타진했던 KT였는데, 수원과 '짝짜꿍'이 됨으로써 전북은 뒤통수를 아주 세게 맞은 셈이 됐다.

기업의 경제논리라면 할 말이 없지만, 할 일은 있다. KT불매운동이 그것이다. 아니나다를까 도의회 조형철 전라북도프로야구제10구단 유치지원특별위원장이 KT불매운동을 주장하고 나섰다. 전북도와 상공회의소, 지역정치권도 부산한 움직임을 보이고 있다.

그러나 어찌된 일인지 KT불매운동 목소리는 이내 잦아들고 만 양상이다. 재래시장 등 골목상권을 살리기 위한 대형마트 휴무제 등 상생이 시대의 흐름인 점을 감안해보면 아무리 기업의 경제논리라지만, KT의 수원과 업무협약 체결은 규탄받아 마땅하다.

더욱이 KT 국내 지분 51% 가운데 가장 많은 6.69%를 갖고 있는 곳이 국민연금관리공단이라고 한다. LH를 경남에 빼앗기고 꿩 대신 닭 격으로 전주·완주 혁신도시로 이전해오는 것이 국민연금관리공단 아닌가? 그래서 문재인 야권단일 대통령후보는 기금운용본부 전북 이전을 대선 공약으로 걸기도 했다.

그런데 정작 KT는 수원과 손을 잡았다. 박탈감, 배신감은 이루 다 말할 수 없을 지경이다. 10개 구단 중 반절이 수도권에 집중되는 걸 뻔히 알면서도 수원과 손잡은 KT의 처사는 지역균형 발전이라는 시대정신에 역행하는 '개념없는 짓'이라 해도 결코 지나친 말이 아니다.

KT의 수원과의 짝짜꿍은 이석채 회장이 2010년 발표, 시행한 "중소기업의 기술과 자원을 빼앗지 않고, 이들과 경쟁하지 않겠다"는 '3불'과 배치된 행태이기도 하다. "취임 4년차 이석채 KT회장의 '상생경영' 뚝심"(동아일보, 2012.11.23)이란 제하 기사가 공허하게 느껴지는 건 그래서다.

사실 프로야구는 슬픈 출생담을 안고 있다. 쿠데타로 정권을 잡은 전두환 등 신군부는 국민의 마음을 달래기 위해 일련의 유화정책을 폈다. 1981년 12월 11일 발족 결의에 이은 프로야구 출범도 그 중 하나이다. 요컨대 '정치는 우리가 알아서 할 테니 니네는 야구나 보며 관심 끊으라는 것'이었다.

그때 그랬을망정 구단은 전국적으로 안배되었다. 서울 MBC 청룡, 충청 OB 베어스, 경기 삼미 슈퍼스타즈, 경북 삼성 라이온즈, 경남 롯데 자이언츠, 전라도 해태 타이거즈 등이다. 전북을 연고로 한 쌍방울 레이더스가 있었지만, 지금은 기아의 들러리쯤으로 머물러 있다 해도 과언이 아니다.

두 번 다시 떠올리고 싶지 않은 신군부 쿠데타요, '사생아정권' 제5공화국이다. 그런데도 지금 그 시절을 부러워하듯 떠올리고 있다. 정부에 이어 대기업까지 노골적으로 홀대하는 전북은 과연 버려진 땅, 지금도 '하와이 니쿠사쿠'인가?

도민의 한 사람으로서 절로 그런 생각이 들지만, KBO(한국야구위원회)는 프로야구의 지역균형 발전 측면에서 10구단 창단을 접근해야 할 것이다. 응당 이는 수도권 과밀화 해소 등 지역균형 발전을 바라는 국민으로서의 주문이다.

(전북매일신문, 2012.12.10)

나도 할 수 있어, 해낼 수 있거든

학생수상작품집 『녹원문예』를 벅찬 감격으로 세상에 내놓는다. 교지를 제작하고 학교신문을 발행해왔어도, 지금까지 35권의 내 책을 상재했어도 이런 문집 발간은 처음이다. 글쓰기 지도를 30여 년 해오면서도 이제껏 구상하지 못했던 뜻밖의 수확이요 결실인 셈이다.

엮은이로서 감회가 남다를 수밖에 없는 또 다른 이유는 『녹원문예』가 특성화고인 군산여자상업고등학교 학생들 작품집이어서다. 글쎄, 학과 공부는 일반계고 학생들에게 좀 뒤질지 몰라도 그 외 모든 분야에선 그럴 이유가 하등 없음을 이 책은 보여주고 있다.

예컨대 2011년 졸업생 조혜진은 2학년이던 2009년 지식경제부 우정사업본부가 주최한 '제10회 보은의 달 전국편지쓰기대회'에서 대상을 수상했다. 중 · 고등부 2만 5천여 응모작 중 당당히 1등을 차지한 것이다. 한겨레, 서울신문 등 중앙일간지에 '군산여상 조혜진 양'이 보도되고, KBS 전주방송총국에서 학교로 와 취재했던 일이 지금도 생생하다.

그것도 일종의 전통인가. 지난 10월 20일 '김유정 기억하기 전국 문예작품공모전' 시상식에서 대상(1등)을 차지한 2학년 변아림은 지난 해 무려 3회나 1등상을 수상했다. 특히 '전주MBC 제1회 혼불학생문학상' 장원은 너무 자랑스러운 일이었다. 1700여 편중에서 차지한 1등도 그렇지만, 37명 수상자 가운데 특성화고 학생은 변아림이 유일했기 때문이다.

그러니까 특목고나 일반고의 기라성 같은 학생 문사文士들을 보란 듯이 제낀 최고상이었던 것이다. 어찌 그런 자랑스러운 수상이 조혜진, 변아림 학생만의 일이겠는가? 그 수상과 그로 인한 기쁨이며 뿌듯함을 이 짧은 지면에서 어떻게 다 형용할 수 있겠는가!

『녹원문예』는, 이를테면 우리 학생들이 수상으로 갖게 된 '나도 할 수 있어, 해낼 수 있거든' 하는 자부심과 감격의 순간을 영원히 기억에 담아두고, 많은 이들과 함께 나누고자 용기를 낸 하나의 힘찬 날개짓인 셈이다. 『녹원문예』에는 그 동안 '녹원소식'을 통해 볼 수 있었던 일부 산문 요약본이 원본으로 실려 있다. 수상작 감상을 온전히 할 수 있는 또 다른 의미가 자리매김된 것이다.

이 책에는 2009년부터 2012년 10월 말까지 상을 받은 학생 40명의 시와 산문 112편과 문학관 르포 5편, 그리고 수상 만화 1편이 실려 있다. 작품들은 졸업년도별로 나누어 편집했다. 또 학생별로 나누어 수록했다. 시, 산문 등 한 분야 글만 있는 게 대부분이지만, 장르를 망라해 수상한 학생들도 더러 있어서다. 2편 이상 필자는 '조혜진편', '황미애편' 식으로 구분했고, 1편만 있는 경우 그러지 않았다. 그리고 학생들 학년 반은 수상 당시대로 표기했다. 다만, '차례'의 재학생들은 현재 학년 반으로 표기했다.

그러나 수록 수상학생들 중 졸업생 사진이 듬성듬성 빠진 것은 아쉬운 점이다. 수상했어도 작품을 구할 수 없어 싣지 못한 학생들이 더러 있는 점 역시 아쉽다. 아쉬운 점이 하나 더 있다. 1학년 재학생이 없는 점이다. '발굴'하지 못해서가 아니다. "공부하려면 그딴 것 할 시간이 없다"며 학생 엄마가 딸의 재능 발휘를 가로막고 있어서 없는 것이다.

그 외 교사 수상 작품 2편과 또 다른 글들은 '사제동행'의 의미를 떠올리며 수록했다. 수상 만화는 잠시 쉬어가자는 의미로 챙겨 실었다. 이 책의 성격에 부합한다는 판단으로 학교신문 수록작 등 5편의 문학관 르포를 굳이 싣기도 했다.

지금 학생들은 중학교 국어교과서뿐 아니라 고등학교 교육과정에서 '문학'을 공부하고 있다. 그렇듯 문학은 꼭 시인, 소설가가 되기 위해서 배우는 것이 아니다. 문학은 세상을 살아가는데 있어서 남한테 깔보이지 않기 위한 하나의 교양으로서 꼭 필요하다.

『녹원문예』 발간으로 인해 수록 학생의 영광은 물론 우리 군산여자상업고등학교의 명예 역시 선양되리라 생각한다. 한 가지 바람은 재학생들에게 선배이자 친구들의 시와 수필 작품으로 짜인 이 책 『녹원문예』가 기본적으로 문학을 재미없어 하는 학생들, 나아가 많은 이들에게 하나의 좋은 계기가 되었으면 하는 점이다.

김익철 교장, 박현표 교감, 진순동 행정실장 등 교직원의 성원과 협조가 없었더라면 아마도 이렇듯 희귀하고 소중한 책자는 세상에 나올 수 없었을 것이다. 수상학생들이면서도 한글작업 등 우리 학교신문 '녹원소식'의 김우리, 강은녕 기자들 노고 역시 만만치 않았음을 밝혀둔다.

끝으로 축하의 마음을 담아준 '여산재' 대표 국중하 수필가와 원광보건대학교 김태성 입학관리처장 등 『녹원문예』 창간을 성원해 준 여러분에게 감사의 말씀 전한다. 충분치 않은 예산이 분명한데도 『녹원문예』 발행 취지에 십분 공감하여 흔쾌히 컬러 인쇄의 책으로 내준 군산인쇄소 이미숙 실장과 문성실 편집 아티스트에게도 고마운 마음 전한다.

진짜 끝으로 우리 녹원인, 나아가 문학을 사랑하고 동경하는 모든 이들과 이 기쁨 함께 하고자 한다.

2012년 11월 19일

엮은이

(『녹원문예』, 창간호 2012.11.28)

교원정기인사에 바란다

임기를 마쳐가는 이명박 정부가 받은 평가 중 하나는 '불통'이다. 온갖 여론이 들끓어도 요지부동으로 나몰라라 했기 때문이다. 하나의 트레이드 마크처럼 자리매김된 이명박 정부의 불통이 이른바 진보교육감 체제에 있는 전라북도교육청 교원정기인사에도 통하는 게 아닌가 하는 그런 의구심을 자아내고 있다.

필자는 지난 해 '문예지도는 아무것도 아닌가'라는 글을 통해 교원정기인사의 불합리한 점들을 지적, 개선하길 촉구한 바 있다. 그런데 얼마 전 일선 학교에서 실시된 '중등교원인사관리기준 개정을 위한 설문조사'엔 그런 내용이 일절 없었다. 다시 한 번 그 내용을 적시, 개선을 촉구한다.

우선 지도상 가산점이다. 지도상 가산점은 "각종 대회에서 지도상을 받은 자로 당해 학교 재직기간 동안의 실적 중 유리한 것 1회에 한하여" 받을 수 있다. 지도상 가산점 대상의 각종 대회는 음악 ·

미술 · 체육(무용포함)과 영재교육(과학 · 정보올림피아 · 기능경기대회 등) 등이다. 그러니까 백일장대회, 공모전 등 분예지도를 통한 지도상 가산점은 아예 적시되지 않은 것이다.

그렇다면 초 · 중 · 고 교사(중 · 고의 경우 국어교사)들이 묵묵히 하는 학생들 글쓰기 지도를 통한 학생 수상은 아무것도 아니란 말인가? 글쓰기 지도가 대학의 문학특기자 전형 등을 위해 절대 필요한 진학지도의 하나인데도 지도상 가산점과 상관없다는 말인가?

1~3 단계로 지도상 등급이 나뉜 것도 문제다. 다른 분야는 어떤지 모르지만, 각종 단체의 백일장이나 공모전에서 교육감 지도교사상을 주는 경우, 등급 표시가 없는 것이 보통이다. 그런 사실을 이미 접했는지 인사규정에는 "등급표시가 없으면 3등급으로 인정"한단다.

그것 역시 말이 안된다. 보통 주최측은 최우수상 학생의 지도교사이거나 다수 응모 또는 다수 입상 등 특별한 공적이 있는 경우 교육감 지도교사상을 수여한다. 해당 대회에서 지도 공적이 빼어나 주는, 굳이 따지면 1등급의 교육감상인 셈이다.

그게 최하위 3등급이라니 말이 안된다는 것이다. 주최 기관에 교육감 지도교사상을 내주고도 최하위로 취급하는 도교육청의 '이중성'이 해당 교사들을 울리고 있는 꼴이다. 이러다간 자칫 주최측에 등급 표기된 교육감 지도교사상이 아니면 받지 않겠다고 하는 따위 진풍경이 벌어지게 생겼다.

다음은 포상 가산점이다. 포상 가산점은 "당해 지역에서 5년 이내에 수상한 것 중 최상위의 포상 하나만 인정한다"고 되어 있다. 여기서 5년 이내는 불합리하다. 전라북도의 경우 한 학교나 같은 지역

만기가 6년이기 때문이다. 당연히 거기에 맞춰져야 맞다.

포상 가산점의 너무 낮은 배점도 문제다. 특히 지도상 가산점과 비교해보면 그렇다. 훈장이나 대통령 표창은 누구나 쉽게 받을 수 없는 상이다. 그런데도 훈장이나 대통령 표창이 지도교사상의 전국대회 1등급 수상의 가산점보다 낮다니! 그런 국가 및 대통령 모독이 또 어디에 있는가?

이미 '무늬뿐인 초빙교사제'라는 글을 통해 지적했는데도 초빙교사제의 임용요건 역시 달라진 게 없어 유감이다. 임용요건을 "순환전보대상자~정원감축으로 인한 전보대상자로 한다." 해놓고, 만기순환전보대상자를 감축대상자로 의무화한 규정이 그것이다. 요컨대 만기순환전보자와 관계없이 초빙교사제에 부합하는 교사라면 전출기회를 줘야 한다는 것이다.

예컨대 국어과의 경우 다른 지역 만기의 순환전보 대상자라면 전주 전입이 거의 확실한데, 누가 일부러 '초빙교사'라는 무거운 짐을 떠 안은 채 응하겠느냐는 것이다.(아는 사람은 다 아는 내용이지만, 학교신문, 교지제작, 문예지도 등은 국어과 업무인데도 대부분 국어선생이 맡길 꺼려하는 '3D업종'에 속한다.)

그렇듯 해당 학교에서 필요한 교사를 초빙하는데 제약이 따르는 것이라면 초빙교사제는 폐지해야 맞다. 도교육청은 해마다 보다 합리적인 인사규정 마련을 위해 교원들의 다양한 의견을 구하고 있는 것으로 알고 있다. 하루빨리 불합리한 조항이 개선되길 기대한다. 그것이 소통 아닌가?

(전북도민일보, 2012.11.27)

신사적 대선전은 아직도 요원한가

제18대 대통령선거일이 한 달도 채 남지 않았다. 그런데도 돌아가는 모양새는 과거에 비해 나아진 것이 별로 없어 보인다. 국정책임자를 새로 뽑는 축제 같은 분위기는 어디서도 감지되지 않는다. 축제분위기는커녕 이른바 구태정치라는 '구린내'가 진동한다.

가령 야권 단일화를 살펴보자. 다시 재개되었고, 안철수 후보사퇴로 '싱겁게' 끝났지만, 후보 등록일이 일주일도 남지 않았는데 며칠간 서로 소 닭 보듯 만나지 않았다. 한쪽에서 구태정치를 혁신하라며 단일화 논의를 거부했다. 사실은 그것도 구태정치의 한 모습이다.

후보 본인들이야 바작바작 애가 탔겠지만, 단일화에서의 그런 파행은 예전에 익히 봐온 모습이다. 그런 파행으로 유권자들이 피로감을 느끼게 되면 그 책임은 어느 한쪽에 있지 않다. 서로 티격태격하며 싸워대는 모습에 염증을 느끼고, 결국 '니들끼리 해먹어라.' 하며 유권자들로 하여금 체념하게 하는 것이야말로 구태정치가 아니었던가?

말할 나위 없이 단독 후보를 낸 여당도 구태정치로부터 자유롭지 않다. 야권의 단일화에 대해 '정치적 쇼', '단일화 이벤트', '혈세 먹는 하마', '야합' 따위 네거티브적 공세가 그것이다. 요컨대 '단일화 해 볼테면 해보아라, 누구든 우리와 정정당당하게 한판 붙자'는 자신감이 없는 것이다.

여당의 야권 단일화에 대한 공격은 문제가 적지 않다. 각종 여론조사에서 드러난 대로 단일화에 대해 찬성하는 국민들이 많아서다. 그들이 야권 지지자들이든 아니든 여당의 단일화 폄하는 일단 그런 국민의 정서를 무시하거나 안중에 없는 행태로 비쳐지기 때문이다.

하긴 다가올 대선의 승자가 누구일지 아무도 예측할 수 없는 상황이다. 야권 단일후보로 누가 나서든 여당 후보가 만만하게 여길 상대는 없다. 그만큼 예측불허의 초박빙 승부가 펼쳐질 제18대 대선이다. 그래서 여당은 야권의 단일화에 대해 그렇듯 구태정치적 공세를 '초조하게' 펼치는 것인가?

그럴망정 이제 그렇게 하지말자는 것이 혁신이요 쇄신임을 자각했으면 한다. 터진 입이라고 쇄신이니 혁신을 외쳐대지만, 정작 여야 모두 과거 대선전 행태를 벗어나지 못하고 있다. 자꾸 피로감이 쌓여가는 이유이다. 정치적 피로감은 박카스로 해소되지 않는다. 정치적 무관심, '니들이 그러면 그렇지' 같은 체념을 갖게 한다.

양쪽엔 각자의 주장이 있다. 누가 옳고 그르냐의 문제가 될 수 없는 이유이다. 그렇다면 그런 것도 예견치 못한 채 단일화에 나섰단 말인가! 양쪽의 주장이 소중하고 다르니 협상 테이블이 필요하다. 거기서 고지 선점 기싸움이나 정치적 빚이 없다는 자존심 따위는 개나 줘버려야 한다.

사람은 대화의 동물이지만, 감정의 동물이기도 하다. 국민 여망에 부응하기 위해 단일화에 나섰고, 그것이 대선 승리로 이어질 카드라면 티격태격하는 그들의 모습은 매우 부적절해 보인다. 안할 거라면 몰라도 단일화해 대선에서 승부를 볼 거면 그렇듯 '힘 겨루기'는 사치일 뿐이다.

단일화는 서로의 단점이나 불만을 발견하고 느낀 대로 성깔을 부리라 마련된 자리가 아니다. 네거티브적 공세를 계속 취하는 여당의 태도에서 보듯 둘중 한 명이 대통령에 당선되어 정권교체를 이뤄보라는 국민의 준엄한 명령이 단일화이다. 안철수 후보직 사퇴가 돋보이는 것은 그래서다.

(전북매일신문, 2012.11.27)

진로방해꾼

며칠 전 출근하기 위해 지하주차장으로 갔는데 왼쪽 범퍼 부분이 망가져 있었다. 충돌의 정도를 알려주듯 라인에 반듯하게 주차해두었던 자동차는 30도 이상 뒤틀려 있었다. 시동을 켜니 좌측 깜빡이 작동만 비정상일 뿐 운전은 가능했다.

마침 1교시 수업이 있는 날이어서 일단 학교로 향했다. 그러기 전 경비실에 들러 망가진 자동차 상태를 보여주었다. CCTV녹화 테이프를 돌려보면 범인을 잡을 수 있겠다는 판단에서였다. 수업을 했지만, 그러나 평소처럼 되지는 않았다.

도저히 퇴근 시간까지 기다릴 수가 없었다. 남은 수업을 동료에게 부탁하고, 경비실로 내달렸다. 그런데, 맙소사 내 차를 주차해둔 곳의 영상은 없었다. 가해자를 찾아 조용히 해결하려던 계획은 수포로 돌아갔다. 즉시 보험회사와 경찰에 뺑소니 신고를 했다.

전화한지 10분쯤 후 관할 지구대 경찰 2명이 출동하여 뺑소니 신고를 접수했지만, 지금까지 범인 검거 소식은 없다. 결국 60만 원가량을 들여 차부터 수리하게 되었다. 주차라인에 대놓은 차량을 충돌한 것은 운전미숙이기보다 음주운전이 분명했지만, 어떤 단서나 증거도 없었다.

왜 이런 일을 당해야 하는지, 부아가 치밀었다. 그런 양심불량 주민과 같은 주거공간에 산다는 게 불쾌했다. 관리소나 경비실은 왜 있는 건지, 뺑소니범이 그렇게 설쳐대도 되는 건지, 그야말로 만감이 교차했다. 금전적 손해보다 견딜 수 없었던 건 이틀 동안 운전하지 못한 불편함이었다. 명백한 진로방해였던 것이다.

생각해보니 진로방해꾼은 도처에 있거나 있었다. 전군간 산업도로를 이용하는 통근에서도 그렇다. 꼭 달리지도 못하는 것들이 1차로를 차지하여 갈 길을 막고 있다. 천천히 달리는 것을 왈가왈부하는 게 아니다. 왜 추월선인 1차로를 마치 제 집 안방인 양 차지하며 '기어가느냐'는 것이다.

하긴 그런 진로방해쯤은 새 발의 피다. 연전엔 인생의 전환점이 될 진로를 방해받은 적도 있다. 필자는 2009년 9월 1일자 임용 교장 공모학교에 지원했다. 그런데 해당 학교 교사도 지원자였다. 그때만해도 해당 학교 교원도 지원자격이 주어져 문제될 건 없었다. 문제는 그 학교에서 교장공모 신청을 하지 않고, 교육감이 직권으로 지정해놓으니 지원한 것에 있다.

바꿔 말하면 손도 안대고 코 풀려 한 행위를 한 것이다. 인간의 도리를 저버린, 그런 교사가 학생들에게 과연 무엇을 가르칠지 걱정할 겨를조차 없을 만큼 치명적인 진로방해였다. 결과는 그 지원자와 필자가 아닌 제3의 후보자가 어부지리하여 그 학교 교장으로 가게 되었다.

2010년 3월 1일자 임용 교장공모 학교에 지원했을 때는 전혀 상상도 할 수 없던 일이 벌어졌다. 어느 심사위원(학교운영위원)이 금품을 요구한 것이었다. 응당 그럴 수는 없는 일이었다. 불이익이 예상되었지만, 역시 돈을 쓰고 교장이 될 수는 없는 노릇이었다.

아니나다를까 필자는 1차 심사에서 떨어졌고, 6명중 6위였다. 하도 억울하고 괘씸해 청와대 탄원까지 제기하여 알게된 1차심사 결과였다. 만약 그때 그런 진로방해꾼이 없었더라면, 하고 생각해본다. 세상이 온통 양심불량 인간들로 채워진 시궁창인데, 필자만 너무 양심 바르게 발 한 쪽도 안 빠지려 하며 살고 있는 것은 아닐까?

인간의 도리를 지키며 올바른 가치관으로 살아가는 사람들이 못난이 취급당하는 세상이라면 말세가 아닌가! '애꾸눈 나라'에서는 두 눈 달린 사람이 병신되듯 그런 세상이 되어선 안되겠기에 사적이라 할 이런저런 이야기를 풀어놓은 것이다.

(전북연합신문, 2012.11.27)

대선 공약에 교원이 없다

필자가 보기론 18대 대통령선거에 출사표를 던진 후보들은 아직 준비가 덜된 것 같다. 준비된 대통령 후보라면 그렇듯 정책 발표가 간헐적일 수 없다. 각 분야 굵직한 로드맵 없이 수시로 발표하는 정책은 집중도가 떨어질 뿐 아니라 피로감을 안겨준다. 그만큼 유권자의 '대통령 후보 제대로 알기'가 분산될 수밖에 없다.

산발적인 정책발표를 그때그때 챙겨 보는 유권자들이 얼마나 있을지 모르겠지만, 지금까지 알려진 교육분야 공약을 살펴보면 그게 그거다. 대입전형 단순화, 무상보육, 고교 무상교육 등은 유력 여야 후보가 찬성하고 있다. 반값 등록금, 일제고사 폐지에서도 적극 반대 후보는 없다.

그런데 그런 교육 정책들은 본질에서 한참 비켜나 있다. 지금 대한민국이 안고 있는 원초적 교육문제는 '무너진 공교육'이다. 학교 공부만으로는 원하는 대학에 갈 수 없다는 불안감이 학원을 가게 한다. 실제로 지난 해 서울대의 특기자전형 구술 면접은 사교육의 선행학습 없이 풀 수 없는 문제였던 것으로 확인된 바 있다.

대입전형 단순화와 함께 반드시 시행되어야 할 것은 바로 공교육 활성화이다. 공교육 활성화에는 교원 사기진작이 필수적이다. 그런데 어떤 후보의 대선 공약에도 증원말고는 교원이 없다. 일례로 지금의 담임 · 부장수당 등이 언제 책정된 것인지 까마득한데도 그런 열악한 처우개선 공약은 없다.

물론 수당 얼마 올리는 것이 교원 사기진작의 전부는 아니다. 학교폭력이나 학생인권조례 따위로 지금 교사는 더 이상 오그라들데 없는 처지라 해도 지나친 말이 아니다. 교육적인 훈계 한 번 제대로 하지 못하는 교원의 처지를 옛날 '호랑이 선생님'으로 돌려 놓는 일이야말로 공교육 활성화의 단초라 할 수 있다.

과거 단골 공약이었던 GDP 6% 교육예산은 이제 바라지도 않는다. 법정 정원을 끌어올리긴커녕 있는 교사마저 학생 수 기준 배정 따위를 내세워 자꾸 줄이는 정책으로는 공교육을 활성화시킬 수 없다. 정규 교사 증원에 인색한 반면 기간제니 취업지원관이니 뭐니 하며 비정규직 교사들만 막고 뺌기식으로 늘리는 정책으로는 공교육이 안정될 수 없다.

최근 4년 사이 6배나 늘어났다는 교권침해와 해마다 증가하는 명퇴교사 등 그런 악덕환경의 학교에서 공교육이 온전히 이루어지리라 기대하는 건 연목구어나 다름없는 짓이다. 교권침해의 경우 가히 절망적이라 할 지경이다. 단적인 사례를 살펴보자.

지난 달 1일 부산의 어느 중학교. 수업 중 종이비행기를 날리며 떠드는 남학생을 여교사가 제지했다. 그 학생은 여교사의 멱살을 잡은 뒤 발길질로 넘어뜨렸다. 거기서 그치지 않았다. 그 학생은 일어서는 여교사를 재차 발로 걷어찼다.

교사가, 학부형도 아니고 학생에게 폭행당하는 목불인견의 참상이 빚어지는 것이 지금 학교의 모습이다. 막장드라마보다 더한 패륜이 자행되는 학교이니 명퇴교사가 늘어나는 건 당연한 수순이 될 수밖에 없다. 실제로 한국교육개발원이 최근 발표한 '초중등 교원의 명예퇴직 사유분석을 통해 본 교단안정화방안' 보고서에 따르면 교사 63.6%가 명예퇴직을 고민한 것으로 나타났다.

그런데 그 학교의 가해학생에 대한 조치는 출석정지 10일과 함께 전학조치인 것으로 알려졌다. 너무 가벼운 벌이다. 부모 폭행과 같은 '반인륜사범'으로 처리해야 맞다. 영원히 학교를 떠나게 하는 것이 그것이다. 전학의 경우 그 학교에서 또다시 교사폭행의 패륜범죄를 저지를 수도 있기 때문이다.

아무리 세상이 말세라 해도 1940년대 극도로 혼란했던 해방정국도 아니고, 어떻게 학생이 교사를 폭행하는 일이 그렇듯 빈번히 일어날 수 있는지 개탄을 금할 수 없다. 환부가 이렇듯 뚜렷한데, 새 대통령이 되겠다는 후보들은 '공짜 밥'이나 '공짜 학교 다니기'만을 한가롭거나 '자랑스럽게' 내세우고 있으니, 할 말을 잃는다.

교원 사기진작은 그들이 예뻐서 필요한 게 아니다. 교사들이 경제적으로 열악한 대우를 받고 있어서도 아니다. 교원의 사기진작이 필요한 것은 그들이 공교육 활성화의 추진 동력이기 때문이다. 어느 정권보다도 최악인 교원사기를 끌어올리는 일이 시급하다. 공교육 활성화를 위한 교원 사기진작의 대선 공약이 절실한 이유이다.

(전북일보, 2012.12.3, 한국교육신문, 2012.11.26에 요약본.)

청남대 르포, 좋은 대통령을 기대하며

다가오는 대통령선거를 의식해 나선 길은 아니다. 일반에 공개한 지 벌써 10년이란 세월이 지났는데 아직 가보지 못해 다녀왔을 뿐이다. 대한민국 대통령의 공식 별장으로 이용되던 곳, '따뜻한 남쪽의 청와대'인 '청남대'(충북 청원군 문의면 청남대길 646)이다.

마침 승용차 입장도 가능하게 관람객 편의가 좋아진 때였다. 인터넷 예약이란 다소 번거로운 절차를 거쳐야 했지만, 문의면 소재지로 가서 매표 후 시내버스 타는 것보다는 훨씬 편리하게 청남대에 입장할 수 있었다.

경내에 들어서자 맨 처음 '대통령역사문화관'이 들어오라 손짓한다. 대통령역사문화관은 역대 대통령 재임 시절의 이런저런 모습을 전시해놓은 곳이다. 외국 순방 때 받은 각종 선물, 청남대 머물 때 사용한 물품 등이 대통령별로 소개되어 있다.

한켠엔 드라마와 영화 촬영지로서의 청남대가 소개되어 있다.

2010년 시청률 대박 드라마 「제빵왕 김탁구」와 2012 상반기 흥행 2위 「범죄와의 전쟁 : 나쁜 놈들 전성시대」가 청남대에서 촬영되었다. 그 외 「꽃보다 남자」, 「아이리스」, 「프레지던트」, 「황금물고기」와 「영웅시대」, 「제5공화국」, 「서울 1945」 같은 시대극 등 여러 편이 청남대 촬영을 했다.

대통령역사문화관을 나와 4개 코스의 관람로를 보니 꽤 넓은 청남대다. 청남대는 1983년부터 대통령 공식 별장으로 사용했다. 총면적이 184만 4천㎡에 이른다. 2003년 4월 18일 노무현 대통령이 일반 공개를 '감행', 관광 명소가 되었다. 어쨌든 그만큼 둘러볼 코스 결정에 고민이 뒤따랐다.

결국 청남대 본관을 둘러본 후 '오각정'이 있는 산책로를 택했다. 하필 '전두환 대통령길'이었다. 퇴임 후 감옥까지 갔다 왔을망정 역대 대통령인 건 맞다 생각하니 씁쓸하면서도 뭔가 묘한 기분이다. 가벼운 산책로라 생각했지만, 산길이라 그런지 등은 물론 이마까지 땀이 흘러내린다.

가쁜 숨을 몰아쉬며 곧장 '대통령 광장'으로 향했다. 가는 길(김영삼 대통령길) 왼쪽에 서있는 전직 대통령 모습들이 웃음을 자아낸다. 예컨대 노무현 대통령이 자전거를 탄 채 손 흔드는 모습이 그랬다. 대통령 광장에 도착하니 초대 이승만부터 노무현까지 모두 9명의 전직 대통령들이 청동상 모습으로 서있다.

거기서 오른쪽으로 조금 더 가면 '초가정'이다. '출렁다리'를 지나 전망대에 오르면 대청호를 낀 주변 경관이 한눈에 들어오겠지만, 등산 목적이 아니므로 관뒀다. 당연히 전망대에서 왼쪽으로 내려오면 만나는 '행복의 계단' 역시 그냥 그림의 떡이었다.

내려오면서 9명의 역대 대통령들이 모두 '좋은' 대통령만은 아니었다 생각하니 이곳이 단순한 관광지가 아님을 깨닫게 된다. 청남대를 찾는 많은 이들도 그런 생각을 하는지, 불현듯 궁금해진다. 다가오는 선거에서 '좋은' 대통령이 뽑혔으면 하는 기대가 모락모락 피어오른다.

(한교닷컴, 2012.11.24)

농협은행 불합격 유감

'농협은행 전북본부, 도내 특성화고 8명 신규 채용.'

10월 9일 도내 일간지에 실린 기사 제목이다. 제목에서 짐작할 수 있듯 농협이 특성화고 졸업예정자 8명을 새로 뽑았다는 내용이다. 신문엔 8명 여학생과 농협 전북본부 관계자들이 찍은 사진도 실려 있다.

농협의 고졸 신규채용은 사실 기사거리가 아니다. 이명박 정부가 유일하게 잘하고 있는 교육정책인 특성화고 취업강화사업으로, 금융계 전반에 걸쳐 고졸 채용이 시행되고 있기 때문이다. 고졸 취업이 하나의 유행처럼 번지고 있다 해도 그리 틀린 말은 아닌 사회분위기라고나 할까.

보도자료를 통한 자사 홍보가 나무랄 일은 아니지만, 필자는 그 기사를 보면서 유감을 금할 수 없다. 신규채용 학생의 8개 학교에 군산여상이 없었기 때문이다. 응시자가 아예 없어서가 아니라, 응시했는데 불합격된 것이다.

보도에 따르면 농협은행 특성화고 신규채용은 학교장 추천과 면접, 현장 적응 테스트를 거쳐 이루어졌다. 합격생을 배출한 학교들을 보면 군산여상보다 '한 수 아래'인 곳들도 있어 의아스러움을 감출 수 없다. 군산여상이 상업계 명문이라는 필자의 자부심이 헛된 망상이었나?

그렇지 않다. 군산여상은 이미 우리은행, 신한은행, 전북은행, 외환은행, 하나은행과 한화투자증권, 삼성화재, 삼성생명 등 금융권에 많은 합격자를 배출한 바 있다. 소정의 오리엔테이션을 거쳐 현장실습중이거나 대기 중이다. 또 지역인재 9급, 기능인재 9급 등 행안부 공무원시험 합격자를 배출하기도 했다.

요컨대 자원으로 보면 불합격할 이유가 하등 없는데, 농협은행에만 뽑히지 못한 것이다. 물론 농협은행의 신규채용에 무슨 문제가 있다는 것은 아니다. 엄격하고 공정하게 전형이 이루어졌을 것으로 믿는다. 그렇더라도 유감스런 기분은 좀체로 가시지 않는다.

그래서일까. '농협 비상임 이사들 고액 연봉에 호화 외유'(경향신문, 2012.10.18)라는 불미스런 신문기사가 눈에 확 들어온다. "농협대학 교수의 80%가 농협중앙회 낙하산 인사"(전북매일신문, 2012.10.18)라는 김춘진 국회의원의 지적도 눈에 들어온다.

특히 김영록 국회의원이 밝힌 "농협중앙회가 비상임 이사에게 지급한 금액이 연간 6900만 원에 이른다"는 보도는 '농협'을 다시 한 번 생각하게 한다. 29년째 교사 경력의 필자는 신규 발령 때부터 농협 고객이었다. 월급 계좌이체 통장은 29년 동안 단 한 번도 바뀐

적이 없다. 이를테면 '왕단골'인 셈이다.

왕단골 자격으로 하나 더 말할 게 있다. 필자는 얼마 전 만기 도래한 1년짜리 농협예탁금을 찾지 못했다. 전반적으로 형편없이 낮은 이율이라 조금이라도 더 주는 곳으로 옮겨가려는데, 직원들이 선뜻 해지절차를 밟아주지 않아서였다. 평소 직원과 안면도 있고 해서 1년 더 약정하기로 하고 말았다. 졸지에 9만 원쯤 손해 본 것이었다.

9만원 손해야 29년째 농협에 '무한 충성'을 바친 필자가 감당하면 된다. 그렇지만 농협은행 시험에서 불합격한 제자들의 충격과 상실감은 무엇으로 감당할까, 생각하니 착잡해진다. 이래저래 농협은행은 필자 내지 재직 학교와 궁합이 안맞는 것인가?

(전북연합신문, 2012.11.16)

선생님, 너무너무 행복해요

깊어가는 가을밤 나눔을 생각해본다. 나눔은 글자 그대로 나 아닌 누구와 나누는 것이다. 콩 한 조각일 수도 있고, 많은 돈일 수도 있다. 그렇듯 재화만 나누는 것은, 그러나 나눔의 전부가 아니다. '재능 기부'라는 말이 있듯 나눔은 내가 가진 '특기'를 남에게 전수하는 것이기도 하다.

교사의 특기가 글쓰기이고, 그 남이 제자들이라면 특별한 나눔이 되지 않을까? 나눔은 어떤 대가代價를 바라지 않는다. 다만 누군가에게 그 무엇인가를 줄 뿐이다. 그런 점에서 30여 년 내가 해온 글쓰기 지도도 소중한 나눔이 되지 않을까 한다.

나는 원로교사이지만, 지금도 학생들 글쓰기 지도에 매진하고 있다. 글쓰기 지도는 나로선 신명나는 일이다. 나는 토요일 오후나 일요일의 사생활도 반납한 채 학생들을 인솔하여 백일장에 다닌다. 집사람으로부터 "열녀났다"며 비아냥을 들어도 상관없다.

나의 지도로 인해 부족한 실력을 갈고 닦은 학생들이 이런저런 백일장이나 현상공모에서 상을 받을 때면 보람과 기쁨은 어느새 두 배가 된다. 마치 내가 상을 받은 것처럼. '3D업종'이라는둥 많은 국어교사들이 맡길 꺼려하지만, 내게는 그것처럼 신나고 보람된 일이 더 이상 없다.

특히 '나는 안돼'라는 기본적 열패감에 빠져있는 후기 일반계고와 특성화고 학생들이 나의 지도로 상을 받고 좋아할 때면 교사라는 사실이 너무 뿌듯하다. 너무 기쁘다. 특성화고 학생들에게 '나도 할 수 있다'는 자부심 안겨주는 일이 일반고 학생들을 소위 SKY 들어가게 지도하는 것과 무엇이 다르겠는가?

2009년 3월 이곳 군산여자상업고등학교로 옮겨오고나서도 마찬가지다. 와서 보니 맙소사! 관련 예산이 14만 원밖에 없었다. 나는 부족한 예산을 추경 편성해줄 걸 요구했다. 교장의 대답을 듣고 전임지(전주공업고등학교)에서처럼 학생들을 지도, 백일장이며 공모전에 참가시켰다.

글쓰기 지도에선 먼저 원고지 사용법이며 띄어쓰기 등 기초적인 것부터 가르쳤다. 아무리 좋은 내용이라도 형식미가 결여되면 좋은 작품 취급을 받지 못하니 당연했다. 문단 나누기라든가 정확한 문장 쓰기 등도 그 범주에 속하는 내용임은 더 말할 나위 없다.

그리고 시와 수필이 무엇인지, 어떻게 해야 잘 쓸 수 있는지 등에 대해 지도했다. 대략의 이론 공부를 마친 후엔 바로 실습에 들어갔다. 시와 수필을 매주 써오게 하여 그것들을 개인적으로 일일이 첨삭 지도해 주었다. 문학은 소질보다 노력이다. 부지런히 써보는 것이 최고의 문학공부임을 각인시켰다. 나누어준 결과인가, 그만큼 많은 학생들이 상을 받았다. 학생들이 '나도 할 수 있다'는 자신감도 갖게 되었다.

"어머, 쟤 좀 봐. 작년엔 안그랬는데, 얼굴이 활짝 펴졌잖아!"

옆 자리는 물론 보는 동료들이 3학년 수빈을 두고 한 말이다. 사실 학교신문 기자이기도 했던 수빈인 2009 한 해에만 이런저런 백일장과 공모전에서 11회나 상을 받았다. 부모의 이혼으로 할머니와 함께 살면서 아웃사이더가 되어 적잖이 방황했던 수빈이 새롭게 태어난 것이었다.

지식경제부 우정사업본부가 주최한 제10회보은의달전국편지쓰기대회에서 2만 5천여 편중 1등인 대상을 수상한 2학년 혜진이도 비슷한 가정환경이다. 아빠의 실직으로 인해 고생이 심한 엄마에게 쓴 편지가 심금을 울렸다. 혜진의 대상 소식은 신문과 방송 등 언론에 소개되기도 했다. 방송의 경우 제작진이 직접 학교로 와 촬영하는 등 학생 개인의 영광뿐 아니라 학교 명예를 드높인 바 되었다.

그런데 예나 지금이나 마찬가지일까. 글 쓰는 이들이 가난한 것 말이다. 전임지에서 진짜 글 잘 쓰는 학생(다혜)이 있어 꾸준히 지도했는데, 가끔 마감 날짜를 안지켰다. 알고 보니 하교 후 하는 4시간(토 · 일요일엔 9시간)의 아르바이트 때문이었다. 시간당 3천 얼만가 해서 한 달 30만 원쯤 버는 식당 종업원 일이었다.

나로선 너무 안타깝고 아쉬웠다. 결국 나는 식당 일 대신 시 1편당 1만 원씩 버는 새로운 아르바이트를 제시했다. 다혜는 놀라고 믿기지 않는 표정이었지만, 이내 그러마고 했다. 다혜는 6일 만에 6편의 시를 새로 써오는 등 식당 일할 때보다 훨씬 열심히 썼다.

나아가 백일장이나 공모전에서 낙선하면 그것 역시 1편당 1만 원씩 쳐주었다. 다소 파격적인 그런 방법을 진작 생각하지 못한 것을 후회할 정도였다. 내 돈을 써도 그렇게 마음이 편하고 기쁠 수 없으니, 참으로 이해못할 일이었다.

이런 일도 있었다. 겨울 어떤 날 약속대로 써오기로 한 시를 안가져와 전활해보니 콱 잠긴 목소리였다. 보일러 기름이 떨어져 냉방에서 잔 결과였다. 다음 날 겨울옷을 사주고, 당장 기름부터 넣으라며 돈을, 사양하는 다혜에게 쥐어주기도 했다.

또 어느 날 컴퓨터가 고장났다며 편집실에 와서 워드 치는 다혜를 보고 나는 다시 결행했다. 짐짓 사양하면서도 내심 기다리는 눈치인 다혜에게 1백만 원 상당의 컴퓨터와 복합기를 사준 것이다. 행정실 독촉이 심한 걸 알게되자 바로 앨범비도 내주었다. 컴퓨터 설치를 끝낸 다혜는 속삭이듯 말했다.

"선생님, 너무너무 행복해요. 이따 돈 벌면 다 갚아 드릴 게요!"

그러나 솔직히 말하면 일반계, 특성화고를 막론하고 고교에서의 문예지도가 그리 쉽지만은 않다. 한때 특기자 전형 입시가 확대되면서 학교의 인식이 많이 바뀌긴 했지만, 지금도 눈치껏 문예지도를 하는 실정이다. 심지어 어느 교장은 수업결손 운운하며 백일장대회에 못나가게 하기 일쑤이다. 마치 교장이 문예특기 학생의 진로와 인생을 책임이라도 질 것처럼 말이다.

먼 거리의 백일장에 가는 경우, 새벽부터 서둘러 내 차에 아이들을 태워 가곤 하지만, '수고했다'는 말 한 마디 없는 교장, 교감도 흔하다. 내 딸이 아니라 제자들을 데리고 가는 것인데도 그렇다. 딸이나 아들을 백일장에 보내는 학부모들도 그런 말이 없기는 마찬가지다.

당연히 학생의 수상은 곧 학교의 위상을 높이고 명예를, 지역사회는 물론 전국적으로 빛내는 일이다. 말할 나위 없이 그것은 또 다른 진로지도이기도 할 터이다. 그런데 특성화고등학교는 일반계와 또 다른 면에서 환경이 열악하다. 무엇보다도 학생 및 학부모들의 관심과 열정이 일반계만 못한 것이 아니라 아예 없다 할 정도이니까!

"백일장에 꼭 가야 돼요?"

지난 5월 어느 학부모가 전화에서 시비걸듯 내게 한 말이다. 광주대학교 백일장 예선에 뽑혀 다른 학생과 함께 가게된 1학년 학생의 엄마였다. 학교 대표로 가는 것이라 그 날 1학년 병원 검진도 담임과 상의하여 미룬 터였다. 그런데 전 날 밤에 학부모가 아주 퉁명스럽게 전화를 해온 것이었다.

10분 넘게 통화한 학부모는 학생을 백일장에 보내겠다며 전활 끊었다. 그 학생은, 그러나 백일장에 나오지 않았다. 하는 수 없이 한 명만 데리고 광주까지 갈 수밖에 없었다. 솔직히 금방이라도 다 때려치고 싶었다. 이 '썩은' 나이에 내가 왜 학생 엄마처럼 젊은 여자에게 그런 수모를 겪어야 하는지 모를 일이었다.

물론 그런 일로 글쓰기 지도를 그만두었다면 내가 아니다. 그런 일로 인해 다친 감정은 그때 잠깐뿐 나는 글쓰기 지도를 계속했다. 지도한 만큼 많은 학생들이 상을 받았다. 가령 앞에서 말한 혜진은 1년 6개월 남짓 기간에 무려 12회나 상을 받았다.

전북 도단위와 관내 대회까지 합하면 일일이 열거하기 힘들 만큼 많은 학생들이 상을 받았다. 목정문화재단 전북고교생백일장 장원, 군산여자상업고등학교 우수학교상, 전주MBC 혼불학생문학상 장원은 도내 수상일망정 특기하고 싶다. 일반고, 특목고의 기라성 같은 학생 문사들을 제치고 내가 지도한 특성화고 학생(변아림)이 당당히 1등을 차지했기 때문이다.

그 외 군산발전진흥재단 예체능장학생선발(2010~2012)에 학생들 수상실적 등 서류를 제출해 조혜진(2회), 조수빈, 김승주, 강진희, 최진, 권아름, 김우리가 소정의 문예장학금을 받게 했다. 대부분 어려운 가정형편으로 취업전선에 뛰어드는 학생들이라 당연히 물질적 도움이 되게 한 셈이다.

오늘도 백일장 수상 소식을 들었다. 또 월요일엔 학생을 인솔하여 시상식에 간다. 앞으로도 나는 '나는 안돼'라는 열패감에 빠져 있는 특성화고 학생들에게 자신감 심어주는 글쓰기 지도를 게을리하지 않을 것이다. 퇴직하면 하고 싶어도 하지못할 글쓰기 나눔이기에.

(2012. 11. 4)

MBC를 어찌 할꼬

KBS에 있는 아는 분들에겐 미안한 말이지만, 필자는 뉴스만큼은 MBC팬이다. 밤 9시 「뉴스데스크」를 수십 년 봐왔으니 그럴만하다. 그래서 앵커는 말할 것도 없고, 기자들도 KBS보다 훨씬 많이 알고 있다. 왜 MBC 「뉴스데스크」만 봐왔는지, 하도 오래 보다보니 관성화되어버린 것인지 알 수 없다.

대신 관습이 무섭다는 걸 느낀다. 예전에 어떤 신뢰가 있어 보던 「뉴스데스크」가 아닌데도 밤 9시엔 어김없이 MBC를 켜게 되니 말이다. 그 '무한 충성'이 놀랍고 신기하지만, 이제 그만 정신을 차릴 때가 오지 않았나 생각한다. 결별이 그것이다.

그러니까 무한 충성을 바친 골수팬으로서 일련의 MBC 근황에 대해 왈가왈부할 권리가 있음을 깨닫게 된 것이다. 그렇다. 지금 MBC는 제 정신이 아니다. 아니 벌써 오래 전부터 그래왔다. 직전 사장이 석연찮은 이유로 물러날 때부터 이미 예고되었던 일인 셈이다.

하긴 그 직전 사장도 제 정신이 아니었다. 자신을 쫓아낸 당의 공천으로 도지사 선거에 출마했으니 말이다. 당선되었더라면 많은 이들에게 '그래서였구나.' 하는 공감이라도 얻었을텐데, 현실은 그 반대로 펼쳐졌다. 낙선되어 한쪽으로 찌그러지는 운명을 자초했으니, 도대체 MBC의 간판격 뉴스 프로그램 앵커출신이 맞나, 절로 그런 의구심이 생긴다.

그러나 그것은 MBC를 떠난 후의 행적이니 더 따질 필요는 없다. 역시 MBC 「뉴스데스크」 앵커 출신인 신경민 민주당 의원은 '18대 대통령후보 정강정책 방송연설'에서 MBC를 강하게 질타했다. 그 전 MBC 「뉴스데스크」는 신경민 의원의 '막말' 등 국회 활동을 보도한 바 있다.

그런 보도와 비판이 아름다워 보이진 않는다. 그렇더라도 "정권이 자기 입맛에 맞는 사장을 임명하여 방송을 장악하는 일이 다시는 벌어져서는 안 된다"며 "이를 근본적으로 막기 위해 '김재철 방지법'을 제정하겠다"는 신의원의 말은 비장하다. 경청할만하다.

김재철 방지법이라고? 그렇다. 지금 MBC가 제 정신이 아닌 것은 김재철 사장이 취임하면서부터다. 사장을 임명한 정권은 요지부동인데, MBC노조 등 구성원들은 그야말로 '직을 건' 싸움을 벌여야 했다. 방송사상 초유의 209일간 파업이 단적인 예이다.

그 과정에서 9명이 해고되었다. 파업을 끝내고 복귀한 노조원들에게도 정직, 전보, 대기발령, 교육명령 등 징계가 가해졌다. 교육명령이란 이름으로 기자, 피디, 아나운서 등 100여 명은 'MBC아카데미'에서 요가와 요리 따위 교육을 받고 있다니, 자던 소가 웃을 해괴한 일이다.

더 놀라운 건 공영방송 MBC가 그렇게 국제적 망신살이 뻗친 몰골인데도 대선 주자들의 관심 밖에 있다는 사실이다. 얼마 남지 않은 이명박 정부에서 결자해지해야 맞지만, 특히 여당의 대선 주자가 나 몰라라 하는 것은 온당해보이지 않는다. 그것은 결국 대통령에 당선되어도 지금처럼 가겠다는 뜻으로 해석될 수 있기 때문이다.

새삼 '인간의 도리'에 대해 생각해본다. '사람이 지켜야 할 바른 길'을 가지 못하는 사장의 회사는 조만간 파탄날 수밖에 없게 되어 있다. 지금 MBC가 꼭 그짝이다. 그냥 채널을 돌려 외면해버리면 그만인데, 그게 아니다. MBC는 그냥 회사가 아닌, 국민이 주인이라 할 공영방송이어서다.

되게 답답한 것은 따로 있다. 이승만 · 박정희 · 전두환 · 노태우 대통령을 거친지가 언제인데, 2012년 이 대명천지에 왜 그런 해괴한 일을 목격해야 하는가 하는 의구심이 그것이다. MBC를 어찌 할꼬, 이래저래 역주행시대인 이명박 정부에서의 씁쓸하거나 살풍경한 화두이다.

(한겨레, 2012.11.6)

일제고사도 특성화고 차별인가

지난 15일 전국의 특성화고·마이스터고에서 2학년을 대상으로 '직업기초능력평가'를 실시했다. 직업기초능력평가는 일반계고 학생들이 치르는 국가수준학업성취도평가를 대신한 시험, 즉 일제고사이다. 특성화고나 마이스터고 학생들이 국가수준학업성취도평가를 치르는데 따른 부정적·비판적 여론을 수렴한 것으로 이번에 처음 실시된 시험이기도 하다.

국어·영어·수학 등을 배우는 시간이 일반계고 절반에 불과한 특성화고 학생들이 일반계고용 일제고사를 치르는 것이어서 그 개선은 일단 잘한 일이다. 일제고사에 도무지 관심 없어하는 특성화고 학생들의 '고통' 해소와 함께 예산·시간·인력 등 낭비적 요소를 없앤 것이라 할 수 있기 때문이다.

문제는 막상 시험을 치른 후 나타났다. 언론 보도에 따르면 시험지가 아닌 컴퓨터를 이용한 직업기초능력평가여서 적지 않은 문제

점이 드러난 것이다. 예컨대 1교시 의사소통영역(국어) 시험이 시작되자마자 컴퓨터 프로그램이 정지하거나 음성이 들리지 않는 등 도저히 국가시험이라 할 수 없는 파행이 빚어졌다.

서울 어느 고교에서는 1교시 1번 문제를 푼 뒤 2번 문제로 화면이 넘어가지 않는 문제가 발생했다. 경기도 어느 고교에서는 아예 음성이 들리지 않아 20분 동안만 풀고, 나머지는 4교시가 끝난 뒤 1교시 시험문제를 다시 풀었다. 전국 8개 고교는 사흘 뒤 시험을 아예 다시 치르기로 했단다.

그뿐이 아니다. 시험은 15일 하루에 전국 동시다발로 이루어지지 않았다. 16일까지 이틀에 걸쳐 시행되었다. 전국 646개 특성화고 12만여 명이 동시에 시험을 치를만한 시설이 없어 그리 된 모양이다.

그러나 시험은 모든 학생들이 동일한 문항으로 동시에 치르는 것이 일반적이다. 하루 시차를 둔 직업기초능력평가라니 어안이 벙벙하다. 혹 특성화고 학생들과 학부모들을 '가볍게' 보고 그리 한 것은 아닌지 의구심이 떠나지 않는다.

컴퓨터를 이용한 시험이라 그런 것이라 해도 면죄부가 될 수는 없다. 그런 파행을 컴퓨터 관리 부실 등 학교 탓으로 돌리는 모양이지만, 그것은 아니지 싶다. 국가수준학업성취도평가처럼 종이 시험지로 했으면 될 것을 굳이 온라인 시험으로 실시했기 때문이다.

"특성화고 학생들이 취업을 하면 컴퓨터를 잘 이용할 줄 알아야 하기 때문에 컴퓨터를 이용한 평가방식으로 바꾼 것"이라는 교과부 관계자의 말은 '고양이 쥐 생각하네' 따위 속언을 떠올리게 할 뿐이다.

특성화고의 일제고사 파행을 접하고 보니 불현듯 읍 소재 후기 일반고에서 근무하던 10년 전 일이 떠오른다. 그 학교에서는 6개월짜리 교감이 유행이었다. 부임 6개월 만에 교장으로 승진, 학교를 떠난 교감들이 즐비해 나온 우스갯 말이다. 불과 1년 반 사이에 무려 3명의 교감이 바뀌는, 마치 간이 정류장 같은 학교였던 것이다.

'과연 대도시 일반계고에서 그런 일이 가능할까?' 그때 필자는 생각했다. 일반계고의 일제고사에서 그렇듯 파행이 빚어질 수 있을까 생각해보니 그럴 리 없다는 결론이 나온다. 일제고사도 특성화고 차별인가를 묻지 않을 수 없는 이유이다.

이명박 정부가 강행한 학생들 줄 세우기식 일제고사도 문제지만, 개선책이라고 내놓은 특성화고 직업기초능력평가마저 그 지경이고 보니 할 말을 잃는다. 명색 국가시험을 기업인 단체인 대한상공회의소에 맡겨 치르게 한 교과부의 안이함도 어이없기는 마찬가지다.

컴퓨터를 이용한 온라인 평가 준비로 겪은 교사들의 때아닌 고초나 학사운영의 애로는 애써 들먹일 것도 없다. 그래도 한 마디만 더하자. 직업기초능력평가 파행이 임기말 국정문란이요, 기강해이의 한 단면이라면 필자만의 억측일까?

(전북매일신문, 2012.11.5)

백양촌문학상 부활을 기대하며

최근 열린 백양촌 신근(1916~2003) 추모음악회 소식을 신문에서 보았다. 추모음악회는 예술기획 예루가 주관했다. 추모음악회는 작곡가인 김광순 전주대 교수가 백양촌이 남긴 주옥 같은 시편들과 심재기(전주문인협회장)시인의 추모시에 곡을 붙여 진행한 것으로 알려졌다.

그보다 보름쯤 후 있은 전라북도문학관 개관식에서도 백양촌은 회자되었다. 백양촌은 신석정 · 서정주 · 이병기 들과 함께 전시실 한쪽을 오롯이 차지하고 있었다. 이제 '있었다'가 아니라 계속 있게 된다. 전라북도문학관 개관으로 전북도민, 나아가 전 국민에게 영구히 있게 된 것이다.

그렇듯 백양촌 소식을 접하고 보니 이제는 잊혀진 '백양촌문학상'이 떠오른다. 백양촌문학상은 1989년 황길현(작고) · 허소라 시인을 첫 수상자로 배출한 이래 2005년 17회까지 계속되었다. 한 해에 2명씩 모두 34명의 수상자를 배출했지만, 어떤 영문인지 2006년부터 중단되어버렸다.

34명의 수상자 면면을 보면 작고 문인도 있지만, 도내에서 활동하는 시인, 수필가들이다. 수상자들이 그 어떤 상보다 백양촌문학상 수상에 의미를 부여하며 기뻐했던 모습이 생각난다. 아마도 상금 300만 원보다 우리 지역 출신 작가의 업적을 기리는 시상이기 때문 그런 게 아닌가싶다.

어느 핸가는 고위 공직에 있던 백양촌 아들(신건 전 국회의원)이 공무로 늦었다며 수상자와 하객들에게 양해를 구했던 일도 있었다. 그런 단상들이 벌써 까마득한 옛날 일이 되어버렸다. 마침 깊어가는 가을이라 그런지도 모를 일이지만, 백양촌문학상 폐지가 쓸쓸하게 느껴지는 것은 그래서다.

하긴 백양촌문학상뿐이 아니다. 고 하희주 시인을 기리던 모악문학상이 2002년을 끝으로 없어져버렸다. 표현문학상은 2003년 시상 후 중단되었다. 풍남문학상과 전북문화상은 각각 전주시예술상, 자랑스러운 전북인대상으로 확대, 시행되고 있지만, 상금이 없는 무늬뿐인 상으로 '전락'한지 이미 오래이다.

특히 자랑스러운 전북인대상은 2000년부터 10년 넘게 문인 수상자가 없다. 2007년 양규태 수필가가 유일하다. 엊그제 발표한 제19회 자랑스러운 전북인대상 수상자 8명 중 문화예술 분야는 사진작가가 차지했다. 전북도청 시행 상이라는 점에서 예사롭게 넘길 일이 아니라 생각된다.

상금이 없는 등 문학 쪽 지원자가 없거나 있어도 타 분야 업적에 비해 함량미달 따위 그 속내를 자세히 알 수야 없지만, 도내에는 도민 앞에 내세울만한 자랑스러운 문인이 해마다 없다는 뜻이기 때문이다. 도내 문인 수는 다른 장르에 비해 월등히 많다. 그들이 죄 '오합지졸'들이란 말인가?

그 외 신곡문학상은 전국을 대상으로 한다는 점에서, 그리고 어느 기업이 후원하는 전북예술상은 2010년부터 '전북예총하림예술상'이 되어 상업적 냄새를 풍긴다는 점에서 마뜩치 않아 보인다. 그러고 보면 목정문화상과 전북문학상만이 도내 상일 뿐이다.

아, 하나 더 있다. 지난 5월 처음 시상식이 열렸던 '전북해양문학상'과 '중산시문학상'이 그것이다. 이들 상은 전북문인협회가 주관하며 도내 모든 문인을 대상으로 한다는 점에서 다른 상들과 성격이 다르다. 일부 회원만을 대상으로 하는 임실문학상, 전북수필문학상, 행촌수필문학상, 작촌문학상, 전북여류문학상, 전북시인상 등이 얼른 떠오르는 상들이다.

그러니까, 문학상은 많아도 도내 모든 문인을 대상으로 한 상다운 상은 없는 것이다. 이제 백양촌문학상 부활의 당위성은 드러난 셈이다. 모르긴 해도 지난 몇 년간은 고인의 아들이 '신건 국회의원'으로 있어 뜻은 있어도 실행이 어려웠을 것이다. 이제 그런 구애는 받지 않게 되었음을 환기하고 싶다.

끝으로 백양촌문학상 부활에 기대하고 싶은 것이 있다. 고인의 생전 문학활동에 맞추는 시상 범위, 그러니까 시인·수필가에서 벗어났으면 하는 점이다. 어느 장르에서든 남이 공감할만한 업적을 쌓은 도내 모든 문인이 수혜자가 되도록 해야 전북을 대표하는 백양촌문학상으로 우뚝 설 것이다.

(전북도민일보, 2012.10.24)

‘곽노현 학습효과’ 되새겨야

언론 보도에 따르면 보수우파 성향의 교육계 원로들이 ‘선택 12 · 19, 올바른 교육감 추대를 위한 교육계 원로회의’(이하 ‘원로회의’)를 만들고 한국교총회관에서 첫 회의를 가졌다는 소식이다. 원로회의에는 전직 서울시 교육감, 대학총장, 교장, 교육위원 등 40여 명이 참여한 것으로 알려졌다.

진보진영은 이보다 앞서 ‘2012 민주진보진영 서울 교육감 추대위원회’(이하 ‘추대위원회’)를 출범시킨 바 있다. 추대위원회에는 민주화를 위한 전국교수협의회, 민주노총 서울본부, 참교육을 위한 전국학부모회, 함께하는 교육시민모임, 흥사단 교육운동본부 등 100여 개 교육·시민 · 사회단체들이 참여하고 있다.

곽노현 전 교육감 구속, 수감으로 12 · 19 대통령선거와 함께 치러질 서울시 교육감 재선거에 따른 움직임들이 가시화된 양상이다. 교사이자 유권자의 한 사람으로서 ‘준동’이라 할 그런 움직임들을 보는 마음은, 그러나 편치 않다. '곽노현 학습효과'는 온데간데 없이 사라져버리고 바야흐로 보수 · 진보의 이전투구가 빤히 눈에 보여서다. 그리고 지난 선거에서와 같이 '제2의 곽노현'이 생기지 말라는 보장이 없게 된 셈이어서다.

사실 곽노현 전 교육감은 두 세력간 대결의 희생양이라 할 수 있다. 추호도 곽노현 전 교육감의 '사후매수죄'를 두둔하거나 옹호할 생각이 없으면서도 그렇게 말하는 것은 응당 그만한 까닭이 있어서다. 무슨 단체나 세력의 추대를 받지 않았더라면 적어도 곽노현 개인에게 그런 일은 일어나지 않았을 것 같기 때문이다.

그렇게 애먼 사람 죄인 만드는데 일정량 기여한 그 세력들이 다시 움직이기 시작한 것이다. 아다시피 2007년 여야 합의로 도입된 교육감직선제에서 정당배제 원칙을 정했다. 다름 아닌 교육의 정치적 중립성 때문이었다.

그런데 막상 그렇게 하고보니 엉뚱하게도 보수니 진보니 편을 갈라 교육감 선거판에 뛰어들고 있다. 교육이 백년지대계라는 대명제가 무색할 만큼 이데올로기를 기반으로 한 교육감 선거가 다시 기승을 부리고 있는 것이다.

이미 널리 알려진 바와 같이 그 후유증은 지금 전국 곳곳에서 나타나고 있다. 일부 교육감들은 교과부 정책이나 지침에 제동을 걸고, 교과부는 교육감들을 고발하는 일이 예사로 벌어져 혼란이 가중되고 있다.

말할 나위 없이 교과부와 일부 교육감들의 해라, 못한다 그 와중에서 희생되는 건 학생들이고, 죽어나는 건 교사들이다. 민주주의가 원래 좀 시끄러운 것이긴 하더라도 이건 아니지 싶다.

천문학적 숫자의 선거비용, 정당 배제의 후유증 등 조만간 어떤 식으로든 개선되어야 할 교육감 선거법이긴 할망정 제발 보수니 진보니 하는 단체나 세력들이 서울시 교육감 선거판에 뛰어들지 말아야 할 이유이다.

보수니 진보니 하는 단체들은 다가올 서울시 교육감 재선거에서 뜻 있는 인사들이 후보로 각자 나서 유권자 선택을 받을 수 있도록 그냥 놔두기 바란다. 그것만이 민심왜곡 예방과 함께 곽노현 중도하차가 주는 학습효과를 살리는 길일 것이다.

(경향신문, 2012.10.29, 전북연합신문, 2012.10.31)

제자에게 배운 물의 소중함

부끄럽지만, 물에 대해서 깊이 있게 생각해보는 건 이번이 처음이다. 고교에서 문예 지도를 하는 교사인데도, 물을 주제로 한 글쓰기 지도로 최우수상 수상 제자를 배출한 적이 있는데도 그렇다.

가령 지금 수업시간에 문학을 가르치고 있는 2학년 어느 제자는 지난 해 한국농어촌공사의 '내 고장 물살리기운동 전국학생실천수기공모전'에서 「너무 간단하고 손쉬운 물 살리기」로 1등상인 최우수상을 수상했다.

제자가 써온 글을 처음 읽었을 때 일단 그 발상이 퍽 신선해 보였다. 초등학교 3학년 때 제 눈에 꼭 맞는 안경 맞춘 걸 떠올리고, 그걸 되게 좋아하는 라면과 연결시켜 궁극적으로 물의 소중함을 환기하는 글이었다.

그랬을망정 설마 장관상인 최우수상까지 받으리라곤 생각하지 못했다. 물 살리기라는 주제가 주는 감동보다 띄어쓰기며 맞춤법, 문장이나 문단 등 주로 형식미에 치중한 글쓰기 지도여서 그랬는지도 모를 일이다.

제자 글에선 라면국물을 남기지 않는 식습관이 소개된다. 라면국물을 남기게 되면 그걸 정화하는데 4000L의 물이 필요함을 알고 난 후부터 생긴 그 학생만의 라면 먹기 수칙이다.

그뿐이 아니다. 2003, 2006년엔 한국수자원공사의 '물사랑글짓기 공모전'에서 시 부문 입상 제자들을 배출하기도 했다. 잠깐 한 작품 만나보자. '내 마음이 물이면 좋겠다 / 흘러가는 물처럼 / 내 마음의 사랑도 물처럼 흘러 갈 테니 / 그 사람의 마음도 물처럼 흐르고 있을까'(엄지민의 「물」 1, 2연).

제자들의 글을 다시 읽다보니 슬며시 얼굴이 후끈거려온다. 물 살리기 내지 물 사랑의 글을 지도해 상까지 받게 했지만, 정작 지도교사인 나는 그 제자들만큼 물의 소중함에 대해 알고 있는지, 의문과 함께 반성이 생겨서다.

사실 물은 복잡하고도 신기한 물질이다. 세계 4대 인류문명 발상지가 강가였음은 너무 케케묵은 이야기라 치부하는 게 당연할 정도다. 인류는 물과 함께 비롯되었다. 물은 인류뿐 아니라 모든 동물과 식물을 살리고, 죽이기도 한다.

그런데도 우리는 공기처럼 물의 소중함을 잊고 산다. 아니 알았던 사실을 잊은 것이 아니다. 아예 의식조차 하지 않고 사는지도 모른다. 그렇지 않고서야 그렇듯 물을 과소비할 수 없다. 얼마 전 본 TV 어떤 프로그램에 의하면 지구촌의 12억 명이 안전한 식수 이용을 못한다는데, 그야말로 딴 나라 이야기일 뿐이다.

환경부에 따르면 우리나라 국민 1인당 하루 물 소비량은 333L에 달한다. 1.8L 페트병으로 따지면 185병에 해당하는 양이다. 수도 요금이 가장 비싼 덴마크(114L)의 3배 가까이 많은 하루 물 소비량이다. 그런 과소비가 싼 물 값 때문이라는 분석이 있는데, 그냥 흘려버릴 지적만은 아닌 성싶다.

서울신문(2012.9.6)에 따르면 실제로 한국의 1㎥당 지방상수도 평균 요금은 610원(광역상수도 요금 292.5원)으로, 덴마크의 13% 수준에 불과하다. 비교적 수도 요금이 싸다고 알려진 영국의 28%, 일본과 미국도 우리보다 2배 이상 물 값이 비싼 것으로 조사되었다.

역설적이게도 수도요금 인상 따위 돈이 물의 소중함을 담보하게 된 셈이다. 나는 체질적으로 하루 세 끼니 식사 후에만 물을 마신다. 의사로부터 물을 자주 마시라는 진단과 충고를 듣는 터수지만, 어디가 당장 아프고 금방 죽을 것 같은 병이 아니라 그런지 하라는 대로 못하곤 한다.

전문적 식견은 없지만, 물이 우리 신체의 신진대사에 중요 인자임은 널리 알려진 일이다. 그런데 나의 경우 너무 절약해 탈이다. 반면에 국민 전체적으로는 너무 과소비해 탈이다. 공기가 어느 날 홀연히 사라져버리는 극한상황은 그 가정조차 끔찍한데, 물은 어떤가?

유감스럽게도 수돗물 단수사태가 실제 일어났다. 어디 그뿐인가. 비가 너무 많이 와도 재앙이고, 가뭄이 들어도 재난이다. 양극적인 그런 재해의 공통점은 그것들이 물의 소중함을 새삼 깨우쳐 준다는 점이다. 예로부터 치수治水가 제왕의 덕목으로 강조되어온 것도 그런 이유에서다. 그렇다. 벌써부터 물은 닳아 없어지는 자동차 부품 따위 소모품이 아니다.

그러나 역시 백 마디 말보다 한 가지 실천이 더 중요하다. 내가 지도해 상을 받게 했던 제자 글에서 비로소 물의 소중함을 깨달았다면 그것도 뜻밖의 횡재가 아닐까? 늦었을망정 나는 우리 가락 추임새로 힘차게 외쳐본다.

"그려, 물은 소중헌 것이여!"

(2012. 10. 20)

금연, 담배를 없애면 될 일

보건복지부는 지난 6월 28일 국민건강증진법 시행규칙 개정안을 입법예고한 바 있다. 두 달의 입법예고를 거쳐 12월 8일부터 시행에 들어갈 개정안은 넓이가 150㎡(45평) 이상인 일반음식점, 고속도로 휴게소나 당구장, 전국 각지의 사적지 등을 금연구역으로 하고 있다.

특히 음식점의 경우 2015년부터는 100㎡(30평) 미만의 모든 업소가 금연구역으로 지정된다. 업계 반발이 거센 PC방은 예정대로 2013년 6월부터 금연구역이 된다. 한편 담뱃갑에 표시하는 경고 문구도 담뱃갑 앞·뒷면의 절반 크기로 커지게 된다.

최근 경향신문(2012.10.4) 보도에 따르면 담뱃값을 2,000원 올리면 흡연율을 20%대로 줄일 수 있다는 보고서도 나왔다. 가령 조성일 서울대보건대학원 교수의 「담배가격정책과 흡연율분석」이 그것이다. 이 보고서에는 "담뱃값을 2,000원 인상하고 담뱃값에 경고 그림을 넣으면 현재 45%의 흡연율(남성기준)을 2020년까지 20%대로 낮출 수 있다"고 되어 있다.

갈수록 흡연 국민들이 설 땅을 잃어가고 있다. 실제로 4년째 여고에 근무하고 있는 필자 역시 이만저만 고통을 겪는 게 아니다. 예컨대 교실에서 흡연한 것이 아닌데도 담배 냄새 난다는 여학생들의 노골적인 눈총이 그렇다.

담배를 피우며 생각하는 한 가지 의문은 과연 '대한민국이 잘 사는 나라가 되었는가?' 하는 점이다. 국가가 독점적으로 담배를 팔아 대 막대한 재정 확충에 '혈안'이던 때가 엊그제 같은데, 이렇듯 흡연 국민들을 죄인시하는 나라가 되었으니 말이다. 그것이 선진국 등 세계적 추세라니 더 기가 찰 노릇이다.

이 땅에서 흡연 규제는 1995년 시작되었다. 처음엔 공공시설에서 흡연구역과 금연구역을 분리했다. 점차 그 대상의 공공시설 범위가 확대되었다. 2003년부터는 학교와 어린이집, 병원건물 전체가 금연구역으로 지정되었다. 바야흐로 모든 건물, 나아가 길거리, 공원에서의 흡연까지를 '원천봉쇄'하겠다는 것이다. 이대로 가다가는 정부가 나서 모든 국민의 가정집 안방까지 금연구역으로 지정할 날도 그리 멀지 않은 것 같다.

굳이 금연론자들의 말을 빌리지 않더라도 담배가 해로운 것임은 누구나 아는 사실이다. 직접흡연은 폐에 4,000여 가지의 독성물질과 60여 가지의 발암물질을 빨아들인단다. 당연히 스트레스를 받은 신체는 각종 질병에 시달리게 되고 암을 유발, 결국 사망에까지 이르게 된다고 한다.

끽연하며 생각하는 두 번째 의문은 그렇듯 나쁜 담배인데, 왜 하필 국가가 독점하여 처음부터 지금까지 제조 · 판매하느냐는 점이다. 심하게 말하면 국가가 나서 흡연 국민을 병들게 하고 죽음으로까지 내몰고 있다는 의구심을 떨쳐내기 어렵다. 그게 아니라하더라도 정경수 한국담배소비자보호협회장의 말처럼 '흡연자 말살'의 금연정책임은 분명하다.

앞의 보고서에서 보듯 성인남성 흡연자 수는 45%에 이른다. 간접흡연에 따른 건강권 침해 어쩌고 하여 그 동안 각종 흡연 규제를 감수해온 흡연 국민들이지만, 이제 더 이상 '막장드라마식' 금연정책에 동의할 수 없다.

말할 나위 없이 흡연자라 해서 민주국가 국민으로서 누려야 할 '행복추구권'이나 '기호권'의 기본권마저 박탈당할 이유는 없기 때문이다. 사실 국민의 건강권을 이유로 펼치는 과도한 금연구역 지정은 전체주의적 사고思考에 가깝다.

새삼스런 말이지만 개인의 모든 활동이 국가의 존립 · 발전을 위해 희생되어야 하는 것이 전체주의이다. 과도한 흡연 규제는 흡연이라는 개인의 활동을 옥죄는 전체주의 국가적 밀어붙이기식 정책이나 다름없다.

국민의 건강이 그렇게 중요하다면 차라리 담배를 없애버리면 될 일이다. 2020년까지 흡연율을 20%대로 낮추려 헛힘 쓰지 말고 아예 국가에서 담배를 제조 · 판매하지 않는다면 금연구역이나 담뱃값 인상 논란 따위가 무슨 소용이겠는가?

담배 구입하는 성인에게 주민등록증 제시 같은, 자던 소가 웃을 대책에 헛힘 쓰지 말고 차라리 담배를 없애버리면 100% 국민이 건강한 나라가 되지 않겠는가? 그렇게 할 수 없다면 최소한의 '흡연권'

역시 보장해야 맞다.

국가는 국민건강증진법과 담배사업법을 통해 '마약 같은' 담배의 존재를 인정하고 있다. 그런데도 제조·판매까지 하면서 흡연 국민들을 비상계단이나 옥상, 건물 밖 후미진 골목길 등지로 범인 쫓듯 내몰고 있다. 응당 매우 온당치 않은 일이다.

흡연이 건강에 해로운 건 사실이지만, 담배는 마약 따위가 아니다. 누구나 즐길 수 있는 기호식품이다. 그리고 헌법에는 합법적인 기호생활을 누릴 수 있는 '기호권'이 엄연히 존재한다.

다시 힘주어 말한다. 국민건강을 핑계로 흡연 국민의 기호권과 행복추구권을 말살하는 금연정책이 되어선 안된다. 비흡연자가 많다 하더라도 흡연 국민들이 민주주의 국가에서 왜 그들을 위해 죄인 아닌 죄인으로 살아야 하는가?

(전북일보, 2012.10.18)

한글날을 다시 법정 공휴일로

10월 9일은 한글날이다. 한글날은 일제침략기인 1924년 우리말과 글을 지키기 위해 제정되었다. 1949년 법정 공휴일로 지정됐지만, 1990년 쉬는 날이 너무 많다는 이유로 제외되었다.

지난 3월 한글단체와 진보, 보수를 망라한 단체들이 뜻을 모아 '한글날공휴일추진범국민연합'(이하 범국민연합)을 출범시켰지만, 한글날 공휴일 재지정 소식은 아직 들리지 않고 있다. 범국민연합 출범 이전에도 한글날 공휴일 재지정 움직임은 끊임없이 있었다.

가령 2008년 당시 유인촌 문화체육관광부장관은 한글날 공휴일 재지정 추진 의사를 밝혔다. '전체 법정 공휴일의 숫자를 조정하는 방식'이라는 구체적 방법론까지 제시했다. 자유선진당 박선영 의원은 한글날과 제헌절을 법정 공휴일로 다시 지정하는 내용의 '국경일에 관한 법' 개정안을 국회에 제출한 바 있다.

이명박 대통령은 세종대왕동상 제막식 축사를 통해 "세종대왕이 만든 한글은 우리 겨레의 보물이자 세계의 문화라고 할 수 있으며, 세계 각국에서 한글을 쉽게 배우고 세계에 널리 알릴 수 있도록 정부는 세종학당을 확대 설치해 나갈 것"이라고 말했다.

이를테면 한글날 법정 공휴일 지정에 대한 당위성은 충분한 셈이다. 더욱이 국민 68%가 찬성하고 있고, 범국민연합측에 의하면 "한글날이 언제인지 모르는 국민이 2009년 11.9%, 2011년 37.0%로 점점 늘고 있"어 더 이상 미룰 일이 아니라는 생각이다.

한글날의 운명을 들여다보면 꽤 기구하다. 쉬는 날이 어쩌다 많았던 1990년 10월 한국경영자총협회가 기업 못하겠다며 들고 일어서 공휴일 폐지가 성사되었다. 그러나 반대가 심해 그 해 8월 국무회의 의결을 거치고도 1991년 10월 9일부터 평일이 되어 지금에 이르고 있다.

당시 이어령 문화부장관은 폐지에 강력 반대했지만, 노태우 대통령의 의중을 읽은 총무처가 앞장을 섰다. "글자 만든 날을 공휴일로 하는 나라는 없다"는 것이 총대를 맨 논리였다. 국가가 스스로 한글의 우수성을 몰각하다 못해 국민들에게 계몽까지 한, 참으로 한심스럽고 '무식한' 작태였다.

사실 한글날은 그냥 하루 쉬는 날이 아니다. 지구상에 많은 나라가 있지만 제 언어를 사용하는 곳은 많지 않다. 그것을 우리 스스로 기념하지 않고 자긍심을 갖지 않는다면 문화민족이라 할 수 없다.

전 세계에 퍼져나간 한류라든가 싸이의 「강남스타일」 열풍에서 보듯 우리가 살고 있는 21세기는 문화의 시대다. 더 정확히 말하면 문화전쟁의 시대이다. 그 우수성은 그만두고 한글이라는 우리 고유의 언어를 가지고 있다는 사실만으로도 스스로 기념할 가치가 충분하다.

오해가 없기 바라지만, 아니 할 말로 예수나 석가모니 등 외국인의 귀빠진 날도 법정 공휴일로 지정되어 있다. 그런데, 순 우리 것으로 민족의 얼과 혼이 담긴 한글의 날을 그냥 평일로 무덤덤하게 보낸다. 누가 봐도 온당한 일로 보이지 않는다.

1997년 한글은 유네스코 세계유산에 선정되기도 했다. 무엇보다도 자라나는 학생들에게 찬란한 문화유산의 의미와 가치를 각인시키기 위해 한글날은 법정 공휴일이 되어야 한다. 학교에 나와 수업을 하다보면 한글날의 소중한 의미가 묻혀버리거나 흔적도 없이 사라지기 때문이다.

"한국의 노동시간은 경제협력개발기구 회원국 평균보다 연중 400시간 이상 많다"는 것이 범국민연합측 설명이다. 재계는 더 이상 생산성 감소 등을 들먹이며 장사꾼 셈법을 내세우지 말기 바란다. 이제 한글날 반짝했던 1회성 이벤트로 그치고만 법정 공휴일 논의를 매듭지어야 한다. 한글날은 법정 공휴일이 되어야 한다.

(한겨레, 2012.10.9, 전북연합신문, 2012.10.10)

역사적 책임감 없는 일본을 어찌 할꼬

이명박 대통령의 독도 방문 이후 일본 반응은 그야말로 점입가경이다. 독도가 일본 땅이라는 억지는 기본이고, 자국의 역사마저 부인하는 옵션 양상을 띠고 있어서다. 예컨대 "위안부를 강제로 동원한 적이 없다." 따위가 그것이다.

그 동안 일본은 나름 반성의 기미를 보여 왔다. 예컨대 1993년 고노 관방장관은 종군위안부(정신대) 강제 동원 사실을 인정했다. 1995년 8월엔 무라야마 총리가 "식민지 지배와 침략으로 인해 손해와 고통을 준 것에 통절한 반성의 뜻을 표한다"고 밝힌 바 있다.

시기상으로도 늦었고 피해 당사자인 우리가 듣기엔 턱없이 미흡한 반성이고 사과였지만, 이후 그런 대로 한일 관계는 원만하게 유지되었다. 드라마라든가 K-팝 등 일본에서의 한류 바람도 그런 토대에서 이루어졌다. 한국 방문 외국 관광객 중 일본인이 가장 많은 것도 그런 예라 할 수 있다.

그런 이웃이기에 지난 해 지진의 쓰나미 참사가 일본을 덮쳤을 때 사상 처음으로 대통령이 일본 대사관을 찾아 조문했다. 해외재난 성금 모금사상 최고액인 수백 억 원을 길거리 모금까지 벌이며 일본에 전달하기도 했다. 그야말로 과거는 말끔히 지운 '통 큰' 민족, 오지랖 넓은 국민의 모습이었다.

그러나 저들은 마치 기다렸다는 듯 역대 대통령 중 처음인 이명박 대통령의 독도 방문을 빌미 삼았다. 독도뿐만이 아니다. 아예 저들은 스스로 저지른 식민 지배와 태평양전쟁 따위 전범 자체를 부정하고 있다.

여기서 새삼스럽게 제국주의 일본의 극악한 만행을 재론할 필요는 없을 것이다. 벌써 천 번도 넘게 매주 수요일 집회에 나서고 있는 위안부 피해 할머니들의 절규만으로도 저들 만행의 증거는 충분하다.

좀 안된 말이지만, 고교 문학 교사인 나는 수업시간임에도 '일본놈'이란 표현을 쓰고 있다. 미체험 세대인 우리 학생들에게 제국주의 일본이 저지른 만행을 보다 박진감 넘치게 전달해주기 위해서다. 교과부가 '막말 교사'라며 징계를 들먹여도 나는 계속 그렇게 할 참이다.

말할 나위 없이 독도는 우리 땅이다. 「독도는 우리 땅」이라는 노래가 이 땅 요새요새 울려 퍼진 것도 벌써 수십 년 전 일이다. 또한 2012년 8월 28일 오사카의 공립학교 교사 출신 구보이 노리오 씨는 독도가 한국 땅으로 표기되어 있거나 일본 영토로 표기돼 있지 않은 고지도 여러 장을 처음 공개하기도 했다.

"가장 가깝게 지내야 할 한국과 일본이 독도 영유권 문제를 놓고

외교전쟁을 벌이는 것을 보고 안타까웠다"며 공개한 것이다. 그렇듯 국내외적으로 '독도는 우리 땅'이 확실하다. 그런데도 일본은 독도를 "한국이 불법 점거하고 있다"고 우긴다.

도대체 왜 그러는 것일까? 혹자는 일본 우익의 세력 결집을 위한 '애국심 고취 카드'라고 분석하지만, 보다 근본적인 문제가 있어 보인다. '전범국가 미청산'이 그것이다.

이때 독일을 떠올리는 것은 자연스러운 일이다. 똑같이 2차세계대전을 일으킨 전범국가이지만, 독일은 '역사적 책임'을 졌다. 1988년 서독 대통령 바이츠제커는 독일역사학자대회에서 "역사적 책임감이란 자신의 역사를 있는 그대로 받아들인다는 뜻입니다. 오늘 올바르게 살기 위해 과거를 정직하게 기억해야 합니다. 독일 역사가들은 국민이 그렇게 살 수 있도록 도울 의무가 있습니다"라고 말했다.

독일은 나치 독일의 전과를 훌훌 털었기에 주변 나라들과 티격태격하지 않는다. 심지어 나치 독일의 상징 하켄크로이츠의 표시조차 금지하고 있을 정도이다. 그에 반해 일본은 군국주의 상징인 '욱일승천기'를 거리낌 없이 사용하고 있다. 예컨대 전 세계인이 모이거나 TV를 보는 런던 올림픽에서 일본 여자 체조선수들 옷이 그랬다.

저들이 독일처럼 역사적 책임감을 갖지 않는 한 앞으로도 마찰은 계속될 것이다. 뭔가 근본적이면서도 획기적인 대책이 필요하다. 자신들의 역사마저 부정하고 이미 인정한 사실조차 번복하려는, 기본이 안 된 나라 일본이다. 일본이 그런 태도라면 비록 쉬운 일은 아닐지라도 단교斷交는 어떤가?

(전북도민일보, 2012.9.21)

고졸 취업의 빛과 그림자

이명박 정부는 출범하자마자 많은 교육정책들을 쏟아냈다. 2009 개정교육과정 시행과 함께 집중이수제, 교외수상 학생부기재 금지, 내부형 교장공모제 사실상 폐지, 법률 제정도 되지 않은 교원평가제 강행, 고졸 취업 확대 등이 얼른 떠오르는 이명박 정부의 교육정책들이다.

그런데 한국행정연구원이 교수 · 공무원 · 언론인 · 시민단체 관계자 등 사회 여론 주도층을 대상으로 한 '9개 정책분야별 신뢰도' 조사에서 교육정책 신뢰도는 28.3%였다. 이는 문화, 보건복지 등 9개 정책분야 중 가장 낮게 나타난 수치이다. 이명박 정부의 교육정책이 가장 신뢰되지 않는다는 것이다.

그럴망정 잘한 정책도 있다. 바로 고졸 취업 확대이다. 고등학교만 나온 김대중 · 노무현 전 대통령도 하지 못한 일을 '일류대'까지 나온 이명박 대통령이 해낸 것이다. 특히 고졸 출신의 금융계를 비룻한 사무직 취업은 여상생이면서도 오퍼레이터(제조직) 취업에 머무르던 진로 판도를 확 뒤집는 계기가 되었다 해도 과언이 아니다.

실제로 특성화고 취업률이 크게 높아진 것으로 나타났다. 가령 전라북도 교육청이 발행하는 전북교육뉴스(2012.7.1)에 따르면 지난 해 도내 특성화고 졸업생 4천 784명 중 1천 391명이 취업, 29.1%의 취업률을 기록했다. 이는 2010년 취업률 24.2%에 비해 4.9% 상승한 수치이다.

전북도의 경우 한국경마축산고와 줄포자동차공고는 각각 70.8%와 70.2%의 취업률을 기록했다. 40%를 넘어서는 학교도 전북기계공고, 완산여고, 칠보고, 오수고, 군산여상, 진경여고, 부안여상 등 7개 곳에 이른다. 명실공히 가열찬 취업 지상주의의 찬란한 결실이라 할만하다.

도교육청 역시 특성화고 졸업생들의 취업을 돕기 위해 적극 나서고 있다. 예컨대 직업기초능력 강화사업지원, 취업기능강화 특성화사업지원, 취업역량 제고사업지원, 취업지원관 및 산업체 우수강사 인력지원, 취업지원센터 운영 등이 그것이다.

그러나 취업지상주의라는 빛에 드리운 우울한 그림자가 없는지에 대해선 진지한 관심이 없어 보인다. 우선 특성화고 학생들은 8 · 9교시, 소위 방과후학교 수업까지 감당해야 하는 '고역'에 시달리고 있다.

금융권이나 사무직 취업이 이전보다 늘긴 했더라도 전체 3학년 학생 수에 비하면 아직 극소수에 불과할 뿐이다. 결국 대기업이라곤 하나 제조직 진출로 취업률이 그 정도 나오는 것임을 알 수 있다. 그런데도 LCD나 반도체 같은 제조직에 취업하기 위해 8 · 9교시 보충수업까지 받아야 하는 것인가?

취업이 최고의 목표요 가치이긴 하지만, 합격 학생에 대한 성급한 입사 주문도 생각해볼 문제다. 여름방학이 시작되기 전부터 금융권, 사무직, 대기업 제조직을 막론하고 합격 학생들을 차출해가고 있는 실정이다. 물론 현장실습이 교육과정상 있긴 하지만, 이건 아니지 싶기도 하다.

특성화고 학생들의 현장실습이 인권 문제 등으로 11월 수능 이후로 미뤄졌던 참여정부에 비하면 격세지감이라 할만하다. 심지어 3학년 교육과정에 있는 보통 과목을 조기 이수 등 편법 운영으로 땜방하면서 취업에 올인하는 실정이고 보면 얼떨떨하기까지 하다.

문제는 나머지 학생들이다. 앞에서 보듯 취업지상주의에도 불구하고 평균 취업률은 30%를 밑돌고 있다. 3분의 2쯤 되는 학생들은 극히 일부를 빼고 진학한다는 얘기다. 나름 대입 준비를 해야 하지만, 특성화고는 3학년 새 학기 시작부터 온통 취업 분위기다. 수업에 집중하기가 쉽지 않다.

교사들도 비슷하다. 학생들이 취업 면접 준비다 뭐다 해서 한 반에 10명 넘게 빠지는 때도 있다. 그런데도 교사는 아무렇지 않게 열심히 설명하고 학생들이 잘 듣는다면 그건 십중팔구 거짓말일 게다. 특성화고, 취업이 지상명제이긴 하지만 이대론 안된다는 생각이 떠나지 않는다.

(전북매일신문, 2012.9.4, 경향신문, 2012.9.24)

제2부

스스로 위상 깎아내리는 지방문협

한 중앙 일간지에 실린 인터뷰 기사 「최보식이 만난 사람—평생 지방시인 도광의」를 읽었다. '평생 지방시인'이라 그렇듯 큰 지면의 인터뷰 대상이 되었는지 자세히 모르겠지만, 기사를 읽고 나니 확실한 깨달음이 생긴다.

'평생 지방시인'은 기자의 질문에 "내가 너희보다 못한 게 어딨나, 내가 왜 굽실거려야 하나"라며 강변한다. 많은 지방 문인들의 마음을 대변하고도 남음이 있는 일갈이다. 지방 문인들의 자존심을 옹호해주는 어떤 울림이 있다.

그러나 필자가 겪은 바에 의하면 지방 문인들이 전부 도광의 시인 같지는 않아 보인다. 서울로의 심사 의뢰가 그것이다. 현재 전국 각지에서 학생 대상의 백일장, 공모전이 이루어지고 있다. 대개 지자체의 예산 지원으로 해당 지역 문인협회가 주관한다. 그런데도 그 심사는 서울에 의뢰한다.

가령 올해 14회째를 시행한 '정지용청소년문학상', 11회째인 '정지용백일장'을 예로 들어보자. 정지용백일장의 경우 초 · 중등부는 실시 당일 지역 문인협회 심사를 거쳐 발표한다. 하지만 고등부와 대학 · 일반부 결과는 대략 보름쯤 후에 발표한다. 응모 원고를 서울로 보내 심사하기 때문이다.

올해로 6회째인 '상춘곡문학제 전국백일장'도 그렇다. 그렇듯 서울로 심사를 의뢰하다보니 한 달은 보통이고 어떤 경우 공모 기간보다 더 많은 시간을 기다려야 그 결과를 알 수 있다. 응모량에 따라 다를 수 있겠지만, 한 1주일 정도면 너끈할 작품 심사가 서울 의뢰로 배 이상 늦춰지는 셈이다.

심사 기간 순연은, 그러나 문제의 표면일 뿐이다. 정작 문제의 본질은 다른 데 있다. 백일장, 공모전 등에서 고작 운영요원 역할정도에 그치고 마는 지방문협의 위상이 그것이다. 문인으로서의 자질과 역량도 없이 한국문인협회 무슨무슨 지부하는 것은 일종의 호가호위가 아닌지 묻고 싶다.

지방문협 사정이 그래서인지, 환경단체 주관의 공모전도 서울 의존도가 강하다. 예컨대 8회째인 '전국자연사랑생명사랑 시공모전'은 아예 '중앙 문단에 권위 있는 원로시인 및 문학계 전공 인사'의 심사 사실을 공지하고 있다.

그런데 지난 월요일 발표 예정이던 심사 결과는 10일 이상 늦춰졌다. 예상보다 응모자가 많아서라고 이유를 밝혔지만, 그건 아닌 것 같다. 지난 해에도 입상자 발표를 무려 두 번씩이나 연기한 바 있기 때문이다.

도대체 전국 공모전을 치를 역량이 있는 단체인지 의구심을 갖게 했는데, 올해 또다시 그런 것이다. 거기에 서울로의 심사 의뢰가 한몫 단단히 하고 있다면, 필자만의 억측일까?

응모작 한 편 한 편을 소중히 하려는 지방문협의 자세는 칭찬할만하다. 하지만 어쩐지 뭔가 쩔려 학생들 작품조차 그 심사를 서울에 의뢰하는 중앙의존적 사고思考 행태는 버려야 한다.

무엇보다도 지금은 지방자치시대이다. 중앙정부처럼 예산권을 쥐고 있는 것도 아닌 문단이다. 서울로 심사를 의뢰함으로써 스스로 위상 깎아내리는 지방문협이 되지 않길 기대해본다.

(조선일보, 2012.8.30, 전북연합신문, 2012.9.13)

공교육만으로 대학가게 하는 대통령

새누리당이 박근혜 의원을 대통령후보로 선출함으로써 제18대 대통령 선거전이 본격화되었다. 아직 민주통합당은 경선에 나선 4명 중 1명이 대통령 후보가 되더라도 『안철수의 생각』이란 책을 출간함으로써 사실상 출마를 선언한 '안철수 변수'와 어떤 조합이 될지 전혀 예측하기 어려운 상황이다.

응당 많은 당내 경선 주자들 중에서 여야 1명씩만 후보로 뽑혀 대통령 선거전에 나선다. 그들이 내놓은 각종 공약들은, 한편으론 국민들에게 혼란과 피로감을 안겨줄 뿐 아니라 좀 야박하게 들릴지 모르겠지만, 낭비라는 생각까지 갖게 한다.

당내 경선에서 떨어져 생기는 상실감이라든가 금전적 손실 등이야 응당 그들 각자가 감당해야 할 몫이다. 마구 쏟아내는 공약들이 '공해'가 될 수 있음은, 그러나 순전 유권자가 안게 될 부담이라 해도 지나치지 않다.

교사인 필자의 관심이 교육 분야 공약에 있음은 자연스러운 일이다. 그냥 교사여도 그럴진대 교육관련 비판적 칼럼을 책 7권이나 되게 써온 필자로서야 오죽할까. 그 지점에서 대선 주자들의 교육 분야 공약들을 눈 부릅뜨고 살펴보니, 대뜸 이건 아니지 싶은 것들도 있다.

우선 고교 무상교육이 그것이다. 아무리 대선 공약이 큰 틀의 로드맵만 제시하는 것이라 해도 고교 무상교육은 헛다리짚은, 학교 현실과 너무 거리가 먼 공약空約일 수밖에 없다. 좀 심하게 비유하면 농부들은 극심한 가뭄으로 애가 타는데, 이대통령이 지난 6월 해외에서 "(4대강 사업으로) 홍수와 가뭄을 성공적으로 극복했다"고 말한 것과 같은 공약이다.

공약空約이 안되게 하려고 그랬는지 꽤 구체적인 고교 무상교육 공약도 있다. 142만 명이나 되는 고등학생들의 무상교육을 한꺼번에 제공할 수 없고 연차적으로 하겠다. 연간 2조 500억 원씩 6조 원의 예산을 들여 고교 무상교육을 실현하겠다는 것이다.

그러나 지금 고교생들이나 학부모들이 바라는 것은 그런 공짜 학교 다니기가 아니라는 게 필자의 생각이다. 수업료는 내도 좋으니 삼복더위에 빵빵한 에어컨 가동으로 쾌적한 환경에서 공부할 수 있게 해달라는 것이다.

학교는 공짜로 다니게 하고, 교실에선 에너지 절약이다, 비싼 전기료다 뭐다 하며 한증막 수업을 하라면 너무 겉만 번지르한 한국의 국제적 위상과 막상막하 아닌가?

그 외 '소질과 끼의 적성에 맞는 교육의 기본 방향'이라든지 '교육 예산의 확대', '교육개혁 전담기구 국가교육위원회 설치' 등은 이미

한 번쯤 들어본 것들이 아닌가 싶다. 그 현실감 때문 눈길을 끄는 것도 있긴 하다. '사교육 폐지', '논술고사 폐지', '일제고사 폐지' 등이 그것이다.

그렇듯 교육 분야의 핵심을 짚은 공약이 별로 없는 것은, 어느 신문 논설위원의 지적처럼 "교육이 얼마나 중요하고 대학입시가 얼마나 중요한지를 제대로 아는 대선주자들이 없기 때문"인지도 모른다. 그래도 그들 중 누군가 대통령이 되어야 한다면 그 핵심 알기는 필수 과제라 할 것이다.

사실 핵심은 별것이 아니다. 하루 7교시 정규수업만으로도 대학에 가게 하는 것이다. 변별력 어쩌고 하면서 '요상한' 시험문제를 내는 대학에 끌려 다니는 그런 입시가 안되게 하면 된다. 그것이야말로 사교육비로 허리, 등골 다 휘는 학부모들의 공감을 살 교육 분야 핵심 공약일 터이다.

실패로 끝나고 말았지만, 김대중 정부에서 보충수업 전면 폐지를 시도한 바 있다. 정규 수업 외 뭔가 하지 않으면 막 불안해지는 일부 학부모와 짭짤한 수입원이 사라질 것을 우려한 교사들의 학력저하 운운 따위 반대에 막혀 보충수업 폐지가 좌절된 것은 정권말기라는 시점 때문이었다 해도 과언이 아니다.

지금 이 땅에서 가장 시급한 교육 분야 공약은 무상 따위 복지가 아니다. 우리 아이들을 '공부하는 기계'로부터 벗어나게 해주는 일이 가장 시급하다. 우리 학생들이 정규 수업 7교시 공교육만으로 대학을 가고, 취업도 되게 하는 제18대 대통령을 기대해본다.

(전북도민일보, 2012.8.29, 한겨레, 2012.8.30)

바보 강금원의 바보 노무현 사랑

— 고 강금원 회장을 추억함

창신섬유 강금원 회장이 지난 2일 밤 타계한 것으로 전해졌다. 그는 그냥 일개 기업체 회장이 아니었다. 노무현 전 대통령의 영원한 후원자였다. 그의 타계 소식에 이어 일간신문 등을 통한 추모 물결이 이어지는 것도 그 때문이 아닌가 한다.

예컨대 안희정 충남지사는 그에 대한 추모 글에서 "아무런 이득도 없이 지역주의 극복, 원칙과 상식의 세상을 향한 신념을 지켜온 노 전 대통령을 '바보 노무현'이라 불렀다. 같은 논리로 '바보 강금원'이라 부르고 싶다"고 적었다.

60이라는 비교적 젊은 나이에 뇌종양으로 세상을 달리했다는 소식이라 그럴까. 충격과 함께 진한 애잔함이 거세게 밀려온다. 동시에 강금원 회장을 만났던 일들이 한 편의 파노라마가 되어 생생하게 스쳐간다.

"'동지' 강금원 구속 때 극단적 선택 생각한 듯."

위는 노무현 전 대통령 서거 무렵 어느 중앙일간지(2009.5.25)의 기사 제목이다. 노무현 전 대통령 서거의 결정적 이유로 강금원 구속을 든 것이다. 실제로 노무현 전 대통령은 2009년 4월 17일 자신의 홈페이지에 "강회장은 '모진 놈' 옆에 있다가 벼락을 맞은 것이다. 이번이 두 번째다. 미안한 마음 이루 말할 수가 없다"고 토로한 바 있다.

회삿돈 횡령 혐의로 구속 · 수감생활을 하다 보석으로 풀려나 노무현 전 대통령 영결식에 참석한 강금원 회장은 "검찰수사 때문에 돌아가셨다"며 "살인마라는 말밖에 할 말이 없다"는 극언도 서슴지 않았다.

그 무렵 강금원 회장은 입원과 함께 뇌종양 수술을 받은 것으로 알려졌다. 또한 3차 공판을 앞두고 있던 때이기도 했다. 이를테면 '바보 강금원'이 '바보 노무현'을 위해 보통 배짱으론 엄두도 못 낼 발언을 공개적으로 한 셈이다.

그렇듯 강금원 회장은 노무현 전 대통령 서거와 함께 새삼 관심을 끌었다. 일부 언론은 전두환 정권의 장세동과 연관시키고 있지만, 끝까지 지킨 '의리' 외엔 공통점이 없다. 전두환 정권의 군사독재를 떠올려보면 비교 자체가 오히려 기분 나쁜 일일 수 있다.

내가 강금원 회장을 만난 것은 다섯 번이다. '전주공고신문' 편집인을 맡고 있어 전주공고 출신인 그의 동향은 항상 내 관심 안에 있었다. 말할 나위 없이 '전주공고신문' 기사를 위해서였다. 전주공고 근무 6년 동안 2003년과 2008년 모교 방문 특강, 2004년 장학금 모금 동문골프모임, 2008년 노무현 전 대통령 주례의 자녀 혼사와 교지 『솔』 인터뷰 등에서 그를 만났다.

내가 강금원 회장을 만나 직접 들은 바에 의하면 한 마디로 그는 자수성가한 입지전적 인물이다. 순수한 고졸 출신으로 성공한 사업가가 그것이다. 은행 돈을 한 푼도 쓰지 않는, 그리하여 빚이 전혀 없는 '한국식 사업가'가 아니란 점도 눈길을 끈다. 고향인 전북 부안을 떠나 객지 부산에서 일궈낸 성공이라는 점에서도 대단하다는 평가가 따른다.

그러나 강금원을 강금원답게 한 것은 역시 끝없는 '노무현 사랑'이다. 자신이 70억 원을 출연해 설립한 주식회사 봉화를 통해 "봉하마을 개발사업을 계속하고 싶지만, 어찌 될지 모르겠다"고 밝힌 데서도 알 수 있듯 그의 '노무현 사랑'은 끝이 없어 보인다.

그것보다도 더 강금원을 강금원답게 한 것은 노무현 대통령 재임 시절에 보인 그의 행보이다. 노 대통령에게 단 한 건의 청탁도 하지 않았음은 물론 오히려 수감생활까지 한 그였다. 노 대통령 퇴임 후에도 여느 사람들처럼 거리를 두기는커녕 주식회사 봉화를 설립하여 노상 함께 해오다 다시 구속되기까지 했다.

전라도 사람 강금원의 경상도 사람 노무현 사랑은 그래서 지역감정 벽 허물기라는 상징성을 지닌다. 권력을 만들고 그것에 빌붙어 단맛을 보려는 정치소인배가 아닌 뭔가 '대인' 같은 인간관계의 우정이요 의리인 것이다.

노무현 전 대통령이 극단적 선택을 한 결정적 계기가 강금원 구속 때문이라면 더없이 안타까운 일이지만, 역설적으로 그만큼 강금원 회장의 노무현 사랑은 눈물겨운 것이라 할 수 있다.

수사 과정에서 그런 점이 또 밝혀졌다. 이른바 '노의 남자들'에게 생활비 내지 사업자금 명목의 돈을 빌려주거나 그냥 준 사실이 그것이다. 노무현 대통령 퇴임과 함께 백수가 된 그들이 사고치지 않도록 하기 위해 그 많은 돈을 썼단다. 나로선 강금원 회장의 노무현 사랑을 더 형용할 길이 없다.

그랬던 그가 세상을 떴다. 이제 '바보 강금원'의 끝없는 '바보 노무현' 사랑은 불가능해졌다. 그럴망정 전라도 사람 강금원의 경상도 사람 노무현 사랑이 지닌 그 상징성만큼은 많은 이들의 마음에 새겨졌으면 한다. 내가 고 강금원 회장을 추억하는 이유이다.

(전북일보, 2012.8.24)

명퇴 급증, 나도 떠나고 싶다

이명박 정부 내내 교사들의 명예퇴직이 급증한 것으로 나타났다. 일례로 서울시 교육청의 경우 세계일보(2012.8.8)에 따르면 2009년 649명이던 것이 2010년 795명, 2011년 853명, 2012년 1,223명으로 나타났다. 전북의 경우도 전북일보(2012.8.9)에 의하면 2009년 125명, 2010년 173명, 2011년 175명, 2012년 218명으로 해마다 증가했다.

한국교총이 제31회 스승의 날을 맞아 전국 초·중·고 교사 3,271명을 대상으로 조사한 '교원인식설문조사'에 그 답이 나와 있다. '명예퇴직 증가 원인이 무엇이냐'는 질문에 94.8% 교사가 '교육환경 변화에 따른 어려움'이라고 답했다. 또 '어떤 교육환경 변화 때문이냐'는 질문에 70.7%가 '학생인권 조례 추진 등으로 학생지도가 어려워지고 교권이 추락해서'라고 답했다.

실제로 요 몇 년 사이 필자와 같이 근무했던 동료 여러 명이 교단을 떠난 바 있다. 정년이 5년쯤 남은 필자와 또래이거나 2~3년 선배들이었다. 그들 모두에게 답을 들을 수 없었지만, 수술 같은 신병으로 그만둔 선배를 제외하곤 위에서 말한 명퇴 급증 원인과 닿아있지 않나 생각된다. 분명한 사실은, 그만큼 '선생질'하기가 힘들어진 세상이라는 점이다.

어느 분야에서든 갈수록 좋아져야 하는 것이 순리인데, 어찌된 일인지 선생 하기는 날로 어려워지고 있다. 예컨대 법률 제정도 없이 밀어 붙이는 교원평가제가 그렇다. 학교를, 교사를 보험회사의 설계사처럼 가시적 실적으로 재단하려는 교원 성과급이 또 그렇다.

거기에 학생인권조례다 뭐다 하며 대한민국 학교현실에 대한 사태 파악 못한 것들이 설쳐대 그로 인한 교권 추락까지 더해졌으니, 그걸 다 감당하며 자릴 지키는 교육경력 20년 이상(명퇴가능 조건) 교사들의 초인적 힘이 신기할 정도다.

그나마 다행인지 최근 화제가 만발한 학교폭력 문제 따위로 명퇴할 생각이 일어나는 건 아니다. 그럴망정 수업시간에 자는 애들 깨우지 않고, 화장하거나 매니큐어 칠한 학생들 봐도 그냥 말로만 살짝 뭐라 하고 넘어가야 무사할 수 있다. 그냥 0점 주라며 수행평가에 응하지 않는 학생을 어떻게 하지 못하는 것이 지금의 '선생질'이라 해도 부인할 교사가 별로 없다.

명퇴한 교사들은, 아마도 그런 선생질을 하지 못한 강직함으로 똘똘 뭉친 제2의 페스탈로치였을 것이다. 이를테면 올바른 교육관과 제대로 된 가치관 등 제 정신이라면 교사하기가 그만큼 힘든 학교현실인 셈이다.

기본적으로 인간은 없고 성적과 줄 세우기, 강제적 방과후 학교와 취업에만 올인하는 학교에서 교사 역시 스승이긴커녕 그냥 '월급쟁이'일 뿐이라면 필자만의 억지스런 호들갑일까?

그러나 내가 학교를 떠나고 싶은 것은 그런 이유 때문이 아니다. 글쓰기 지도 등 '존재감'을 예전처럼 가질 수 없게 되어서다. 젊은 학부모가 전화해 "백일장에 꼭 가야 하냐?"며 다그치듯 말하는 것에 그만 깜짝 놀라서다. 내 승용차에 태워 백일장 참가하는 학생의 버스표를 첨부하라는 탁상행정에 오만 정이 다 떨어져서다.

일각에선 배부른 소리한다며 비아냥댈지 모르지만, 30년쯤 선생하면서 지금 같은 열악한 학교 환경은 처음인 것 같다. 주당 수업시간이 되게 많았어도 국어교사더러 자격증도 없는 도덕과목을 가르치라 했을 때도 이런 '더러운' 기분은 아니었다. 사표師表까지는 아니더라도 '천직'이라는 자부심만큼은 넘쳤기에 교사일 수 있었던 것이다.

천직이라는 교사의 자부심을 정년 단축, 개혁대상 등으로 송두리째 앗아간 원조가 이명박 정부는 아닐지라도 그것을 고착, 심화시킨 것은 분명해 보인다. 지난 4년 동안 진행된 교사 명퇴 급증이 단적인 증거이다.

한국교총 설문조사대로 하면 이상만 앞서고 물색 모르는 이른바 진보교육감들도 거기서 자유로울 수 없어 보인다. 가시적 성과의 숫자 놀음이 교육의 본질은 아닐진대, 박 터지게 경쟁만을 부추기는 게 가르침의 본령은 아닐텐데, 그렇게 하라고 한다. 교사로서 지녀왔던 존재감이 자꾸 희미해져간다.

(한국교육신문, 2012.8.20, 전북일보, 2012.9.28)

만물의 영장 인간인데……

“인간은 만물의 영장이다.”

아다시피 고대 그리스 철학자 아리스토텔레스가 한 말이다. 이미 수천 년 전에 한 말인데도 나는 그것을 어떤 진리보다 더 확신하면서 살고 있다. 가령 설악산에 갔을 때 자연과 어우러진 천혜의 비경보다도 내가 더 감탄한 것은 따로 있다. 흔들바위를 거쳐 울산바위에 오르도록 설치한 철재 계단이 바로 그것이다.

정확히 말해 그것은 과학의 발달이 가져온 문명의 이기利器라 할 수 있다. 암벽과 암벽 사이 단애의 낭떠러지를 철재 사다리로 연결시켜 놓았는데, 그것이 무려 808개란다. 가공할 인지人知의 발달이요, ‘위대한 인간’의 모습이다. 그것이 만물의 영장 인간의 작품이라는 사실에 절로 고개가 숙여진다.

아마 두 발로 걷고, 손으로 도구를 사용하고, 불을 발견하고, 생각하는 힘과 언어까지 갖고 있는 인간이기에 만물의 영장靈長이 되었을 것이다. 자연을 이용하고, 나아가 정복하려는 몸짓이 꾸준히 이어져 온 것도 그 때문이지 싶다. 그런데 만물의 영장인 그런 인간의 모습과 동떨어진 일들이 연중행사처럼 벌어져 나로선 어이가 없다. 당혹스럽기까지 하다.

사실 인간은 자연 앞에서 얼마나 나약한 존재이던가? 단적인 예로 태풍이다. 최근 3개의 태풍이 몰아닥친 필리핀은 수도인 마닐라까지 물에 잠기는 참상을 겪었다. 폭우, 폭설, 지진 등 섬나라 일본의 자연재해는 일일이 열거할 수조차 없을 정도이다. 그렇듯 대자연은 인간에게 곧잘 재해로 다가온다.

하긴 남의 나라 일만을 이야기할 것이 아니다. 삼천리 금수강산에다가 사계절이 뚜렷한 우리나라의 자연재해도 만만치 않다. 지구온난화현상으로 기상이변이 속출한다지만, 그것은 변명에 불과하다. 물론 불가항력적 측면도 있긴 하지만, 인재人災냐 천재天災냐 하는 문제는 뜨거운 감자의 논란거리로 계속되고 있다.

예컨대 지난 해 일어난 서울의 우면산 산사태와 물에 잠긴 강남을 떠올려 보자. 일차 원인이 폭우라는데 이의를 달 사람은 없어 보인다. 그야말로 하늘에 구멍이라도 뚫린 듯 쏟아지는 비 폭탄이기에 자연재해를 감당해야지 어쩔 수 없다는 것이다.

과연 그럴까? 그렇지만은 않다는 데에 문제의 심각성이 있다. 자고로 치산치수治山治水는 나라 통치의 근간이었다. 산과 물을 잘 다스릴 줄 알아야 비로소 백성도 잘 다스리게 되어 있다는 것이다. 『관자』, 「탁지편」에 보면 제齊나라 환공이 재상 관중에게 도성을 건설하려는데, 어떻게 해야 하냐고 묻는다.

관중이 답한다. 나라의 도읍은 반드시 지세地勢가 안전, 견실해야 한다. 땅이 기름져야 한다. 산을 등지고, 좌우로 강이 흐르거나 호수가 있어야 한다. 성 안에 건설된 배수로를 따라 물이 강으로 잘 빠지는 곳이어야 한다. 이쯤 되고 보면 물에 잠긴 강남 일대와 무너진 우면산이 자연재해만은 결코 아닌 이유로 족하지 않은가?

그는 또 군주가 5해害를 제거하여 백성을 재해로부터 보호할 것을 역설하기도 한다. 다섯 가지 해악은 홍수, 가뭄, 바람·안개·서리, 전염병, 해충 등이다. 그 중 홍수·가뭄·바람(태풍) 등에 대한 경고는 오늘날까지도 유효한 대표적 재해라 할 수 있다.

홍수·가뭄·바람 따위가 인류의 생존을 위협하는 자연재해인 건 맞다. 그렇다고 그냥 당하기만 해야 하는가? 물론 아니다. 만약 그렇다면 인간에게 훈장처럼 주어진 '만물의 영장'도 반납해야 할 것이다. 실제로 104년 만의 가뭄에도 물 걱정 없이 농사를 짓고 있는 곳이 화제거리로 등장했다.

아시아뉴스통신 인터넷판(2012.6.29)에 따르면 경기도 옹진군 백령면인 백령도는 104년 만의 가뭄에도 아무 문제가 없다. 비결은 '배수로 위주의 농업용수 이용'이다. 지하수 관정 개발을 억제하고, 자연산 빗물을 최대한 이용하여 극심한 가뭄에도 물 걱정 없이 농사를 짓게 된 것이다.

백령면은 농업용수의 용이한 관리를 위해 '수문 전동화시스템 설치', '문비교체 및 가수문 설치', '배수로 물을 퍼 올리는 양수시설 및 관로 설치', '수중모터펌프 사전 확보' 등 가뭄 대책을 철저히 마련했다. 치수가 잘 되면 자연재해쯤은 거뜬히 이겨낼 수 있음을 산뜻하게 보여주는 사례라 할만하다.

8월 13일 전북 군산과 충남 태안 일대에 기록적인 폭우가 내렸다.

지난 해 우면산 산사태로 사방댐 건설 등 대책이 마련되었지만, 특히 군산의 경우 폭우로 인한 피해는 상상을 불허할 정도이다. 모르고 당하는 것이 천재지변이다. 알면서도 당하는 것은 어리석은 짓이다. 응당 인재人災가 안 되게 해야 하는 이유이다.

그렇다면 불은 어떤가. 군산에 상상도 못할 폭우가 퍼부은 날, 한반도의 또 다른 쪽인 서울의 국립현대 미술관 공사현장에선 4명 사망 등 29명의 사상자를 낸 화재가 발생했다. 정확하게 밝혀진 건 아니지만, 불이 잘 붙는 우레탄으로 단열공사를 하면서 용접이 동시에 이루어진 것이 화재 원인이라면 너무 어처구니없는 안전 불감증이다. 8월 17일 27명의 부상자를 낸 강원도 삼척에서 일어난 LPG가스 폭발사고는 또 어떤가?

어찌 보면 불은 물에 비해 아무 것도 아니다. 홍수나 가뭄이 치산치수가 필요한 자연재해라면 불은 개인이 조금만 주의를 기울여도 얼마든지 막아낼 수 있는 인재人災일 뿐이다. 따라서 불은 국가적이기보다 개인적인 재해에 가깝다.

그런 뉴스를 대하면서 무엇보다도 안타까운 것이 있다. 존귀한, 그러면서도 질기고도 질긴 사람 목숨이 사소한 부주의나 안전수칙 불이행 따위로 너무 어이없거나 허망하게 끝장나버린다는 사실이다. 만물의 영장은커녕 이 얼마나 속절없고 미련한 인간의 모습인가!

불을 발견하여 만물의 영장이 된 인간이 그로 인해 졸지에 생을 마감해버리는 건 씁쓸한 아이러니가 아닐 수 없다. 홍수, 가뭄, 태풍 등이 국가적 · 장기적 프로젝트로 최소화해야 할 자연재해라면 불은 주의만으로도 충분히 극복할 수 있는 인재人災이다. 불현듯 '꺼진 불도 다시 보자'는 옛날 표어가 떠오른다. (2012. 8. 18)

도종환 시 삭제 파문이 남긴 것

얼마 전 신문에 「도종환 시 교과서 삭제 권고」 제하 기사가 일제히 실렸다. 검정 교과서를 심사하는 한국교육과정평가원(이하 평가원)이 도종환 시인의 시와 산문 작품을 싣고 있는 8개 출판사에 대해 수정 · 보완을 권고했다는 내용이었다. 말이 권고지 사실상 삭제 지시가 이루어진 것이라 할 수 있다.

즉각 문인들 반발이 쏟아졌다. 도종환 시인이 몸담고 있는 한국작가회의(이사장 이시영)와 원로 소설가 황석영, 시인 안도현은 물론 한국문인협회 정종명 이사장, 보수로 분류되는 소설가 이문열까지 한 목소리를 냈다. 평가원의 삭제 조치가 '표현의 자유 침해'이고, '황당한 조치'라는 것이다.

일단 빌미는 도종환 시인의 국회의원으로의 '화려한' 변신이 제공한 셈이 됐다. 도종환 시인은 4 · 11총선과정에서 민주당 공천심사위원으로 활동하더니 비례대표 명단에 이름을 올렸다. 제19대 국회의원 임기 시작과 함께 '국회의원 도종환'이 된 것이다.

정치하는 문인은 문인으로서의 순수성을 잃을 수 있다는 점에서 개인적으론 안타까움을 금할 수 없었다. 그럴망정 한편으론 여야 막론하고 교육계를 대표할만한 국회의원이 거의 없다는 점에서 기대감도 있었다. 제도권에 진입해 이 '미친' 교육현실에서 한 치도 앞으로 나아가지 못한, 아니 오히려 후퇴한 현안들 해결을 위한 노력도 괜찮겠지 싶었다.

어쨌든 문인들 반발로 궁지에 몰린 평가원은 뜬금없이 중앙선거관리위원회를 끌어 들였다. 평가원은 '선거법위반 아님'이라는 선관위 통보를 받고, 속된 말로 꼬리를 내렸다. '도종환 시 교과서 삭제 권고'를 철회한 것. 단 하루 만에 국가기관이라 할 평가원의 결정이 번복된, 역사에 길이 남을 해프닝으로 끝나고 말았다.

거기서 얼른 떠오르는 것은 이명박정부에서 자행된 모든 분야 역주행이다. 다 알다시피 이명박정부 초기 많은 이들이 큰 잘못도 없이 맡고 있던 자리에서 쫓겨났다. 대부분 참여정부 때 자리에 오른 이들이었고, 임기가 남아 있는 상태였다. 소송도 하며 저항했지만, 이명박정부 초반의 기세등등한 어떤 흐름을 이겨낼 수는 없었다.

심지어 이명박정부는 시위에 참가하지 않는다는 서약서를 문인단체 예산지원 조건으로 내거는 '쪼잔한' 행태마저 보였다. 70년대 유신 때도 아니고 문인들로 하여금 반정부단체가 되게 한, 그래서 역주행 정부일 수밖에 없는 모습을 보여 온 것이다. 이제 보니 평가원 하는 짓도 그 모양새다.

정치적 중립성 어쩌고 하는데, '도종환 시 교과서 삭제 권고'는 많은 작품을 작가가 월북했다는 이유로 교과서에서 배울 수 없던 시절을 떠올리게 한다. 대표적으로 정지용의 「향수」를 들 수 있다. 어떤 이데올로기도 무슨 심오한 공산주의 구현도 없는, 고향 그리워하는 애잔한 서정시를 월북이라는 족쇄로 갇혀있게 했던 그 분단현실!

그뿐이 아니다. '도종환 시 교과서 삭제 권고'는 70, 80년대 반체제 문인들의 고난사를 떠올리게도 한다. 정권수호에 비협조적이거나 반대하는 등 입맛에 맞지 않는 문인들 수난은 그 시절로 끝났지 싶은 일반의 상식을 뒤엎는, 그야말로 황당한 일을 평가원이 저지른 것이다.

아무리 알아서 긴다고 하지만, 정권 말기에 그렇듯 쪽팔릴 일을 아무 개념 없이 해댈 수 있는지, 진짜 궁금하다. '도종환 시 교과서 삭제 권고'는 애시당초 하지 않은 것이 나을 뻔한, 정권에 '입체적으로' 부담만 안겨준 꼴이 되고 말았다. 평가원은 혹 이명박 정부 출범 직후처럼 그렇듯 밀어붙이면 모든 게 될 줄 알았던 것일까.

마침내 대통령 친형까지 감옥에 간 지금이다. 그로 인해 대통령이 국민에게 여섯 번째 사과를 했다. 교과부 산하 국가기관으로 교육정책의 요람이라 할 평가원만 지금을 그 기세등등했던 이명박정부 초반으로 보고 있었던 것인가, 그런 의문이 가시지 않는다.

(전북매일신문, 2012.8.6)

청렴과 바꾼 교장 자리

한낮 기온이 38.3도까지 치솟는다. 밤 역시 열대야가 계속된다. 거기에 런던올림픽 열기까지 더해지고 있다. 그런 때 나는 '도리'에 대해 생각해본다. 도리道理는, 국어대사전에 따르면 '사람이 지켜야 할 바른 길'이다. 사람이 지켜야 할 바른 길이 무엇인지에 대해선 해석이 분분할 수 있지만, 나는 우선적으로 '청렴'을 떠올린다.

청렴淸廉은, 국어대사전 등에 따르면 대략 '인품이 조촐하고 탐심이 없음' 또는 '마음이 고결하고 탐욕이 없음'의 뜻이다. 흔히 '청렴결백'이란 단어로도 많이 쓰이고 있다. 청렴은 한 마디로 '검은 돈'에 초연한 마음과 행동을 뜻한다. 그런 점에서 청렴은 가히 인간의 도리 중 으뜸 덕목이라 할만하다.

방금 인간의 도리라 말했지만, 청렴은 특히 지도층 인사와 지위고하를 막론한 공무원, 성장해가는 학생들에게 유·무형의 영향을 끼치게 되어 있는 교원들이 반드시 지녀야 할 덕목이라 해도 과언이 아니다. 그들의 청렴지수가 건강한 사회의 중요한 지표로 작용하기 때문이다. 교장을 포함한 고위 공직자 '청렴도 평가'도 그와 무관치 않아 보인다.

노골적 금품 요구에 경악

그러나 우리가 사는 현실사회로 시선을 옮겨 보면 안타깝게도 그것이 하나의 '이상'일 뿐임을 알게 된다. '억당천불'로 상징되는 농 · 수 · 축협 조합장 선거에서의 금품수수 범죄라든가 정치권을 강타한 저축은행 금품로비 사건, 그리고 교육계의 각종 비리 소식이 끊임없이 언론에 보도된 바 있어 하는 말이다.

특히 연전에 '하이힐 폭행사건'으로 촉발된 교육계 비리는, 그들이 학생들을 가르치는 '선생님'이라는 점에서 가일층 심각하게 받아들여질 수밖에 없다. 말할 나위 없이 교원은 어떤 직종보다 훨씬 높은 도덕성을 요구받고 있는 자리요 신분이기 때문이다.

사실 장학사를 뽑는 전문직 시험에서 검은 돈이 오갔다는 소식은 벌어진 입을 다물 수 없게 한다. 그로 인해 합격해야 될 사람 누군가 불합격되는, 극히 '변태적' 시험이 되었을테니까. 더욱이 학생들 시험 부정을 감독하고, 예방 등 지도하는 교원들의 금품수수 범죄여서 충격이 더 크리라 생각한다.

그 충격조차 감당하기 벅찬데 더 큰 문제가 있다. 언론에 보도된 교육계 비리가 빙산의 일각일 뿐이라는 시각이 그것이다. 학교의 각종 공사는 말할 나위 없고, 교사의 교감, 교감의 교장연수 지명 및 승진과정에서도 검은 돈 오가는 게 공공연한 비밀이란다. 도대체 어쩌다 그렇게까지 송두리째 썩었는가, 개탄하지 않을 수 없게 된다.

서울시 교육청 비리가 마치 고구마 줄기처럼 터져나와 하는 말이다. 서울시 교육청이 '부조리신고센터'를 설치한데 이어 '생쇼'라는 언론의 뭇매를 맞으면서도 관할 지역교육장 11명 등 고위 간부 17명이 사퇴서를 제출한 것과 상관없이 현직 교장 2명이 다시 구속되었다.

마치 그에 호응이라도 하듯 서울 및 전남 지역 초등학교장들의 방과후 학교 뇌물수수 사실이 언론에 보도되기도 했다. 또 전북에선 교수채용 조건으로 2명에게 각 7천만 원씩 1억 4천만 원을 받아 챙긴 혐의로 어느 사립대 총장이 구속되기도 했다.

급기야 당시 안병만 교과부장관은 "교육계 비리의 가장 큰 이유가 '제 식구 감싸기' 때문"이라며 "교육공무원들이 직을 더럽히는 독직 행위에 대해 좌시하지 않고 엄하게 대처하겠다"고 밝혔다. 교육계 비리 현실을 인정하고, 나름대로 대책을 내놓은 것으로 평가된다.

그뿐이 아니다. 대통령까지 나섰다. 이명박 대통령은 "교육계 곳곳의 비리를 없애지 않으면 미래를 향해 나아가는데 걸림돌이 될 것"이라며 강력한 척결 의지를 드러냈다. 덩달아 경찰과 검찰이 바빠지기도 했다.

그러나 과연 얼마나 많은 국민이 공감했을지는 미지수다. 아직도 드러난 것은 빙산의 일각일 뿐 장학사시험, 교감승진, 교장임용, 그리고 학교의 시설공사 등에 검은 돈이 오가는 건 공공연한 비밀이라 여기는 사람들이 많기 때문이다. 청렴하게 살기는 그렇듯 만만한 일이 아니다.

나는 신문이나 방송 뉴스에서 검은 돈 수수를 보았을 뿐이다. 특히 특성화고 교사는 촌지의 '촌'자와도 전혀 상관없음을 아는 이라면 다 안다. 검은 돈 따위는 교직 경력 29년 동안 경험은커녕 상상도 안되는 일이었다. 교육계 비리는 뉴스에나 나오는 먼 나라 일이었다. 적어도 2009년 12월 초까지는 그랬다.

그러나 어찌 짐작이나 할 수 있었으랴! 나는 2009년 12월말 진행된 제6차 교장공모 때 어느 특성화 고교 지원자였다. 6개월 전 제5차 어느 교장공모 중학교에 지원, 깻잎 한 장 차이의 점수 차로 떨어져 나름 절치부심하고 있다가 지원한 것이었다.

그런데 학교운영위원회(학운위) 1차 심사를 마치고 귀가하여 해당 학교 홈페이지에 탑재된 다른 지원자들(5명)의 학교경영계획서를 살펴보던 나는 깜짝 놀랐다. 내 학교경영계획서를 표절한 지원자(교사)가 있었던 것이다. 순간 솟구치는 불길한 예감을 어쩔 수 없었다. 아니나다를까 나는 1차 심사에서 탈락했다.

나는 즉각 해당 고등학교 측에 아래와 같이 이의를 제기했다.(지원 학교는 ㅇㅇ으로 표기했음. 뒤의 탄원서에서도 마찬가지.)

이 의 제 기 서

소속 : 군산여자상업고등학교

직위 : 교사,   이름: 장세진

위 본인은 제6차 교장공모 학교인 ㅇㅇ공업고등학교에 지원했습니다. 그런데 심사 당일(12월 28일) 홈페이지에 탑재된 다른 지원자의 학교경영계획서를 보던 중 깜짝 놀랐습니다. 위 본인이 지난 5차 교장공모 때 하서중학교에 냈던 학교경영계획서와 거의 같았기 때문입니다. 어떻게 이런 일이 있을 수 있는지 도무지 이해되지 않습니다.

장관이 낙마하는 등 사회적 지탄이 되어온 표절은 당연히 범죄입니다. 더 이상스러운 것은 하서중학교에 관한 내용도 고치지 않고 그대로 제출했다는 사실입니다. 이는 그 지원자에게 다른 의도가 있는 것이라 볼 수밖에 없습니다. 예컨대 위 본인에 대한 흠집내기 같은 것입니다.

그로 인해 심사 시 감점을 당하고 1차 심사 통과인 3배수 안에 들지 못한다면 이렇게 억울한 일이 또 어디에 있겠습니까? 마땅히 1차 심사 점수 집계표를 공개해야 할 이유입니다.

위 본인이 심사 시 20점 배점인 학교경영계획서를 도둑맞고, 점수까지 도둑맞아 치명상을 입는다면 그것은 누가 봐도 '나홀로 작품'이 아닙니다. 이 부분에 대해서도 진상 조사가 명명백백 이뤄져야 할 것입니다.

이에 위 본인은 이의를 강력히 제기하고, 위 본인과 다른 지원자의 학교경영계획서를 그 증거자료로 제출합니다.

2009년 12월 29일

이의제기인 장 세 진

ㅇㅇ공업고등학교장 귀하

이의제기서를 요약해보면 표절 교사의 내 것과 같은 학교경영계획서로 말미암아 감점 처리되고, 결국 1차 심사에서 탈락된 것이라는 의구심을 지울 수 없으니 심사점수 집계표를 공개해달라는 내용이었다.

그러나 "감점처리하지 않았고, 공정하게 심사가 이루어져 하자가 없으므로 공개할 수 없다"는 답변이 서면으로 왔다. 참으로 이상한 일이었다. 만약 그들 답변대로 심사 과정이 공정하여 하자가 없다면 떳떳하게 공개 못할 이유가 없는 게 아닌가?

나는 29년째 교사의 양심으로 자신있게 말한다. 만약 그런 감점이 없었다면 내가 1차 심사 통과선인 3배수 안에 들지 못할 이유가 전혀 없다고. 우선 활동실적 면이다. 원본대조필한 근거자료를 A4 용지 100여 장(상장사본 20건 포함)이나 첨부할 만큼 나의 우수한 실적은 5명의 다른 지원자와 비교가 안될 정도이다. 학교경영계획서와 자기소개서 등 다른 것들 역시 내가 남들에 비해 점수를 깎일 만큼 뒤진다고 생각하지 않는다. 면접시험도 그렇다.

그렇다면 도대체 나는 무엇 때문에 탈락한 것일까? 그때, 섬광처럼 반짝 스쳐가는 것이 있었다. 바로 '검은 돈'이었다. 심사위원인 학교운영위원들을 만나러 다니면서 진짜 당황스럽게도 어느 학교운영위원으로부터 금품 요구를 당했던 것이다.

"200만 원씩 5명만 끌어 들이면 안전합니다. 1,000만 원 쓰면 3배수 안에 들게 해줄테니 그건 걱정마시고……. 지난 번 떨어져봐서 잘 알겠지요. 돈 안 쓰면 절대로 안돼요!"

실로 귀를 씻어버리고 싶은 얘기들이었다. 그러나 나는 어떤 불이익을 당할까 두려워 직방 거절하지는 못했다. '돈으로 교장을 사다니 말이 안 되는 소리였다. 하지만, 만약 거절하면?' 생각이 실타래처럼 얽혀 갈피를 잡을 수 없었다.

사실 제6차 교장공모는 제5차 교장공모에서 2등으로 탈락한 후 절치부심하며 기다려 온 기회였다. 당연히 제5차 교장공모에서의 탈락을 교훈 삼았다. 아는 분 주선으로 학교운영위원장을 미리 만나 친분을 쌓는 등 나름대로 준비와 노력을 한 것이다.

말미를 달라며 잠시 시간을 벌었지만, 역시 검은 돈을 쓸 수는 없는 일이었다. '조합장선거도 아니고 교장을 뽑는데 무슨 금품수수'냐는, 뭐랄까 교직에 대한 믿음 같은 것이 있었다고나 할까! 또한 내게는 교장직을 돈으로 사고도 학생들에게 사회 정의와 올바른 가치관을 운운할 수 있는 철판 같은 배짱이 없기도 했다. 오금을 박기는 했다.

"만약 돈을 안 써 불이익을 당한다면 내 가만있지 않을 것이오!"

그런데 막상 탈락당하고 보니 돈을 안 써 그리 된 것 같다는 생각을 떨쳐내기 힘들었다. 학운위 주장처럼 표절로 인해 감점되지 않았다면 내가 1차 심사에서 떨어질 하등의 이유가 없었기 때문이다. 심사점수 공개불가도 금품요구를 거절했기 때문이라는 의구심이 떠나질 않았다. 정녕 나에게 호의적이었던 학교운영위원들조차 돈을 챙기지 못해 등을 돌린 것일까?

당연히 도교육청에도 문제를 제기했다. 그러나 나의 문제제기에 대한 도교육청의 태도는 납득 안 되는 것이었다. 1차 심사 점수공개는 물론 금품수수 의혹에 대해서도 "학운위 심사의 독립성과 공정성을 최대한 보장하기 위하여" 관여하지 않겠다는 등 나몰라라 했으니 말이다.

도대체 교육청이 자정능력이 있는 감독 의무의 상급기관인지 의구심을 갖는 사이 제6차 교장공모에서의 표절사실 및 금품수수 의혹제기가 지역 언론에 크게 보도되었다. 전주매일신문이 2010년 1월 18일부터 21일까지 연속 보도한 시리즈 기획기사가 그것이다.

"교장공모제 선출방식 '구멍'", "'돈 안쓰면 안된다' 금품 노골적 요구", "'모 후보 교육청서 밀어준다' 비방까지", "교장공모제, 객관성·공정성 결여" 등이 그 신문기사의 제목이다. 한겨레신문(2010.1.20)은 내 실명을 밝혀 표절부문만 따로 보도하기도 했다.

그 뒤의 일이지만, 경찰은 언론보도에 따른 인지 수사에 착수했다. 금품을 요구한 학운위원과 1차 심사에서 1위에 오른 후보자(평교사)가 대상이었다. 나 역시 참고인으로 세 번 경찰에 출석했다. 거짓말 탐지기 조사가 예정돼 있었는데, 학운위원 거부로 무산되고 말았다.

그러나 나는 막상 경찰에 불려가고 보니 마음이 편치 않았다. 무엇보다도 대질신문에서 "금품요구한 적 없다"며 잡아떼는 학운위원을 보고, 내가 왜 이런 일을 겪어야 하는지 씁쓸함과 함께 감당하기 벅찬, 어떤 인간적 비애감이 가슴을 찔러댔다.

내가 처음 민원 제기한 1차 심사 점수만 공개하면 모든 게 해결되는데, 왜 그들은 떳떳히 공개 못하는 것인지 의혹이 눈덩이처럼 커지고 있었지만, 확실한 물증이 없었다. 경찰 수사는 답보상태였고, 마침내 흐지부지되어버렸다.

심사점수 공개가 그렇듯 '성역'이란 말인가? 그렇다면 그것을 악용한 심사위원인 학교운영위원들의 야합과 전횡은 무엇으로 견제하고 응징할 수 있단 말인가? 학교운영위원회에서 금품수수 등 '개판'이 벌어져도 세상사가 그런 거라며 그냥 체념해야 되는 것인가?

어느 공직자보다도 청렴하고, 높은 도덕성이 요구되는 교장을 뽑는 과정에서 그런 불미스런 일을 직접 겪게 돼 참담하기 그지없었지만, 오히려 그러기에 그냥 넘어갈 일이 아니었다. 학생들의 꿈과 미래가 달려 있는 학교의 교장을 뽑는데 금품 요구라니…….

일부 지원자와 학교운영위원간에 금품이 오갔다면 그들은 학생들과 자신의 고향이나 자식을 담보로 검은 돈을 챙긴 셈이 아니고 무엇이겠는가? 또 모르긴 해도 어느 지원자가 1,000만 원을 써서 교장이 된다면 보통 인간의 속성상 아마 본전을 뽑으려고 할 것이다. 업자와의 유착까지는 아니더라도 처음부터 리베이트 유혹으로부터 자유로울 수 없는 교장이 되는 셈이다.

한편 도교육청의 그런 태도는 2009년 1학기에 실시된 제5차 교장공모 때 경상남도교육청이 거창군 북상초등학교의 학운위 심사에서 문제가 불거지자 점수 집계표를 공개했던 것과 너무 다른 모습이기도 했다. 그 결과 3명의 학운위원이 특정인에게 만점을 주고 그 외 2인에게는 0점 준 사실이 드러났다. 당연히 교장공모는 철회되었다.

결국 금품수수 의혹을 제기하며 교원범죄가 발붙일 수 없도록 하려는 교사인 나의 용기와 의지가 실제로는 무참히 짓밟히고만 것이다. 교과부가 어떤 대책을 내놓고, 교육청이 신고센터를 설치한들 요식행위에 불과한 것이라는 비아냥이 생길 수밖에 없는 이유이다.

나는 국민신문고 민원에 이어 마침내 청와대에 다음과 같은 탄원서를 냈다.

교장공모 심사의 진실을 밝혀주십시오!

안녕하세요?

저는 전북 군산여자상업고등학교 국어교사 장세진입니다.

먼저 경제살리기와 교육혁신 등 '국격 높이기'에 여념 없으신 대통령님께 이런 번거로움을 안겨드려 대단히 죄송스럽단 말씀부터 올립니다.

그러나 대통령님께서 '교육개혁대책회의'를 신설하시어 매월 교육문제를 직접 챙기시고, "국무회의에서 강력한 어조로 교육계 비리를 단속 · 척결하라고 지시했다"는 언론 보도에 힘입어 용기를 내게 되었습니다.

또 저의 탄원 내용이 지금 나라를 떠들썩하게 하고 있는 서울시 교육청 비리 사건 등 조직적 · 관행적인 교육계 비리 척결에도 도움이 될 것이라 확신하여 이렇듯 대통령님께 도움을 청하게 되었습니다.

저는 제6차 교장공모에 지원하여 탈락된 교사입니다. 부산자동차고, 서울수도공고 등 회사 임원 출신들이 교장으로 임용된 마이스터고는 아니지만, 제가 지원한 전북의 ○○공업고등학교 역시 전문계고여서 '개방형' 교장공모학교였습니다.

그런데 1차심사 후 다른 지원자가 저의 학교경영계획서를 표절한 걸 발견했습니다. 첨부1의 이의제기서를 ○○공업고등학교와 전라북도교육청에 제출했지만, 첨부2처럼 답변이 왔습니다. 하여 저는 첨부3처럼 '국민신문고'에 민원을 제기했습니다. 저의 민원은 전라북도교육청으로 배당되었고, 첨부4처럼 답변이 왔습니다.

그 과정에서 표절 문제는 해당 교사의 사죄를 받은 저의 용서로 일단락되었습니다. 제가 첨부5와 같은 민원을 교육과학기술부에 다시 제기한 것은 다른 이유가 있습니다. 저는 심사위원인 어느 학교운영위원으로부터 1,000만 원의 금품수수를 요구받았지만, 단호하게 거절했습니다.

표절로 인한 감점이 없었다면, 결국 검은 돈을 뿌리지 않아 1차 심사(6명 지원자 중 3명 뽑음)에서 떨어졌다는 의구심을 지울 수 없게된 것입니다. 그런데도 첨부5 뒷부분처럼 교육과학기술부의 조치 역시 금품수수 의혹에 대해선 나몰라라 하는 미온적 태도였습니다.

서울시 교육청 비리가 세상에 드러나게 된 경위를 떠올려보면 전라북도교육청과 교육과학기술부의 그런 자세는 '감독기관으로서 역할을 충실히 하는지' 의문을 남깁니다. 동시에 교장공모시 "학교운영위원들이 하는 1차 심사에선 금품수수를 해도 좋다"는 '조장행위'나 다를 바 없다는 생각도 갖게 합니다.

한 지원자가 엄연히 심각한 문제를 제기했는데도 "학교운영위원회 심사의 독립성" 운운하며 발을 빼버리니 앞으로도 교장공모 1차 심사 과정에서 얼마든지 금품수수가 자행될 수 있지 않겠습니까?

역대 어느 대통령보다도 교육혁신에 열정적이신 이명박 대통령님!

지역사회와 학교가 원하는 인재를 뽑아 공교육 활성화를 꾀하고자 시행되는 교장공모에서마저 검은 돈이 교장임용의 잣대가 된다면 그것은 절대 있어선 안될, 너무 소름끼치는 무서운 일입니다. 돈으로 교장직을 산 교장이 학생들을 올바르게 가르치는 지도자가 될 수는 없는 일이니까요.

사실 제가 원하는 것은 크게 어렵거나 그리 복잡한 일이 아닙니다. ㅇㅇ공업고등학교운영위원회의 교장공모 1차 심사 점수를 명명백백 공개해달라는 것입니다. 첨부3에 있듯 검은 돈 안쓴 것 말고는 제가 1차 심사에서 떨어질 하등의 이유가 없다는 확신을 떨칠 수 없어서 그렇습니다.

"표절로 인한 감점이 없고 공정한 심사였다"면 ㅇㅇ공업고등학교운영위원회는 도대체 무엇 때문에 그 점수를 명명백백 공개하지 않는 것일까요? 또 전라북도교육청이나 교육과학기술부에선 왜 강 건너 불구경하듯 모른 체 내버려두는 것일까요?

탄원은 제가 하지만, 이것은 저 개인만의 문제는 아니라 확신합니다. 제 탄원에 대한 확실한 조치가 앞으로 계속 확대 예정인 교장공모 과정에서의 어떤 비리도 생기지 않게 할 수 있는 예방책이 될 것이기 때문입니다.

첨부6에서 보시듯 제자들에게 열정적이고, 그리하여 학생들로부터 존경까지 받는 교사가 검은 돈을 뿌리지 않아 교장공모에서 배제된다면 나라를 위해, 대통령님을 위해 이 얼마나 불행하고 슬픈 일이겠습니까!

삼가 바라건대 그런 일만은 일어나지 않도록 바로 잡아주실 것을 간곡히 탄원합니다. "교육계 곳곳의 비리를 없애지 않으면 미래를 향해 나아가는데 큰 걸림돌이 될 것"(동아일보, 2010.2.24)이라는 대통령님 말씀을 굳게 믿으며 기다리고 있겠습니다. 건강하십시오.

2010. 2. 24

군산여자상업고등학교 교사 장세진 올림

첨부 1. 이의제기서사본
2. ○○공업고등학교운영위원회, 전라북도교육청 답변서사본
3. 국민신문고 민원제기서사본
4. 전라북도교육청 답변서사본
5. 교육과학기술부 민원제기서 및 답변서사본
6. 1학년 7반 제자들 평가서 및 편지사본

청와대 탄원은 효과가 있었다. ○○공업고등학교학교운영위원회로부터 심사결과를 공개한다는 답변이 온 것. 약간 설레는 기분이었지만, 그러나 그 학교를 방문해 내가 본 건 6위라는 나의 전체 순위뿐이었다. 그러니까 꼴찌였던 것이다.

"아니, 돈 안준다고 돌아선 겁니까? 그렇게 살면 안돼죠!"

내가 교장실로 들어서니 학교운영위원장도 나와 있었다. 나는 그렇게 목청을 높였다. 아는 분 주선으로 만나 식사도 함께 하면서 '내 편'이라 생각했던 터라 그에 대한 배신감을 가눌 길이 없었는지도 모른다. 놀라운 것은 학교운영위원장이 그 당시 5급 공무원이었다는 점이다. 더 '개 같은' 일은 6 · 2지방선거에서 그가 민주당 소속 기초의원에 당선되었다는 사실이다.

어쨌든 세상에, 내 학교경영계획서를 표절한 지원자가 있어 경찰에 고소까지 하는 소동을 겪었는데, 그 사람보다 순위가 낮은 꼴찌라니! 시방 그것을 공정하고 절차상 하자가 없는 심사였다며 믿으란 말인가? 삼척동자에게 물어봐도 아마 대답은 "진짜 이상하네요."일 것이다.

솔직히 말하자면 아주 간혹 눈 찔끔 감고 돈을 달랄 때 그냥 줘버릴 걸 하는 후회가 일기도 했다. 아내도 교사이고, 돈이 없어 못쓴 건 아니다. 검은 돈, 신성해야 할 학교를 부패의 온상으로 만들고, 나아가 사회를 혼탁하게 하는 검은 돈이기에 애써 안 쓴 것이다. 제자들과 자식 앞에 떳떳히 서기 위하여 검은 돈의 유혹을 뿌리친 것이다.

그러나 금품 요구를 거절해 꼴찌라는 보복을 당한 것임이 확실해지고 보니 밀려오는 '애꾸눈 나라의 두 눈 달린 병신'이라는 생각을 어찌 할 수 없다. 확실히 금품수수는 시골학교의 학운위원이라는 것이 학연 · 지연 따위로 얽혀 얼마든지 가능한 일이었다. 하긴 금품 요구 사실을 실토하니 주변의 반응이 심상치 않았다. "교장 승진하는데 그 돈만 들겠냐", "천만 원 요구했으면 적게 말했구만." 따위가 그것이다.

마치 그것을 입증이라도 하듯 서울시 교육청 비리사건이 언론에 보도되었다. 그러고 보면 서울시 교육청 비리는 빙산의 일각일지도 모른다. 장학사시험이나 교감승진, 교장임용, 그리고 학교의 시설공사 등에 검은 돈이 오가는 일은 공공연한 비밀이다. 그것이 아는 사람은 다 아는 일이라면 정녕 사람을 움직이는 건 돈이란 말인가? 당연히 그래선 안된다.

나아가 상급기관인 교과부와 지역 교육청의 금품 비리를 대하는 인식이 그렇듯 안이하고 축소 내지 은폐하는 것이라면 어떤 교원범죄도 근절할 수 없다는 생각이 든다. 비리도 눈사람이나 거짓말같이 오랫동안 굴리면 굴릴수록 커진다. 교원 범죄에 대한 교과부나 교육청의 신속한 초기 대응이 중요한 이유이다.

청렴교육 강사되고파

교장은 못되었어도 나는 떳떳했고 당당했다. '돈을 써가며 그깟 교장되면 뭐하나.' 생각하니 후회스럽긴커녕 오히려 자랑스럽기까지 했다. 그때 스스로 위안을 삼은 것이 바로 '다음 기회'였다. 학생앞에서 부끄럽지 않고 자식들 보기에도 꺼림직하지 않은 교사요 아비임을 뿌듯해하며 다음을 준비했지만, 말짱 헛일이었다. 그 다음 기회가 영 오지 않아서다.

이번(2012년 9월 1일 임용)에도 내가 응모할 수 있는 내부형과 개방형교장공모 학교는 없었다. '그때 돈을 써서라도 갔어야 했는데……' 따위 후회가 나도 모르게 다시 밀려온다. 후회가 나도 모르게 다시 밀려온다고 말한 것은, 그러나 청렴하고 정의롭게 살려는 공직자로서의 당연한 소신이 무참하게 꺾이는 것 같아서다. 무엇보다도 바뀐 정책이 나를 비웃는 것 같아 견딜 길이 없다.

"세상이 시궁창인데, 어떻게 한 발도 담그지 않고 살 수 있겠나?"

1차 심사에서 탈락, 두문불출하고 있을 무렵 들었던 어느 선배의 진정어린 비아냥이 이명처럼 또 퍼져 오른다. 인간으로서 그 도리를 다하며 산다는 것이 이렇듯 비싼 대가代價를 치러야 하는 것인 줄 미처 알지 못한 채 살아온 교직 29년이었다.

그러나 아무리 세상이 부정과 비리가 만연한 시궁창이라 해도 교육계만큼은 절대 그래선 안된다는 것이 29년째 교사인 나의 소신이다. 행정실 직원들조차 호칭이 선생님인데, 어린 학생들 앞에서 그 이름값을 떳떳히 해내야 하지 않겠는가!

정녕 사람을 움직이는 것이 돈인 세상이어선 안된다. 그런 소신이 나 같은 바보만의 억측이 아니길 바랄 뿐이다. 역시 바보 같은 소리지만, 청렴사회는 하늘에서 뚝 떨어지는 것이 아니다. 우리 모두가 양심과 이성理性의 힘으로 인간의 도리를 다해 애써 만들어 가야 청렴한 사회의 나라가 될 수 있다.

말들이 요란하지만, 그러나 실천의지나 노력은 부족해 보인다. 내가 겪은 금품 요구와 검은 돈의 유혹을 뿌리친 사실을 애써 공개하는 이유이다. 내친김에 교장공모에서의 금품수수 비리를 예방하기 위해 한 가지 제안하고자 한다. 심사점수 공개가 그것이다.

말할 나위 없이 심사점수 비공개는 비리 조장의 한 원인을 제공한다. 학운위원들의 금품수수나 매수 따위로 인한 담합 등 그들이 야합하여 특정 후보를 은밀히 밀어도 밝혀낼 방법이 없다. 비공개는,

이를테면 학교운영위원들 배만 불리게 되는 또 다른 비리사슬을 예고하고 있는 셈이다.

2007년 9월 1일자부터 2012년 9월 1일자까지 10차례 교장공모가 진행된 동안 학교운영위원회 심사에서 여러 잡음이 보도된 걸 떠올려보면 점수 공개는 매우 절실해 보이는 필수 과제이다.

점수 공개의 긍정적 효과는 말할 필요조차 없다. 우선 학교운영위원들이 감히 심사를 소홀히 할 수 없다. 다음 검은 돈 챙길 생각을 할 수 없게 된다. 최소한 나쁜 짓할 엄두조차 낼 수 없는 방지효과가 있는 것이다. 그렇게 신묘한 비리예방 대책이 어디에 또 있겠는가?

최근 국민권익위원회는 '부정청탁금지 및 공직자의 이해충돌방지법'을 입법예고했다. 공직자가 100만 원 넘는 금품수수 땐 직무 관련성이나 대가성이 없어도 처벌한다는 내용이다. 공직자에게 금품을 제공한 사람도 마찬가지다. 그렇게 청렴한 사회는 하늘에서 그냥 뚝 떨어지는 것이 아니다.

나의 경험에서 보듯 청렴은 너무 가혹한 대가를 치른 후에야 비로소 지켜낼 수 있는 고결한 인간의 가치이다. 그것을 지켜내기 위해 다소 외람될지 몰라도 나는 각종 '청렴교육'의 강사가 되길 희망한다.

(2012. 7. 31 ~ 8. 1)

위험한 발상의 수월성 교육

전라북도를 비롯한 도내 12개 시 · 군(전주시와 익산시 제외)은 '지역으뜸인재육성지원사업'을 실시하고 있다. 가령 2008년부터 실시하고 있는 전라북도는 올해 38억 원을 '지역으뜸인재육성지원사업'(이하 인재육성사업)에 투입하는 것으로 알려졌다.

그 내용을 대략 살펴보면 도내 96개 인문계고와 208개 중학교에서 학업성적 상위 20% 이내 학생을 선발한다. 선발된 학생들은 주말과 방학을 이용해 초빙된 사설학원의 유명강사 등으로부터 수능교과목, 논술 등 맞춤형교육을 받는다.

전라북도의 이런 인재육성사업에는 도내 학생들의 우수대학교 진학률이 해가 갈수록 줄어들고 있다는 위기감이 깔려 있다. 또 "경쟁력 있는 교육환경 조성만이 경제 살리기에 기여한다"는 김완주 도지사의 인재육성에 대한 전략적 판단이 실려 있기도 하다.

이런 전라북도의 인재육성사업에 대해 일부 학부모들의 찬성과,

교육단체의 반대 의견이 팽팽히 맞서고 있다. 특히 일부 교육단체에선 보편적 교육복지와 배치되는 경쟁 가열 사업이라며 성명서를 내는 등 강력 반발하고 있다.

필자가 보기에 전라북도의 인재육성사업은 위험한 발상의 수월성 교육일 수밖에 없다. 우수한 학생들을 별도로 모아 공부시키는 수월성 교육은 과거 한나라당 이명박 대통령 후보의 선거 공약에 이어 현 정부의 교육정책과 일맥상통하는 것이기도 하다.

그러나 평준화로 대변되는 평등교육의 훼손을 우려해서만 자치단체들이 실시하고 있는 인재육성사업의 수월성 교육을 반대하는 것은 아니다. 필자가 위험한 발상의 수월성 교육이라고 하는 것은 무엇보다도 그 재원의 출처 때문이다.

전라북도의 인재육성사업 올해 예산은 38억 원이다. 그 38억 원은 어떤 돈인가? 말할 나위 없이 도지사나 담당과장의 주머니돈이 아니다. 국민 개개인이 낸 세금으로 마련된 전라북도의 예산이다. 공익성·보편성이 두루 담보되어야 하는 국민 혈세인 것이다.

연전에 당시 교육부는 동문들이 출연한 돈으로 실시하는 고교의 인재육성사업에 제동을 건 바 있다. 그렇듯 동문들이 모교 발전을 위한 간절한 마음으로 십시일반 모아준 돈 가지고도 수월성 교육을 하지 못했다. 하물며 자치단체가 노골적으로 인재육성사업을 벌이고 있다니 말도 안된다.

요컨대 학교의 중·하위권 학생의 부모들이 낸 세금도 포함된 자치단체의 예산을 그렇게 써서는 안된다는 얘기이다. 그것이 개인 독지가나 기업이 할 수 있는 일이긴 할망정 자치단체에서 나설 프로젝트는 아니다. 특히 기업의 경우 이익의 사회 환원 차원에서도 적극 환영할 일이긴 하지만 말이다.

전라북도의 인재육성사업은 자치단체가 나서서 사교육을 조장한다는 혐의로부터 자유로울 수 없다. 그뿐 아니라 이 땅에 만연한 일류병 심화시키기라는 오해도 뒤집어쓰게 될 위험한 발상의 수월성 교육이다.

정녕 전라북도가 인재육성을 원한다면 도는 물론 시 · 군의 학교에 대한 교부금 등 법정전입금이라도 착실히 내려 보내게 해야 할 것이다. 또 조례제정을 통한 교육비 보조 등도 활성화시킬 필요가 있다.

전라북도의 경우를 예로 들긴 했지만, 비단 거기서 그칠 지적만은 아니라는데 문제의 심각성이 있다. 이미 오래 전부터 많은 자치단체들이 앞다퉈 인재육성이라는 미명의 수월성 교육에 나서고 있어서다.

거기에 더해 전국의 자치단체들이 너나없이 인재육성이라는 미명하에 수월성 교육을 확대해나간다면 그 '지역으뜸인재'에 끼지 못한 대다수 학생들과, 세금 꼬박꼬박 낸 죄밖에 없는 학부모들의 상실감과 위화감은 누가 책임질 것인지 묻고 싶다.

(전북매일신문, 2012.7.31)

집중이수제, 폐지가 답

교과부는 최근 체육 · 음악 · 미술과목을 집중이수제에서 제외시키는 교육과정개정안(이하 개정안)을 발표했다. 그 동안 대학 입시와 관련이 적거나 없는 과목을 한 학기에 몰아서 배우도록 하는 부작용 등 문제점이 제기된 데 따른 조치이다. 학교에선 대체적으로 환영하는 분위기다.

잠깐 일반 독자의 이해를 돕기 위해 덧붙이면 집중이수제란 특정 과목을 한 학년 또는 한 학기에 몰아서 수업하는 제도이다. '2009개정교육과정'에 따라 2011년 3월 처음 도입되었다. 학생의 학습 부담을 줄이고 집중수업으로 효율성을 높이자는 게 그 취지였다.

그런 취지였을망정 '2009개정교육과정' 시행 자체가 문제였다. 참여정부에서 추진한 2007개정교육과정의 잉크가 채 마르기도 전 무엇이 그리 급했는지 서둘러 시행한 것이 '2009개정교육과정'이다. 그리 되었다 해도 별 문제없이 학교에 뿌리를 내린 정책이라면 재론

할 필요가 없을 터이다.

하지만 도입 당시 빗발치는 교육계 반발에도 불구하고 밀어붙인 집중이수제는 1년 반 만에 교과부 스스로 근간이 무너질 만큼 손을 봐야 하는 비참한 신세로 전락해버렸다. 집중이수제란 이름부터가 고약하다. 전인교육이나 인성교육과는 전혀 어울리지 않는 경쟁의 냄새만 풀풀 풍기고 있어서다.

어쨌든 집중이수제 과목에 체육 · 음악 · 미술이 제외됨으로써 국어가 더욱 위협받게 되었다. 사실은 필자도 이번 학기에 집중이수제 과목으로 전락한 '문학' 교과를 가르치고 있다. '문학'은 국어 영역의 하나인데도 반마다 주당 4시간씩 수업으로 이번 학기에 끝내게 된다.

예로부터 국어 과목은 특성화고에서 찬밥 신세였다. 특성화고 학생들의 대학 진학이 늘면서 3학년 과정에 편성되는 등 제법 대우를 받는가 싶더니 다시 집중이수제 과목으로 전락해버린 것이다. 지난해 다른 보통 교과와 서로 집중이수제에서 제외되려고 교원 투표까지 거쳐 그리된 것이다.

하라니까 하는 짓이긴 하지만 막상 해 보니까 이건 아니지 싶다. 가령 여름방학을 이용, 독서와 감상문 쓰기 등을 독려하는데 그걸 할 수 없다. 개학하면 수업이 끝나는데, 어느 미친 학생이 그 말을 착실히 따르겠는가. 통상 연 2회 실시하는 수행평가 역시 1회로 그쳐 그만큼 수박 겉핥기식 교육이 되고 있다.

집중이수제를 폐지해야 하는 이유 중 하나이다. 또한 "모든 교육활동을 통해 인성교육을 실천할 수 있도록 교육과정을 구성한다"는 원칙이 새롭게 명시된 개정안대로 하자면 그래야 맞다. 어느 과목이

든 한 학기에 몰아서 수업하는 자체가 인성교육이나 전인교육과는 거리가 멀어도 한참 먼 교육과정이기 때문이다.

심각한 사회문제로 떠오른 학교폭력에 대한 대책의 하나로 집중이수제 완화 조치가 이루어진 듯한데, 그렇듯 땜질식 처방은 결코 도움이 되지 못한다. 복합적인 여러 이유가 있겠지만, 학교폭력의 주범중 하나는 입시 위주의 경쟁교육이라 해도 지나치지 않다.

정상적 교육과정을 통해서 사람다운 사람, 인간으로서 갖춰야 할 올바른 가치관이 생성되도록 학교시스템이 작동되어야 한다는 데는 이견이 없을 것이다. 교과부의 인성교육 강조도 그 지점에서 나온 것일 터이다.

집중이수제, 폐지가 답이다. 학생들의 학습 부담 줄이기는 올바른 방향이지만, 집중이수제는 아니다. 이제 이명박 정부 임기는 몇 달 밖에 남지 않았다. 결자해지하는 것이 그나마 혼란과 부작용 등 실책을 만회하는 길이다.

(경향신문, 2012.7.30, 전북연합신문, 2012.8.1)

사치에 대하여

어느 일반계 고등학교 교사가 자기 반 학생들에게 아침밥을 먹는 건 사치라고 말했단다. 학생들 건강 걱정이라곤 전혀 없는 그 말에서 0교시 수업 등 이 땅의 입시지옥 현실이 어느 정도인지 알게 된다.

그런데 특성화고등학교 교사인 내게는 제자 사랑이 사치이다. 경력 29년째인 나는 원로교사(학교에서 만 55세 이상의 교사를 일컫는 호칭)이다. 글쓰기며 교지, 학교신문 따위 업무를 맡지 않아도 모종의 압력이 가해지거나 누구 눈치 볼 '군번'은 아닌 위치인 셈이다.

그런 내가 글쓰기며 교지와 학교신문 제작 지도를 눈썹 휘날리게 하고 있다. 국어과 후배들이 서로 안하려고 하는 탓도 있지만, 내가 좋아서 스스로 하는 일이다. 특히 일취월장하는 제자들 글솜씨와 수상을 지켜보는 일은 나만의 은밀한 즐거움이기도 하다.

억지로 맡아 하는 일이 아니라 그럴까. 나의 글쓰기 지도는 제법 치밀하고 체계적이다. 우선 교내백일장을 개최, '흙속의 진주'를 발견해낸다. 기본적 소질이 있고, 하려는 의지가 충만한 학생이라면 '내가 키워준다'며 맹렬해진다. 바야흐로 제자 사랑이 시작된 것이다.

공고였던 전임지에서 지도한 은미가 그랬다. 은미는 3학년 한 해에만 무려 열 차례 넘게 백일장이며 공모전에서 상을 받았다. 강이나 갯벌 등을 주제로 한 공모전에 응모할 글을 쓰게 하기 위해 현지답사, 현장체험학습은 기본이었다. 섬진강 구담마을에 갔을 때 난생처음이라며 강에 윙크하는 은미는 들판 위에서 햇빛 받아 반짝이는 백설 그 자체였다. 나는 그런 여행들이 좋은 글쓰기를 위해 필수라고 믿었다.

"벌써 다 왔어요? 바다 또 가고 싶다!"

격포 채석강에 다녀온 은미는 승용차 문을 열며 마치 꿈결처럼 말했다. 연한 쌍꺼풀, 우수에 젖은 듯한 동그란 두 눈, 나란히 서면 173㎝인 나와 맞먹는 큰 키의 은미는 그렇게 나의 문을 세차게 두드려댔다. 오랫동안 닫혀 있던 제자 사랑의 문을.

그런데 알고 보니 은미의 백일장, 공모전 참가는 생활비를 벌기 위한 일종의 몸부림이었다. 알바에 쫓겨 제대로 글 못 쓰는 걸 알게 됐을 때 마침내 나는 선언했다. 시 1편당 1만 원, 산문은 2만 원씩 줄 테니 글쓰기에만 전념하라고. 은미는 한참 주저하더니 이윽고 새 알바를 시작했다.

나는 어느 날 컴퓨터가 고장났다며 편집실에 와서 워드 치는 은미를 보고 다시 결행했다. 은미에게 1백만 원 상당의 컴퓨터와 복합기를 사준 것이다. 행정실의 앨범비 독촉이 심한 걸 알게 되자 그것도 바로 내주었다.

맙소사! 한겨울인데도 보일러 기름이 떨어져 그냥 냉방에서 자는 바람에 지독한 몸살감기가 온 걸 알곤 다음 날 은미에게 기름부터 넣으라며 돈을 쥐어주기까지 했다. 그뿐이 아니다. 급하다고 하면 몇 십만 원씩 빌려주기도 했다.

그러나 겨울방학은 물론 졸업식 날조차 은미를 볼 수 없었다. 나는 생각에 빠져들었다. 그것이 사치였던가? 제자 사랑이라는 사치! 다시 사치를 부리지 않을 것이라는 생각도 물 흐르듯 차올랐다.

하지만 누가 알았으랴. 은미를 그렇게 떠나보내고, 만기가 되어 옮겨온 지금 학교에서 다시 사치에 빠져들게 되었으니 말이다. 희옥은 1학년 때 교내백일장에서 발견한 아이다. 교외 백일장에 나가 한 차례 상을 받고 체계적 지도로 들어가려는데, 엄마가 못하게 한다며 날 떠나갔다.

하긴 나도 소질이 있을망정 학생이 원하지 않으면 '버리는' 것을 원칙으로 하고 있다. 글쓰기는, 초등학생도 아니고 고등학생쯤 되면 스스로의 의지에 따라 해야 될 일이기 때문이다. 그런 의지가 있다 해도 항상 좋은 글이 써지지 않게 되어 있다. 글쓰기가 억지춘향식이어선 안 되는 이유이다.

그렇게 1년쯤 지나갔다. 마침 학교신문을 제작할 학생기자 충원이 필요했다. 복도에서 우연히 만난 희옥을 불러 말했다. 희옥은 기다렸다는 듯 학생기자를 한다고 했다. 나는 내친김에 글도 계속 써 보겠느냐 물었다. 희옥인 역시 기다렸다는 듯 주저없이 대답했다.

그렇게 재개된 글쓰기에서 희옥은 지금까지 여덟 차례 상을 받았다. 나는 지난 3월 3학년이 된 희옥이 반 수업을 자청하기까지 했다. 학생기자도 그렇고 글쓰기 지도 역시 직접 수업을 맡으면 여러 가지 좋은 점이 있어서였다. 희옥은 한 1년 쉰 것을 만회라도 하듯 열심이었다.

간혹 은미 생각이 스쳤지만, 나는 언제 그랬냐싶게 사치를 한껏 부리고 있었다. 가령 경북 영천에서 열린 시상식에 가는데, 희옥의 부모 의사는 물을 것도 없었다. 내 차에 태워 그 먼 길을 다녀올 생각이었기 때문이다. 왕복 8시간도 더 되는 초행길 운전이었지만, 놀랍게도 전혀 피곤하지 않았다.

"선생님, 저 글쓰기 그만두고 기자만 할래요."

그렇게 사치가 무르익을 때였다. 불쑥 희옥이 선언하듯 말했다. 그러면 절반만 이뻐할 것이라 말해도 막무가내였다. 국민연금을 주제로 한 수필과, '사기열전' 독후감 쓰기가 주어졌을 때였다. 어인 일인지 방학에 들어간 지금까지도 그때 당한 '배신감'의 상처는 가시지 않고 있다.

주제가 어려워 못쓰겠다는 것도 아니고, "선생님 지도교사상 한번 받게 잘 좀 써봐!" 하는 말에 그런 결정을 했다니, 지금 나는 이 나이에 무슨 짓을 하고 있나? 반문해보지만, 나 스스로도 모를 일이었다.

게다가 30년 만에 처음으로 안아주고 싶을 만큼 너무 예쁜 2학년 다혜는 '전라도 사투리'를 주제로 쓰던 글을 방학이 되자 중단해버렸다. 전화와 문자, 메일까지 보내도 가타부타 대답이 없다. 결국 마감일이 지나 응모조차 하지 못하고 말았다.

곰곰 생각해본다. 제자 사랑이라는 사치를 부리지 않았다면 이렇듯 부아가 치밀고, 배신감 같은 요상한 감정에 휘말려 들 일이 없을 것이라고. 애들을 너무 예뻐한 것이 탈이라면 탈인가. 그러면서도 그 사치를 정년퇴직의 그 날까지 훌훌 털어낼 수 있을지, 왈칵 자신이 생기지 않으니 참으로 알다가도 모를 일이다.

(2012. 7. 29)

그림의 떡 학교 에어컨

지난 3월 2일 새 학기부터 주 5일 수업제가 전면 실시되었다. 관공서나 기업체에 비해 많이 늦어졌지만, 학교에서도 주 5일 근무제의 근본 취지라 할 국민 복지가 진일보한 듯하여 반갑기 그지 없는 일이다.

그러나 선진국 같다는 그런 느낌에 여지없이 찬물을 끼얹는 일이 이 삼복더위에 벌어지고 있다. 바로 '그림의 떡 학교 에어컨'이 그것이다. 에어컨은 있되 함부로 틀지 못하는, 이 기막힌 학교 현실을 어떻게 받아들여야 할지 난감하기만 하다.

필자가 알기로 거의 모든 학교엔 학교개선사업의 일환으로 에어컨이 설치되었다. 에어컨 설치와 함께 아예 선풍기를 없앤 학교도 꽤 있는 것으로 알려졌다. 문제는 학생들의 고통 하소연에 '더위 참기도 교육'이라 말하는 것이 너무 낯 간지러운 시대가 되었다는 점이다.

학교에서 에어컨을 함부로 켜지 못하는 것은, 우선 비싼 전기료 때문이다. 교육용 전기요금은 일반용에 비해 싸지만, 산업용에 비하면 많이 비싸다. 교육용 전기료는 농업용 · 산업용 · 가로용 · 주택용 · 교육용 · 일반용 등 현행체계상 두 번째로 비싼 값이다.

학교별 편차가 있기는 하지만, 실제로 학교의 공공요금 지출 중 전기료가 차지하는 평균 비율은 3분의 1이 넘는 것으로 알려졌다. 50%를 넘어서는 학교도 여러 곳이다. 그런 사정으로 2005년 이미 16개 시·도 교육감들이 교육용 전기료 인하를 정부에 촉구한 바 있다.

이에 대해 당시 김진표 교육부총리는 전라북도 교육청을 방문한 자리에서 교육용 전기료가 산업용으로 전환될 수 있도록 당 · 정 차원의 적극 추진 및 산자부, 한전 등과도 협의키로 했다고 밝혔다.

그러나 잠깐 인하되는가 싶더니 교육용 전기료는 2008년 이후 해마다 4.5~11.1%씩 인상되었다. 교육용 전기료의 산업용 전환 검토 역시 없던 일이 되어 오늘에 이르고 있다.

세상에 5, 60년대도 아니고, 주 5일 근무제를 실시하는 이 '복지국가'에서 비싼 전기료 때문 있는 에어컨조차 사용할 수 없다니! 그럴 것 같으면 아예 에어컨이 없는 게 낫다. 학생들 불만에 대해 그럴듯한 핑계라도 댈 수 있어서다.

바야흐로 학교 여건이 날로 좋아지고 있다. 컴퓨터와 프로젝션 TV, 그리고 에어컨 설치에 이르기까지 불과 5, 6년 전과만 비교해보아도 격세지감일 정도다. 2015년까지는 디지털 교과서를 전면 도입한다고 한다. 그런데도 전기료 부담이 버거워 첨단 설비들을 제대로 사용할 수 없다니 뭐가 잘못됐어도 크게 잘못된 것이 아닌가?

하긴 에어컨을 켜도 학생들이 찌는 듯한 더위를 피해가기는 어렵다. 정부가 내놓은 에너지 절약대책 때문이다. 정부가 제시한 실내 냉방기준 온도 28도의 에어컨 가동은 하나마나다. 학교의 경우 26도로 조금 낮춘 듯하지만, 28도 때와 큰 차이가 있어보이진 않는다.

최근 대한민국은 인구 5,000만 명을 돌파했다. 더불어 국민 1인당 GDP 2만 달러에 인구 5,000만 명 이상인 나라들의 '20-50클럽'에 가입도 했다. 미국 · 일본 · 독일 · 프랑스 · 영국 · 이탈리아에 이은 세계 7번째, 2차세계대전후 개발도상국가 중에서 유일하다나 어쨌다나 하여 한바탕 요란을 떨어댔다.

게다가 대한민국은 세계 9번째로 무역 1조 달러를 달성한 나라이기도 하다. 있는 에어컨조차 맘대로 켜지 못해 학생들을 찜통더위 속으로 몰아넣은 채 수업해야 하는 나라의 국제적 위상이 그렇다. 절로 떠오른 빛 좋은 개살구란 격언이 이내 사라지지 않는 이유가 거기에 있다.

한 가지 의문은 과연 학교가 관공서이냐 하는 것이다. 유치원부터 대학교까지 사립이 수두룩한데, 그런 곳까지 관공서여서 행정기관들처럼 정부가 제시한 실내 냉방기준 온도를 지키고 있는지 궁금하다.

정부는 툭하면 차량 5부제다, 에너지절약이다 하며 국민을 압박해댄다. 앞에서 말한 대한민국의 국제적 위상이 그냥 허장성세일 뿐인지 의구심마저 생긴다. 도대체 6, 70년대처럼 허리띠 바싹 조이며 자린고비가 되어 살지 않을 날은 그 언제일까. 과연 그런 날이 오기는 할까?

(전북연합신문, 2012.7.20)

항일 민족시인 이육사를 찾아서

내가 안동에 두 번째 간 것은 교지에 실을 '특집– 문학의 향기'를 위해서였다. 마침 13년 만에 자가용을 바꾼 직후였다. 방학 중인 8월, 신차 에어컨은 빵빵했다. 드디어 3명의 학생기자를 태우고 가는 데만 4시간도 더 걸리는 먼 길을 나섰다.

고속도로를 달리는 동안 녀석들은 자는 데 여념이 없다. 가는 코스도 취재의 일부라 자선 안된다고 그렇게 일렀건만 아무 소용이 없었다. 점심식사차 들른 칠곡 휴게소에 도착해서야 학생기자들은 잠의 늪에서 겨우 빠져 나왔다.

드디어 도착한 이육사 문학관! 경북 안동시 도산면 원천리에 있다. 일제 강점기에 17번이나 옥살이를 하는 등 민족의 슬픔과 조국 광복의 염원을 노래한 항일 민족시인 육사의 업적을 기념, 추모하는 곳이다. 육사 탄생 100주년인 2004년 문을 열었다.

흩어져 있는 자료와 기록을 한 곳에 모아 육사의 혼, 독립정신과 업적을 학문적으로 정리해 그의 출생지인 원천리 불미골 2,300평 터에 건평 176평 지상 2층의 규모로 지어졌다.

1층에는 육사의 흉상과 육필 원고, 독립운동 자료, 시집, 사진 등이 전시되어 있다. 조선 혁명 군사학교 훈련과 베이징 감옥 생활 모습 등도 재현해 놓았다. 2층은 낙동강이 굽이져 흐르는 원천리를 한눈에 볼 수 있는 곳이다. 영상실과 세미나실, 전망대 등이 갖춰져 있다.

학생 기자들이 취재하는 동안 나 역시 사진을 찍으며 천천히 경내를 둘러보았다. 시인이자 독립운동가였던 육사의 본명은 이원록이다. 팜플렛 등 자료에 따르면 육사는 1904년 5월 15일 경북 안동시 도산면 원천리에서 진성이씨 이가호(퇴계 이황 13대손)와 항일 의병장 허형의 딸 허길 사이에서 차남으로 태어났다.

할아버지로부터 한학을 배우고 보문의숙을 거쳐 도산공립보통학교를 졸업했다. 1921년 결혼 후, 백학학원에서 수학하고 9개월간 교편을 잡았다. 1924년 4월 일본으로 유학했다가 관동대지진을 겪은 후 귀국하여 대구에서 조양회관을 중심으로 문화 활동을 벌였다.

육사는 1923년부터 중국 북경 등지에서 '유월한국혁명동지회'에 참가해 조직 활동을 펼쳤다. 1927년 여름에 조재만과 동행해 귀국했으나 장진홍의 조선은행 대구지점 폭파사건에 연루되어 검거되었다.

육사뿐 아니라 원기, 원일, 원조 등 4형제가 함께 검거되어 대구형무소에서 1년 7개월간 옥고를 치렀다. 그때의 수인번호 264를 따서 호를 육사陸史로 지었다. MBC TV 특집드라마에서 방송된, 육사가 처음 쓴 '죽일 육戮'을 아내가 '땅 육陸'으로 고치게 했음이 흥미롭다.

1930년 중외일보 기자로 재직하면서 첫 시 「말」을 발표했다. 이후 총 39편의 시를 남겼다. 이듬해 북경과 남경에 머물면서 독립운동을 하다가 의열단에서 설립한 조선혁명군사정치 간부학교에 1기생으로 입교했다. 6개월간 교양과목으로 정치학 · 사회학 · 철학 등을 배웠다. 그 외 군사학 · 통신법 · 폭탄제조법 · 피신법 · 암살법 등을 교육받았다.

1930년대에 접어들면서 육사는 직접적인 실력 투쟁의 길을 얼마간 완화했다. 대신 이 시기부터 육사는 시 · 소설 · 수필 · 평론 등 문학의 전 장르에 걸친 작품 활동에 들어갔다. 고교 문학(하) 교과서(교학사)에 실려 있는 「절정」을 비롯 「광야」, 「청포도」 등이 널리 애송되는 시이다. 그 중 「절정」을 잠깐 감상해보자.

> 매운 계절의 채찍에 갈겨 / 마침내 북방으로 휩쓸려 오다 / 하늘도 그만 지쳐 끝난 고원高原 / 서릿발 칼날진 그 위에 서다 / 어데다 무릎을 꿇어야 하나 / 한 발 재겨 디딜 곳조차 없다 / 이러매 눈 감아 생각해볼밖에 / 겨울은 강철로 된 무지갠가 보다.

육사는 1931년 조선일보 대구지국으로 옮긴 이후 사회 비평을 병행함으로써 대중을 계몽, 각성시키려고 노력했다. 1943년엔 국내의 항일 저항조직에 실질적인 도움을 주고자 국내 무기 반입을 시도했다. 같은 해 7월 모친과 형의 소상小祥에 참여하기 위해 귀국했다가 검거되어 생의 마지막 길을 떠났다. 1944년 1월 16일 북경일본영사관 감옥에서 순국한 것이다.

학생기자들에게 그런 내용들을 열심히 적게 한 후 문학관 뒤로 나가보니 이육사의 생가가 있다. 그냥 일반 초가집이다. 시비와 나란히 한 이육사 동상 옆에서 학생기자들과 함께 기념촬영을 했다.

다시 광복의 달 8월이다. 이 자유로움의 향기가 그들의 순국으로부터 비롯된 것이라 생각하니 새삼 경외감이 솟구쳐 오른다. 일제의 모진 고문으로 조국의 독립을 보지 못한 채 세상을 달리한 이육사! 항일 민족시인 이육사가 몹시 그리운 계절이다.

(월간 『독립기념관』, 2012.8.1)

교육감선거 이대로 좋은가

전국적으로 직선교육감 시대가 열린지 2년이 지났다. 지난 2년을 돌아보면 그야말로 바람 잘 날이 없었다 해도 과언이 아니다. 이른바 진보교육감들이 주로 구설에 오르내렸다. 그에 뒤질세라 '비진보'라 할 부산시 교육감은 '쪼잔하게도' 180만 원어치 옷을 받은 혐의로 불구속 입건되었다.

진보교육감들이 유독 언론에 자주 등장하는 것은, 혹 보수 정권이라는 환경 때문인지도 모른다. 예컨대 진보교육감들이 교과부의 지침이나 명령을 따르지 않아 '충돌', '대립각' 어쩌고 하며 침소봉대되는 식이다.

당연히 과거엔 없던 일이다. 지금은, 이를테면 개인 비리 따위로 교육감들이 뉴스에 등장하던 과거와 확연히 다른 교육감직선제 시대인 셈이다. 그렇다면 과거에 비해 지금은 과연 무엇이 달라졌는가?

2년 밖에 안돼 가시적 성과를 따져보는 일은 너무 성급한 주문이 될 성싶다. 따라서 더 지켜보는 게 온당할 듯하다. 그렇더라도 후보 매수와 선거비용 부풀리기 공모 혐의, 교과부 고발 등으로 교육감들이 재판을 받거나 검찰에 소환되는 모습이 좋아보이진 않는다. 무리한 측근 심기 등 인사전횡 따위도 그렇다.

그들의 공통점은 일단 거침이 없어 보인다는 점이다. 언론에 오르내리거나 경찰 및 검찰에 소환되는 걸 부끄러워하지 않는 것처럼 보인다는 점이다. '내가 하면 로맨스, 남이 하면 불륜' 식의 그런 무치無恥는 도대체 어디서, 무엇으로부터 생겨난 것인가? 그것은 직선제의 힘일지도 모른다.

그러나 유권자들이 교육감들에게 그런 구설에 오르내리라고 표를 준 것은 아닐 터이다. 특히 2010년 6 · 2지방선거에서는 소위 묻지마 투표로 민심의 왜곡현상마저 빚어진 바 있다. 교육감직선제 자체가 도마에 오르는 이유의 하나이다.

가령 한국교육신문이 지난 3월 한국갤럽에 의뢰해 전국 교원 1000명을 대상으로 실시한 여론조사에서 '교육감직선제 유지' 찬성은 23.5%에 불과했다. 56.3%는 '교육관련 종사자들이 참여하는 축소된 직선제'에 찬성했다. 선진통일당 등 교육감 후보와 광역단체장 러닝메이트 방식으로의 전환 주장도 제기된 상태다.

이대로 안된다는 공감대가 널리 퍼져 있음은 분명해 보이지만, 그것이 어찌 되든 꼭 개선되어야 할 것이 있다. 바로 엄청난 선거비용 제한액이다. 현행 교육감선거비용 제한액은 가히 천문학적 숫자의 돈이라 할만하다.

구체적으로 2010년 6 · 2지방선거와 함께 실시된 교육감 선거비용 제한액은 경기 40억 7천 3백만 원, 서울 38억 5천 7백만 원이었다. 비교적 적은 전북의 경우도 14억 3백만 원이었다. 재벌이나 갑부 아니면 아예 교육감선거에 나갈 생각조차 하지 말라는 얘기나 다름없다.

인구 수 등 복잡한 계산법을 자세히 알지 못하지만, 무엇보다도 과도한 선거비용은 범죄에 쉽게 노출될 수 있는 근본적 문제를 안고 있다. 후보 대부분이 평생 '선생질'만 한 교육계 출신(대학교수 포함) 인사들인데, 그 선거비용을 어떻게 감당하란 말인지 도무지 이해되지 않는다.

자연 '시민후보'니 뭐니 하여 교육감 후보를 끼고 패거리지어지는 폐단도 고스란히 안고 있다. 지난 6 · 2지방선거에서 진보니 보수니 둘로 쪼개져 교육감선거를 치른 것도 과도한 선거비용 제한액과 무관치 않아 보인다.

그런데 7월 1일 공식 출범한 세종시 교육감 선거비용 제한액은 2억 3천 9백만 원이었던 것으로 알려졌다. 국회의원이나 광역 및 기초 단체장 선거비용 제한액 역시 보통 1~2억 원이다.

그 점을 감안하면 잘못된 제도가 범죄를 부추기는 측면도 있다는 생각이 든다. 실제로 지난 교육감선거 때 패가망신한 낙선자도 여럿 있었다. 패가망신은 성인인 그들 탓도 크지만, 범죄자를 양산한 꼴이 아니고 무엇인가!

다음 교육감 선거는 2년도 남지 않았다. 국회의원 선거구 획정처럼 바짝 닥쳐 막고 뿜기 식으로 대처할 일이 아니다. 축소된 직선제든 광역단체장과의 러닝메이트든 그것도 아니면 현행 교육감 직선제든 그 무엇일지라도 과도한 선거비용 제한액만큼은 개선되어야 한다.

청렴의 표상과도 같아야 할 교육감을 뽑는 일이다. 교육감선거가 무슨 돈 자랑할 일이 아니라면 과도한 선거비용 제한액은 대폭 낮춰져야 맞다.

(전북도민일보, 2012.7.19)

교장공모제, 그 불편한 진실

2012년 9월 1일 임용 교장공모 10개 학교 중 5개 학교가 재공모에 들어간 것으로 알려졌다. 군산 구암초, 비안도초, 장수 장계초, 고창 공음초등학교와 고창 대성중학교 등 5개 학교는 모두 초빙형으로 교장공모를 했다. 단수인 경우 한 차례 재공고를 하게 되어있는 지침에 따른 절차이다.

보도에 따르면 재공고를 면한 5개 학교(초등 3, 중등 2개 교)의 지원자 수도 12명에 불과해 경쟁률은 고작 2.4대 1에 그치고 있다. 교과부가 2010년 하반기 초빙형 교장공모를 확대하면서 밝힌 10대 1의 경쟁률이 '허언'으로 드러난 셈이다. 명백한 정책 실패이기도 하다.

하긴 초빙형 교장공모 확대 자체가 '꼼수'였다. 2010년 벽두에 터진 서울시 교육청 비리사건이 일파만파 번지자 비리근절 대책의 하나로 내놓은 것이 초빙형 교장공모 50% 확대 실시안이었다. 2007년 참여정부에서 도입한 교장공모제 취지를 완전히 뒤엎는 '짓거리'나 다름없는 일이었다.

일반 독자들을 위해 잠깐 부언하면 교장공모제엔 3가지 종류가 있다. 교장자격증 소지자끼리 경합하는 초빙형과 교장자격증 없이도 응모 가능한 내부형, 개방형 교장공모가 그것이다. 교장공모제 근본 취지는 바로 내부형과 개방형을 통한 젊고 유능한 인재 영입이었다. 기존 승진제도의 폐단을 막고, 교장 임용방법의 다양화가 핵심이었다.

실제로 내부형과 개방형 교장공모의 경우 지원자가 대거 몰렸다. 2009년 내부형 교장공모를 실시한 부안 하서중학교는 면단위 소규모 학교인데도 경쟁률이 5대 1이었다. 같은 해 개방형 공모의 장계공업고등학교엔 6명의 지원자가 몰렸다. 지난 3월 1일자 임용 개방형 교장공모를 실시한 군산기계공업고등학교에는 7명이 지원한 바 있다.

그것은 너무 당연한 결과이다. 상식적으로 교장자격증 있는 '예비교장'들이 애써 시골로 자원하여 갈 이유가 없기 때문이다. 정치권에서도 초빙형 교장공모의 문제점을 인지했다. 지난 해 9월 내부형 교장공모 확대를 뼈대로 한 초·중등교육법과 교육공무원법 개정안을 여야 합의하에 통과시킨 것.

그러나 교과부가 마련한 시행령이 발목을 잡았다. 내부형 교장공모의 경우 공모를 실시하는 학교의 15% 이내로 제한하는 시행령이 지난 해 말 국무회의를 통과, 그대로 시행되고 있어서다. 정부가 국회의 내부형 교장공모 확대 법안을 사실상 무용지물로 만들어버린 것이다.

가령 지금 절차가 진행중인 교장공모 학교 수는 중등의 경우 9개 교다. 9개 교가 전부 교장공모를 신청할 경우 1개 교에서 내부형 공모를 할 수 있다는 얘기다. 9개 교 중 3개 교만 공모 신청을 했으니 내부형 교장공모가 있을 턱이 없다. 전국적으로 비슷한 상황이다. 특히 전라북도의 경우 2010년부터 5회째 내부형 교장공모 학교는 전혀 없다.

교과부가 유독 내부형 교장공모에 제동을 거는 것은 한국교총의 반발과 맞물려 전교조와의 대립각 때문으로 보인다. 고래 싸움에 새우등 터진다고 그로 인해 선의의 피해자가 알게 모르게 생겨났음은 물론이다.

애들 장난도 아니고 전교조와의 대립각은 그쪽 사정일 뿐이라는 점에서 참으로 치사해 보이는 정책을 지금껏 펴온 교과부인 셈이다. 그래봐야 몇 달 남지 않은 이명박 정부이지만, 그 혼란으로 인한 피해자 양산 등 그 책임을 져야 할 것이다.

그런데 전북교육청을 보면 교과부 꼼수가 먹힌 것 같다. 교육감 공약사항이기도 한 내부형 교장공모제 확대는커녕 매우 고분고분하거나 소극적인 자세로 일관하고 있어서다. 개방형 공모여야 할 줄포자동차공업고등학교마저 초빙형 교장공모를 하고 있어 절로 드는 생각이다.

도대체 언제까지 교장공모제의 불편한 진실을 지켜봐야 하는가? 그렇듯 무늬뿐인 교장공모제라면 아예 없애는 게 맞다. 초빙형 교장공모가 행정, 시간낭비는 물론 탈락자들에게 상대적 박탈감까지 안겨 주는 등 실익 없는 것임을 더 말해 무엇하랴.

(전북일보, 2012.7.13)

학교폭력의 진짜 대책

최근 학교폭력 문제가 사회 이슈화되고 있다. 지금까지는 없다가 느닷없이 생겨난 일이 아닐텐데도 새삼 호들갑을 떠는 것은, 정부가 잇따른 학생자살의 배후에 또아리 튼 학교폭력 대책을 쏟아내고 있기 때문이다.

연전에도 정부는 학교에 전직 경찰을 배치하는 소위 '스쿨 폴리스'와, 사각지대 등 교내 우범지역 CCTV 설치 따위 학교폭력 대책을 내놓은 바 있다. 일견 그럴 듯한 대책 같지만, 사실은 전혀 그렇지 않다.

우선 스쿨 폴리스나 CCTV 설치 같은 대책이 학교폭력 근절로 이어지지 않아서다. 오히려 학습권이나 사생활 침해 등 부작용만 드러낸 채 학교폭력문제는 지금 이 지경에까지 이르고 말았다.

그런 대책들은 실효성 면에서 의문을 자아냈다. 가령 2인 1조의 전직 경찰들이 무급으로 교내 순찰과 학생상담 · 지도 등을 한다고 했지만, 순찰이라면 모를까 전문가들도 못하는 상담 · 지도 등을 평생 경찰 노릇만 한 그들이 어찌 할지 의문이었다.

또 아무리 착한 사람들이 많은 세상이라지만, 무급 봉사로 그 많은 전직 경찰이 충원될지도 미지수였다. 실제로 폭력사태가 발생했을 때 사법권이 없는 전직 경찰들이 어떤 조치를 취할지도 의문스러웠다. 고작 학생들을 붙들어 경찰에 인계하는 정도라면 침소봉대의 어리석음이라는 우려마저 낳았다.

이번에도 정부는 여러 대책을 내놓았다. 복수담임제, 가해학생 출석정지 및 전학, 가해학생 학부모 소환, 학교전담경찰관 배치, 학교폭력 은폐시 교장과 교사 중징계, 체육시간 확대 및 국어 · 도덕 · 사회시간 등을 통한 인성교육 강화 등이다.

그러나 그것들도 실효성 면에서 의문투성이다. 우선 복수담임제가 그렇다. 지금도 부담임이 있어 복수담임제는 일견 하나마나한 얘기일 수 있다. 담임기피 현상을 돌파해 강제로 배정한다 해도 담임수당이라든가 '창구이원화'로 빚어질 혼란 등은 어찌 할 건지 궁금하다.

가해학생에 대한 출석정지, 전학 조치와 학부모 소환도 실효성 있는 대책으로 보이지 않는다. 특히 전학의 경우, 다른 학교로 건너가 다시 '활동'하라는 얘기나 다름없다. 가해학생 학부모가 소환에 불응하면 고작 과태료 부과를 검토한다니 그것으로 대책이 되겠는가?

다음 체육시간 확대와 인성교육 강화이다. 학년말 계획한 학사력에 의해 새 학기 교육과정이 진행되는데, 어느 날 갑자기 체육시간을 늘리라는 것은 학교의 혼란만 가중시킬 뿐이다. 국어 · 도덕 · 사회 과목에서 꼽사리 끼는 식으로 인성교육을 강화하라는 것도 그렇다.

학교폭력에 대한 진짜 대책은 따로 있다. 범죄 없는 사회란 존재하기 힘든 게 일종의 법칙이다. 그나마 학교폭력을 최소화할 수 있는 길은 학생들에게 죄짓지 않는 어른들이 많아지는 방법밖에 없다.

예컨대 허구헌날 국회는 정쟁으로 거친 말이나 몸싸움 같은 폭력이 난무한다. 우리 학생들이 그걸 보고 뭘 배우겠는가? 학생들이 몸담고 있는 학교로 시선을 돌려보면 더 심각하다. 사제 간의 대화와 토론은 없다. 학생들은 오로지 외우기와 찍기만을 강요당한다.

학생들은 수직적 구조 속에서 위로부터 일방적 명령과 지시만 듣는다. 그것도 모자라 2명의 시험 감독에서 보듯 수많은 선량한 학생들이 준범죄자 취급을 당하고 있다. 그런 전체주의적 사고가 그들을 옥죄는 한 학교폭력은 건재할 수밖에 없다. 피는 피를 부르고 폭력은 또 다른 폭력을 낳는 법 아닌가!

그것과 함께 병행해야 할 대책이 있다. 학교폭력 가해학생에 대한 영구 퇴출이 그것이다. 일견 너무 냉혹한 논리같지만 그렇지 않다. 폭력을 가해 남을 괴롭히는 짓은 헌법에 명시된 행복하게 살 권리를 침해한 것이다. 단순한 애들 장난이 아닌 '헌법침해사범'으로 다뤄야 할 필요가 있다는 얘기다.

정부는 과연 무엇이 학교폭력의 진짜 대책인지를 살펴 즉각 시행하기 바란다. 강제 보충수업이나 방과후 학교, 일제고사를 통한 성적순 줄세우기 따위 학생들을 옥죄는 시스템으로는 그 어떤 학교폭력 대책도 공념불일 수밖에 없다. 바야흐로 사람다운 사람을 길러내는 학교의 본래 기능이 복구되도록 만전을 기해야 할 때다.

(전북연합신문, 2012.7.3)

농산어촌을 폐허로 만들 것인가

한때 무용론까지 제기되었던 교육과학기술부가 또 일을 저질렀다. 아직은 발표만 한 상태이니 정확히 말하면 일을 저지르려 하고 있다. 최근 교과부는 적정 규모의 학급 수 등을 규정하는 내용의 '초·중등교육법시행령 일부 개정령안'(이하 '개정령안')을 입법예고한 바 있다.

개정령안에 따르면 통·폐합 대상이 초·중학교 6학급, 고교 9학급, 학급당 학생 수는 20명 이상으로 명시하고 있다. 참고로 현행 초·중등교육법의 통·폐합 대상은 학생 60명 이하의 농산어촌, 200명 이하의 도시지역 학교이다.

이 기준에 미달하는 학교는 주변지역과 공동 통학구간으로 묶인다. 이럴 경우 농산어촌 학교 절반 이상이 폐교될 전망이다. 실제로 문닫을 학교는 전남 57.5%, 강원 55.4%, 전북 46.5%로 나타났다.

사정이 이런데도 교과부는 병 주고 약 주는 식으로 일선 교육청의 통 · 폐합 잘하기에 따라 학교당 최고 100억 원을 지원한다고 밝혔다. 거점 기숙형 학교를 만드는 시도 교육청에 대한 지원도 약속했다.

교과부의 농산어촌 학교 통 · 폐합 대책(이하 '대책')은, 그것에 대한 접근방법이 틀렸음을 상기시킨다. 그리고 교육이나 문화 등 경제 논리로만 풀어갈 수 없는 문제들을 획일적으로 재단하려는 소위 '신자유주의'의 망령이 너울거리고 있음을 읽을 수 있게 한다.

2005년 불어닥쳤던 소규모 학교 통 · 폐합과 다른 점은 교육감들이 대거 반발하고 있다는 점이다. 가령 김승환 전북교육감은 "학부모와 지역사회의 거센 반발이 예상된다"며 개정령안 철회를 주문했다. 민병희 강원교육감 역시 "농산어촌과 옛 도심지의 교육은 파탄나게 된다"며 철회를 촉구했다.

아주 농산어촌의 씨를 말리겠다는 의미로도 해석될 소지가 다분한 교과부의 '대책'으로 인한 황폐화가 앞에서 보듯 비단 전북만의 경우는 아니다. 전국에 걸쳐 농산어촌의 공동화현상이 가속화되고 지역균형발전은커녕 '노인촌'이나 '폐허의 유령마을'로 전락할 것이 불을 보듯 뻔한 일이다.

어쩌면 사람들은 '이참에' 하고 울며 겨자먹기 심정이 되어 조상대대로 살아온 고향땅을 떠나게 될 것이다. 정부 일각에서 추진해온 '돌아오는 농촌'은커녕, 이를테면 교과부가 이농현상을 부추기고 있는 셈이다.

그러나 해결방안은 의외로 간단해 보인다. 교육청 지원금이나 통 · 폐합 학교 학생지원 등에 투입될 돈으로 교사 수를 늘리면 된다. 교사 수를 늘리면 현재 턱없이 못 미치는 법정 정원률 상향 효과와 함께 복식수업이며 '상치교사'(전공이 아닌 과목을 가르치는 교사)도 해소할 수 있다.

제대로 된 나라라면 장기적으로 대도시의 많은 학급 정원을 15~20명 정도로 줄여 선진국형 교실이 되게 해야 할 과제를 안고 있는 마당이다. 농산어촌의 적은 학생 수는 얼마나 좋은 호재요 계기인가! 정녕 교사 1인당 학생 수 감축이야말로 질 높은 수업의 열쇠라는 걸 모른단 말인가?

무엇보다도 교과부의 '대책'은 국민의 교육받을 권리가 경제논리에 휘둘려 침해된다는 근본적인 문제에 노출되어 있다. 일제침략기 때도 아니고 통·폐합으로 인해 산을 하나 넘어 통학해야 하는 초등학생이 생긴다면 대한민국이 선진국을 지향하는 제대로 된 국가라고는 할 수 없을 것이다.

그래서일까. 교과부는 수정한 개정령안을 내놓았다. "교육감이 학교별 학급 수, 학급당 학생 수를 정할 때 정상적인 교육과정 운영과 교원의 적정한 수업시수 등을 반영하도록 한다"가 그것이다. 교과부가 한 발 물러난 형국이다.

농산어촌을 폐허로 만들 작정이 아니라면 개정령안은 아예 백지화해야 맞다. 무엇보다도 농산어촌에서 학교는 그냥 학교가 아니다. 지역민들의 화합과 소통, 그리고 문화를 공유할 수 있는 장소가 바로 학교이기 때문이다.

또한 이명박정부의 임기는 이제 몇 달밖에 남지 않았다. 새로운 일을 벌이기보다 지금까지 벌인 일들을 점검하고 잘 마무리할 때다. 무슨 업적과 건수 따위가 생각나 그러는지 모르겠으나 학교 통·폐합이 그 짧은 기간에 번갯불에 콩 볶듯 쓱싹 처리할 일이 아님을 명심했으면 한다. (한겨레, 2012.6.26, 전북도민일보, 2012.7.2)

교육당국에 공개 질의함

— 학생여비지급 및 정산과 관련하여

필자는 원로교사(만 55세 이상)이지만, 특성화고에서 문예지도를 하고 있다. 4월 7일부터 지난 주말까지 모두 8차례 학생들을 인솔, 이런저런 백일장에 참가했다. 평일 참가는 딱 한 번 있었다. 한편으론 문인의 한 사람이기도 해 그런 일들을 아직까지는 의욕이 넘쳐나게 하고 있는 셈이라고나 할까.

그런데 그런 일들을 아예 그만 둬버릴까 하는 유혹이 불쑥 치밀곤 한다. 소위 '임시전도' 때문이다. 임시전도란 학생들의 백일장 참가경비를 교사에게 임시로 지급해주고, 사후 영수증 첨부하여 정산하는 행정절차를 말한다.

물론 국민의 세금으로 조성된 학교 예산을 쓰는데 한 치의 빈틈이나 소홀함이 있어선 안될 것이다. 쓴 돈에 대한 영수증 첨부 등도 당연한 일이지만, 시대에 맞지 않는 구태의연하고 행정편의주의적인 발상이 깔려 있어 문제다.

그런 임시전도 말고 여비정산 방법이 있는데도 무슨 이유인지 그리 하지 않고 있어 의문을 자아낸다. 10여 년 전 근무하던 학교에서 그리 했었다. 학생들에게 여비 지급 후 도장을 받아 처리하는 방식이 그것이다. 그것은 필자가 20년 넘은 문예지도 교사로서 볼 때 제대로 된 방식이다.

필자는 일개 교사라 임시전도가 회계법상 적법한지에 대해선 잘 모르지만, 분명한 사실이 있다. 그런 행정편의주의가 교사의 잡무가중은 물론 의욕을 꺾어 결국 학생들 '피해'로 고스란히 이어진다는 점이다. 그로 인해 전국의 많은 교사들이 백일장 등 이런저런 대회 참가 학생들에 대한 지도의욕을 잃고 아예 손을 뗀다면 그 책임은 누가 져야 하는가?

재작년부터인가, 행정편의주의는 극에 달한 느낌이다. 어찌된 일인지 임시전도의 학생여비가 교사 계좌로 입금되고 있어서다. 이는 교사더러 은행에 가서 돈을 인출하여 학생들에게 백 원 단위까지 일일이 나눠주라는 말이다.

학교회계의 투명성 어쩌고 하는데, 도대체 그 동안 얼마나 해먹었길래 기만 원의 학생 백일장 여비까지 계좌입금인지, 또 교사를 행정실 하수인쯤으로 취급하니 분통터질 노릇이다. 그러면서 교사 업무 경감 운운해도 되는지 묻고 싶다.

백일장 등 문예지도 일들을 그만 때려칠까 하는 이유는 또 있다. 며칠 전 행정실 직원이 말해왔다. 이미 다녀온 백일장의 학생들 버스표를 첨부해야 한다는 것이었다. 직원은 '감사사례'에서 지적된 사항이라 어쩔 수 없다며 미안해하는 모습이었다.

이건 또 무슨 뚱딴지 같은 소리인가? 요즘 소수 학생이 참가하는 백일장 등 학생 교외활동은 교사의 자가용으로 이동한다. 그러니까 교사와 학생이 함께 버스로 백일장에 참가하던 1980년대식 정산을 하라는 얘기인 것이다. 정녕 그런 실정을 몰라 감사에서 그따위 지적을 한 것이란 말인가?

그 지적대로라면 학생은 버스로, 교사는 제 차로 각각 가라는 말이 된다. 그럴 경우 불편이나 시간낭비는 고사하고 무엇보다도 특성화고에선 백일장에 선뜻 참가할 학생이 없다. 학생들이 그렇게 고생하며 가야 하는 백일장이라면 아예 가지 않으려 하는 것이 부인할 수 없는 특성화고 현실이다.

그래도 감사사례 지적대로 해야 한다면 행정실에서 학생들을 상대해 여비도 주고 버스표도 가져오게 해야 맞다. 교사들이 행정실 하수인도 아니고, 임시전도의 입금계좌에 실제 이용하지도 않는 버스표 첨부까지 하라니, 결코 교사들이 할 일은 아니지 싶다.

학교운영위원회의에 학생 대표까지 참여시킨다는 세상이다. 왜 학생들이 본인의 학교 외 교육활동 경비를 직접 수령할 수 없는지 나로선 이해할 수 없다. 교육당국은 교사를 한없이 초라하고 번거롭게 만드는 현행 임시전도 학생여비 지급과 1980년대식 정산방식을 하루속히 개선하기 바란다.

나아가 교육당국은 교사들이 학생지도에만 전념하고, 그런 일에 선생님으로서의 자부심을 가질 수 있도록 해주기 바란다. 내 수업이나 하면 그런 꼴 안보겠지만, 나말고 전국의 초·중·고 교사 누구든 겪고 당해야 할 일이기에 이렇듯 애써 공개한 것이다.

(전북매일신문, 2012.6.19)

스승의 날이 씁쓸한 것은

또 한 번의 스승의 날이 지나갔다. 해마다 말도 많고 탈도 많은 애물단지로 전락해버린 스승의 날이건만, 이번엔 다소 완화된 느낌이다. 학교폭력 문제가 사회적으로 이슈화된 분위기 때문인지도 모른다. 한국교총이 그 발원지라 할 충남 논산에서 제31회 스승의 날 기념식을 연 것도 그것과 무관치 않아 보인다.

그러나 여전히 씁쓸했던 기분은 가시지 않는다. 스승의 날이 씁쓸한 것은 박원순 서울시장이 "학교폭력 참 이해가 안가요. 그건 전적으로 선생님 잘못이라고 생각합니다"라며 까닭 없이 교원들을 매도하고 있어서만은 아니다.

또 스승의 날 선물 대상에 교사가 40%의 학원 강사보다 훨씬 낮은 23%로 2위를 차지한 어느 백화점의 설문조사 때문 씁쓸한 것이 아니다. 애들에게 대놓고 "선물 안 가져온 사람 일어나봐." 하여 직위해제된 초등학교 교사의 개념 없는 행태가 언론에 보도되어서도 아니다.

스승의 날이 씁쓸한 것은 "머리 왜 때리냐"며 여교사 얼굴에 주먹 날린 남중생, 교사 무릎 꿇린 여중생들, 선생님 머리채 흔든 학부모에 고작 벌금형의 약식 기소 따위, 차마 믿을 수 없는 소식들이 전해져서만은 아니다. 학교 폭력을 고의적으로 은폐하면 파면 등 중징계한다는 교육당국의 사후약방문격 경고 때문도 아니다.

스승의 날이 씁쓸한 것은 전라북도 김승환 교육감의 "껌 한쪽도 학생들로부터 받지 말라"는 편지 때문이 아니다. 누가 그렇게 촌지 따위를 받아먹어 그걸 예방한답시고 사제간 자연스레 우러나는 인간적 정마저 차단하는 것인지 쓴웃음이 절로 나긴 하지만, 그 때문 스승의 날이 씁쓸한 것은 아니다.

스승의 날이 씁쓸한 것은 학생들과의 소통이 그나마 단절되어서다. 전주 · 익산처럼 스승의 날 아예 학교 문을 닫았으면 차라리 좋을 뻔했다. 전 날 하루 쉰 군산 지역에선 스승의 날에 수업이 진행되었다. 내 기억으론 30년 만에 처음 있는 스승의 날 정상수업이다. 요컨대 기념식이나 사제간 족구 같은 간단한 행사조차 없이 평소처럼 일과가 진행될 예정이었다.

사실 나는 무슨무슨 날을 싫어한다. 예컨대 1년 만에 어김없이 돌아오는 귀빠진 날 아내와 딸들이 케이크에 축하 노래라도 부를라 치면 질겁하며 못하게 하는 식이다.

그럴망정 어찌된 일인지 기념식이나 교실 속에서 스승의 날 노래만큼은 꼭 듣고 싶다. 이를테면 선생님에 대한 애착과 자부심이 강한 셈이라고나 할까.

알아보니 학생회에서 기념식 등 나름 준비를 해 왔는데, 맙소사!

교장이 거부한 것이었다. 교장이 학교 경영 책임자인 것은 맞지만, 교사와 학생 등 학교 구성원의 의견과 거리가 먼 그런 결정을 왜 했는지 나로선 도무지 이해할 수 없다. 8월말 퇴직 교사의 건의 등 가까스로 스승의 날 정상수업만은 피하게 되었지만, 씁쓸한 기분은 여지껏 남아 있다.

이제 스승의 날 씁쓸했던 이유는 보다 분명해진 셈이다. 아직도 교장 말 한 마디에 의해 돌아가는 학교라면 스승의 날은 없어져야 옳다. 교장의 편향적이거나 왜곡된 인식과 행동으로 말미암아 전체 교직원이 스승의 날에 대한 감회조차 원천봉쇄 당하는 것이라면 그렇다.

잠깐 생각해보자. 스승의 날이 논란거리로 등장한 것은 1998년 국민의 정부 출범과 함께였다. 정년단축이라는 칼에 의해 교원들은 촌지나 받아먹는 부도덕한 집단이 되어야 했다. 2월로 옮기자커니 없애자커니 여론이 가마솥 물 끓듯 했지만, 지금도 이 모양 이 꼴이다.

교사들이 주인공인 스승의 날 촌지의 '촌'자와도 전혀 상관없는 특성화고 교사로서 왜 이런 씁쓸한 기분에 빠져 들어야 하는지 알 수 없다. 스승의 날은 없어지거나 노동자의 날처럼 그 날 하루 쉬는 게 맞다. 그 날 쉬면 최소한 이런 씁쓸한 기분은 생기지 않을테니까.

(전북매일신문, 2012.6.12)

소설 『은교』보다 못한 영화 「은교」

박범신 장편소설 『은교』가 영화로 개봉되었다. 지난 4월 26일의 일이다. 개봉 15일 만에 전국 110만 관객을 동원하는 등 대박까지는 아니더라도 비교적 큰 반향을 일으킨 바 있다. 아마 '스타작가'라는 원작자의 영향도 컸을 것이다. 그도 그럴 것이 「은교」(감독 정지우)는 개봉 무렵 일간신문들이 앞다퉈 논산으로 낙향한 박범신 근황과 함께 영화 리뷰를 일제히 싣기도 했다.

이미 소설을 통해 알려진 대로 「은교」는 70세(소설에선 69세) 국민시인 이적요(박해일)와 17세 여고생 은교(김고은), 그리고 그 둘 사이에 끼어 있는 소설가 서지우(김무열) 3명의 애증을 다룬 영화이다. 영화에선 늙음과 젊음, 사랑과 섹스, 문학과 사이비문학 등이 그리 숨 가쁘지 않게 교차한다. 오히려 2시간 남짓한 상영시간이 약간 지루하게 느껴질 정도이다.

그것은 일단 영화가 원작소설보다 못하다는 의미의 다른 말이다.

사실 소설 『은교』는 참 독한 연애소설이면서 연애소설만은 아닌 작품으로 읽힌다. 70세 노인, 그것도 국민시인이라 추앙받는 노인이 17세 여고생을 사랑하는 '해괴한' 일이 호기심을 자극하지만, 결코 욕정이나 섹스 따위 세속적 사랑놀음이 파격적으로 그려지는 건 아니기 때문이다.

소설에서도 '꿈, 호텔 캘리포니아' 꼭지를 통해 은교와의 섹스가 판타지로 펼쳐지지만, 이적요는 은교에 대한 욕망을 절제한다. 자신도 모르게 은교를 보거나 대하며 페니스가 일어설 때 이적요는 은교를 "건너편 벽까지 밀려나 머리를 부딪힐 정도"로 밀쳐낸다. 거기서 늙음은 자연일 뿐이다. 그런데 세상이 그렇게 보질 않는다. 이적요는 그런 세상에 대해 저항한다. 은교와의 끈을 끊게 하는 그 늙음에 절규한다.

영화가 원작소설과 같을 필요는 없더라도 응당 문제는 남는다. 「은교」의 경우 소설 속 은교를 죽여버린 영화가 되어버린 점이 그것이다. 제목과 달리 은교가 객체로 놓인 소설의 약점을 극복한 것은 좋다. 소설에서 은교는 원조교제나 하는 그냥 평범하거나 영악한 여고생일 뿐이다. 가령 서지우와의 '이층집'에서 "내일 영어 시험 본다구요!"라며 짜증내는 걸 예로 들 수 있다.

그런데 영화에선 180도 달라진 모습이다. 이적요가 창문을 통해 훔쳐보는 서지우와의 이층집에서 은교는 묻는다. "여고생이 왜 남자와 섹스하는 줄 아냐?"고. 서지우의 즉답이 없자 은교는 스스로 "외로워서"라고 대답한다. 결국 여고생이 외로워서 남자와 섹스를 한다는 것이다. 더 놀랄 일은 원작에 없는 이런 영화 대목을 원작자가 맘에 들어 했다는 사실이다.

그러고 보면 성기 및 체모 노출과 격렬한 이층집이 꼭 필요했는지도 의문이다. 이적요의 홀랑 벗은 모습은 '늙음'의 표상으로 설득력이 생기지만, 은교의 격렬한 이층집은 쌩뚱맞다. 17세 여고생이 엑스타시에 전율하는, 마치 '애마부인' 같은 몸짓을 하고 있어서다. 설사 그걸 지켜보는 이적요의 '늙음'을 자극하기 위한 의도였을지라도, 그건 아니지 싶다.

또 다른 아쉬움은 놓쳐버린 주옥 같은 대사들이다. 요컨대 "사랑에는 나이가 없다."(파스칼), "연애가 주는 최대의 행복은 사랑하는 여자의 손을 처음 쥐는 것이다."(스탕달)같이 이적요의 은교에 대한 사랑을 어필시키는 소설 속 대사를 전혀 살려내지 못한 것이다. '이상문학상'에다가 출판사 겸 잡지이름 '문학동네'가 여러 차례 간접 선전된 것도 다소 의아스럽다.

목소리를 빼고 30대 박해일의 70대 노인 연기는 300대 1의 경쟁을 뚫고 발탁된 김고은보다 한 수 위였다. 특히 첫 부분 은교에게 한눈에 반한 노인 박해일의 표정연기는 일품이었다. 김고은의 경우 자연산 얼굴의 풋풋하고 싱그러운 이미지가 돋보이긴 하지만, 글쎄 빈약한 가슴이나 별로 뇌쇄적이지 못한 표정 등이 이적요를 바위틈지나 청춘을 다시 찾은 뱀 같은 열정의 노인으로 만들었을지는 의문이다.

(원대신문, 2012.6.11)

학생들 울린 황당한 영천시청

특성화고에서 문예 지도를 하고 있는 교사이다. 지난 5월 24일 경북 영천시에서 열린 '임고서원성역화사업' 준공식에 학생을 데리고 다녀왔다. 고려 말 충신 포은 정몽주의 충절과 업적을 기려 경북 영천시 임고면 양항리 일대에 조성한 추모 기념관을 준공한 아주 뜻깊은 자리였다.

내가 준공식장에 간 것은 제1회포은문학제 전국청소년문예백일장에서 제자가 우수상을 수상했기 때문이다. 나 역시 학생지도 공적을 인정받아 경상북도교육감 지도교사상을 받게 되어 있었다. 당연히 직접 가서 상을 받는 게 주최측에 대한 예의라 생각했다.

물론 평일이라 시상식장에 가는 일이 쉽지는 않았다. 우선 4명의 동료에게 수업을 부탁했다. 가는 데만 3시간이 더 걸리는 곳이라 시상식 시간을 맞추기 위해 새벽에 집을 나서기도 했다. 그래도 즐거웠다. 내가 지도한 학생이 상금과 함께 상을 받으러 가는 길이어서다.

준공식은 성대했다. 조순 전 총리를 비롯 지역구 국회의원, 영천시장, 영천시의회 의장, 영천교육장, 3군사관학교장 등 내빈 외 수많은 지역민들이 운집해 있었다. 해외출장중인 경상북도 도지사는 영상을 통해 인사하기도 했다.

참석인사 면면 등 매우 뜻깊은 행사에서 뭐가 잘못되었음을 알게 된 것은 식이 끝나고나서였다. 문예백일장을 주관한 영천문인협회 사람들과 점심식사를 하는 자리에서 상금이 없어졌다는, 그야말로 청천벽력의 믿기지 않는 얘길 들은 것이다.

내가 공모전 안내를 본 것은 네이버의 '엽서시 문학공모'를 통해서였다. 거기에는 대상 경상북도교육감 상장과 상금 5십만 원, 최우수상 경상북도교육감 상장과 상금 3십만 원, 우수상 영천시장 상장과 상금 2십만 원이라 되어 있었다. 지도교사상은 훈격이 경상북도교육감이고, 상금 따윈 없었다.

나는 그 소릴 함께 전해들은 제자의 표정이 금세 울상이 되는 걸 보고 말았다. 동시에 학생의 부모나 교장과 교감, 동료들에겐 이런 황당한 일을 어떻게 설명해야 될지 멍한 기분이었다.

사정을 들어보니 영천시청에서 공직선거법 위반 운운하며 관련 예산을 지원하지 않아 생긴 일이었다. 제1회 대회라 여러 가지 미숙한 점이 드러날 수 있겠으나, 공문서에 제시된 상금 수여 자체가 '없었던 일'이 되어버린 것은 도무지 이해되지 않는다.

영천시청만 그런 행사에 예산을 지원하는 게 아니다. 전국의 문인추모 백일장이나 공모전 등은 지자체의 예산지원으로 이루어진다 해도 과언이 아니다. 가난한 문인단체만으로 전국 규모의 백일장이나 공모전을 하는 곳은, 내가 아는 한 없다.

나는 20년 넘게 문예지도 교사를 하면서 지자체가 예산지원을 하지 않아 이미 공지된 수상자 상금이 없었던 일이 된 건 그 어느 곳에서도 본 적이 없다. 전국 규모 대회의 경우 타시·도 수상자의 상금은 줘도 되는 걸로 알고 있기도 하다.

상금 없이 수정된 공고를 영천시청 홈페이지에 탑재한 것만으로 그 황당함이 상쇄되진 않을 것이다. 공직선거법 위반 운운했다면 그것은 무지의 소치이거나 영천시청의 직무유기이다. 공직선거법 제112조 2항은 "지방자치단체가 대상·방법·범위 등을 구체적으로 정한 조례에 의한 금품제공 행위는 직무상의 행위"로 규정하고 있는 '기부행위 예외조항'을 참조했으면 한다.

무엇보다도 정몽주 같은 충신을 추모하는 행사에 그런 오점을 남긴 영천시청의 실책은 크다 할 것이다. 나름대로 사정이야 있겠지만, 차제에 경상북도교육청에도 지도교사상에 그렇듯 인색하게 굴지 말 것을 간곡히 당부한다. 최악의 경우 예산이 없다면 상장만 달랑 주는 그런 공모전을 개최해 전국적으로 '쪽팔리는 짓'은 하지말기 바란다.

이런 이야길 공개하는 것은, 당연히 내년부터라도 똑같은 잘못을 되풀이해 학생 울리는 공모전이 되어선 안되겠다는 생각에서다.

(전북일보, 2012.6.8에 요약본.)

제3부

베스트 작가들, 형식미 갖춰야
통일단상斷想
특성화고 문예지도 교사의 비애
나의 첫경험 미애에게
아직도 부족한 전주국제영화제
한국교총 회장이 돋보이는 이유
아무리 정치권이 개판이라지만
새만금예술제 백일장에 가지 않는 것은
새누리당의 뼛속 깊은 전북 홀대
주5일 수업제에 숨은 교권침해
교내 시상품, 온누리상품권으로 하자
개방형교장공모, 그 후안무치함
새 학기가 시작되었다
졸업생에게 띄우는 편지
의료비 연말정산 쓴 만큼 공제해줘야
문인으로 산다는 것
정치권만 돈판 아니다
도의회를 깔보지 마라
미친 대학등록금 완화하려면
욕설 교실, 학생만의 잘못일까

베스트 작가들, 형식미 갖춰야

최근 신경숙 장편소설 『엄마를 부탁해』 판매가 200만 부를 돌파했다고 한다. 순수소설인 『엄마를 부탁해』의 200만 부 돌파는 이례적인 일이라는 것이 출판사측 설명이다. 1990년대 이후 200만 부 넘게 팔린 소설은 1996년 『아버지』(김정현), 2000년 『가시고기』(조창인) 정도로 알려졌다.

『엄마를 부탁해』에 대한 장점이나 미덕들이야 그 동안 차고 넘쳐 재론은 별 의미가 없을 듯싶다. 『엄마를 부탁해』가 '볼 · 매'(볼수록 매력)인 것은 사실이지만, 여기서는 무려 4페이지를 훌쩍 넘는 긴 문단 등에 대한 이야길 해볼까 한다.

심지어 신경숙의 또 다른 작품 「숨어있는 눈」은 단편소설인데, 한 편 전체가 고작 5개의 문단으로 이루어져 있다. 어찌 숨이 턱 막히지 않겠는가? 혹 베스트작가가 신경숙쯤 되면 긴 문단도 하나의 독자적 특징으로 대접받을 수 있겠지 하는 생각이 있다면 그것은

'왕착각'이다.

아다시피 문단은 크게 내용문단과 형식문단으로 나뉜다. 내용문단은 글자 그대로 내용에 맞춰 문단을 나누는 것이다. 그와 달리 형식문단은 첫 칸 비우기에 따라 문단을 구분한다.

내용에 따라 하다 보면 자칫 그렇게 길어질 수 있기에 나는 모든 작가들에게 의도적으로 형식문단 사용하기를 권하고 있다. 이때 한 문단의 길이는 보통 수필의 경우 4~5줄이 좋다. 이것이 어찌 수필에게만 해당되겠는가.

소설도 예외가 아니다. 다만 소설 전체가 호흡이 긴 점을 감안, 수필의 경우를 따를 수는 없을 것이다. 그렇더라도 단행본 기준 1페이지를 넘기는 너무 긴 문단은 곤란하다.

물론 중간 중간 대화가 끼어있는 경우라면 그것보다 더 길어질 수도 있겠다. 부득이 줄이 늘거나 줄어들 수 있지만, 그렇게 쓰다 보면 조만간 맞춤형의 좋은 수필 또는 소설 작품이 된다.

문단의 중요성을 애써 강조하는 것은 그만한 까닭이 있어서다. 우선 너무 긴 문단은 독자들 숨을 턱 막히게 한다. 숨이 막히면서까지 그 글을 끝까지 읽을 독자는 그리 흔치 않다.

또한 일정 규격을 벗어난 들쭉날쭉(예컨대 어느 것은 두 줄, 어떤 문단은 수 페이지) 문단은 독자를 불안하게 한다. 불안에 휩싸인 독자는 모처럼 작심하고 독서하려던 의지를 자신도 모르게 잃어버리게 된다. 따라서 무릇 글쓰기에서 정제된 문단은 하찮은 것이 아니다.

무엇보다도 문단은 글쓴이의 생각이나 느낌, 그리고 주장 등을 탁탁 끊어서 정리할 줄 아는 능력의 바로미터이다. 그런 점에서 정제

된 문단은 글쓰기의 아주 중요한 형식미라 해도 결코 지나치지 않다.

하긴 정제 안된 문단이 비단 신경숙만의 문제는 아니다. 최근 몇 년 동안 베스트셀러에 오른 소설 중 『완득이』(김려령), 『두근두근 내 인생』(김애란) 정도만 너무 긴 문단으로부터 자유로울 뿐이다.

내가 읽은 『허수아비춤』, 『은교』, 『7년의 밤』, 『낯익은 세상』, 『낯익은 타인들의 도시』, 『흑산』, 『도가니』 등 베스트셀러이거나 베스트셀러 작가들이 최근 펴낸 소설들 문단이 너무 길거나 짧아 독서방해 요인으로 작용하고 있다.

그중 영화로 제작되어 개봉 15일 만에 관객 110만 명을 동원, 다시 주목받고 있는 장편소설 『은교』를 잠깐 살펴보자. 전반적으로 안정되어 있지만, 술술 잘 익힌다싶을 즈음 너무 긴 문단이 숨을 턱 막히게 한다. 베스트작가쯤 되면 전적으로 자유에 속하는 문제라고 할지 모르지만, 너무 긴 문단이 물흐르듯한 독서에 방해가 됨은 변하지 않는 진리다.

이와 다른 이야기지만, 『은교』에는 또 다른 아쉬움이 있다. 별행을 잡지 않고 본문과 함께 쓴 대화들이다. 큰따옴표로 표시하여 호흡 방해 등 혼란을 최소화하고 있는 듯 보이지만, 왜 그렇게 했는지 썩 이해되지 않는다.

특히 들쭉날쭉 문단으로부터 자유로운 베스트작가들의 차기작을 기대해본다.

(전북연합신문, 2012.6.8, 전북도민일보, 2012.8.15)

통일 단상斷想

통일 하면 가장 먼저 6·15남북정상회담이 떠오른다. 2000년 6월 15일 평양을 방문한 당시 김대중 대통령은 공항으로 마중 나온 김정일 위원장과 뜨겁게 포옹했다. 국내는 물론 세계의 이목이 쏠린, 그야말로 경천동지할 세계사적 사건 6·15남북정상회담이었다.

그것을 지켜보며 곧 통일이 올 것 같은 기대감에 나라가 온통 들떴음은 물론이다. 나뿐 아니라 국민 모두의 생각이었을 것이다. 그런 기대감에 부응이라도 하듯 참여정부의 노무현 대통령도 평양을 방문했다. 그때까지만 해도 조만간 통일을 의심하는 사람은 거의 없었다 해도 과언이 아니다.

그러나 지금은 어떤가? 천안함 피폭과 연평도 포격사건 이후 북한은 툭하면 과격한 비난을 쏟아내고 있다. 이른바 남·북한 경색국면이 한 걸음도 앞으로 나가지 못하고 있는 형국이다. 누가 봐도 답답하고 우울한 그런 분위기는 슬그머니 옛 시절을 떠올리게 한다.

이승만 단독정부이래 전두환 신군부 독재정권에서 펼쳐진 극한적 대치상황이 그것이다.

역사에 가정법이 있을 수 없지만, 거기서 중국 본토의 공산화가 조금만 늦게 이루어졌더라면 하는 아쉬움이 남는다. 중공군 개입으로 통일 일보 직전 눈물 머금은 1 · 4후퇴를 해야 했기 때문이다. 그 후퇴는 끝내 휴전으로 이어져 2012년 오늘에까지 이르고 있지 않은가?

하긴 지금 방송중인 TV드라마 「빛과 그림자」에서 간간이 볼 수 있듯 '빨갱이'로 몰리면 모든 게 끝장나는 시절의 엄혹함을 빼놓을 수 없다. 어느 대통령 시절이 더 악랄하고 무소불위의 공포였는지 애써 따질 필요도 없다. 통일은 뒷전인 채 정권 장악 내지 유지용 안보논리가 대세이던 시절이었으니까.

그런 시절 끝에 맞은 6 · 15 남북정상회담이었기에 통일의 물꼬라는 기대가 컸던 게 아닌가. 또 노무현 대통령이 김정일 위원장의 답방 순서에 연연하지 않고 평양을 방문한 후속 조치가 있었기에 뭔가 통일에 대한 설레임을 갖게 한 것이 아니던가!

하지만 '잃어버린 10년'이라며 정권을 다시 잡은 한나라당(지금의 새누리당)은 통일엔 별로 관심 없어했다. 당연히 극적으로 마련된 '우리의 소원은 통일' 실현 분위기에 찬물이 끼얹어졌다. 동족이 아니라 '적'으로 가정하거나 간주하는 일련의 대북정책들이 그것이다. 그런 가운데 당사자였던 김대중 · 노무현 · 김정일 세 지도자는 세상을 떠나버렸다.

이승만 · 박정희 · 전두환 등 역대 대통령 시절처럼 정권유지용 안보논리는 분명 아닌데, 참으로 이상한 일이다. 모든 분야의 역주행이 이명박 정부의 브랜드처럼 되어버렸지만, 유신헌법을 만들거나 쿠데타를 일으킬 것 같지는 않기 때문이다. 국민의 눈높이 등 지금은 그런 시대이다.

거기서 의아스럽게 다가오는 것이 있다. 바로 '보수'이다. 이른바 보수주의자들은 통일을 바라지 않는 것일까? 위정자나 재벌 등 기득권자들이 쥔 것을 놓거나 뺏기지 않으려고 체제 변혁을 꺼리는 건 인지상정이라 할 수 있을 것이다. 그냥 평범한 국민 역시 세금 증가 등을 우려, 통일에 소극적일 수 있다.

그렇다면 그냥 이대로 우리끼리 잘 먹고 잘 살자는 말인가? 서로 못 잡아먹어 안달 난 영역 싸움의 숫사자들처럼 으르렁거리며 세계적으로 웃음거리나 되는 이 분단 상황을 이어가야 하는가 말이다.

나는 세계 유일의 분단국가인 이 땅의 국민이라는 사실이 '쪽팔려' 견딜 길이 없다. 눈부신 경제성장과 더불어 후진국들의 롤 모델로 부상한 대한민국이면서도 통일만큼은 왜 그렇게 '유행'에 뒤처지고 있는지 의문마저 생긴다.

돌이켜보자. 공산주의 원조국가인 소련이 러시아로 바뀐 지도 오래전 일이다. 서독과 동독이 하나의 독일로 통일된 것도 마찬가지다. 비록 공산주의 국가로 통일되긴 했지만, 월남과 월맹이 하나의 베트남으로 거듭난 것은 그보다 훨씬 이전의 일이다. 그렇듯 변혁의 세계사에 왜 우리만 이 모양 이 꼴로 남아 있는 건지 정말 모를 일이다.

분명한 사실은 대한민국이 맏형 같은 푸근한 품으로 북한을 끌어안아야 한다는 점이다. 독일에서 보듯 저들보다 잘 사는 대한민국이 그만큼의 비용을 감당해 굶어 죽지 않기 위해 탈북한다는 저들을 보듬어줘야 한다. 그러고 보면 위정자나 정치인들은 애들보다 못한 것이 아니냐는 의구심을 자아낸다. 학생들의 통일에 대한 열망을 들여다보면 저절로 고갤 드는 생각이다.

너와 내가 하나 되어
아름다운 저 강산 끝에 올라
소리치고 싶어라

너와 내가 하나 되어
저 반짝이는 파도에 몸을 싣고
함께 출렁이고 싶어라

너는 알까
저 초록빛 천사들이 함께하는 그곳을
자그마한 새들이 함께 모여 지저귀는
그곳, 통일 한국을.

고교 글쓰기 지도 교사인 나는 해마다 교내백일장을 실시하고 있다. 통일도 글쓰기 주제중 하나인데, 이번 역시 많은 학생들이 시와 산문을 써냈다. 위 인용문은 2학년 학생이 쓴 「통일 한국」이라는 시이다. 평범한 시어로 이루어진 시이긴 하지만 간결한 전편에 간절한 통일에의 열망이 읽히지 않는가?

그뿐이 아니다. 3학년 어느 학생은 통일에 대한 장·단점을 제시하면서도 장점에 방점을 찍고 있다. 통일은 이산가족의 아픔과 세계에서 하나뿐인 분단국가라는 수치를 씻어낼 수 있다고 말한다. 또 군사력이 강해지고, 많은 자원 확보와 노동력 증가로 인한 일자리 창출 같은 장점을 거론하며 가슴이 벅차오른다며 통일의 필요성을 역설하고 있다.

어린 학생들의 통일에 대한 열망이 그럴진대 과연 우리 기성세대는 무얼 하고 있는지 절로 생겨난 자괴감을 어찌 할 수 없다. 물론 60년 넘게 확연히 다른 두 체제 속에서 살아온 그 이질감 등 통일이 말이나 열망처럼 그리 쉬운 일은 아닐 것이다. 통일되었을 때 필연적으로 밀어닥칠 혼란 역시 만만치 않아 보인다.

분명한 사실은 그래도 통일되어야 한다는 명제이다. 중요한 것은 통일에 대한 물꼬 트기이다. 그리고 그 물줄기를 막히지 않게 해야 한다는 사실이다. 그런 점에서 누가 뭐라 해도 6·15남북정상회담의 역사적 의미와 가치는 클 수밖에 없다.

연말 대선이 다가오고 있다. 누가 대통령에 당선되고, 어느 당이 집권당 되는 것과 하등 상관없는 통일 로드맵이 절실하다. 안한다면 몰라도 통일할 거면 지금과 같이 사사건건 대립과 충돌은 낭비가 분명하다. 통일 후 비용을 감안, 이제 낭비하지 않는 물꼬를 다시 터야 한다.

(2012. 5. 27)

특성화고 문예지도 교사의 비애

지난 주말 우여곡절 끝에 광주대학교 백일장을 다녀왔다. '우여곡절 끝에'라고 말한 것은, 물론 그만한 까닭이 있어서다. 광주대학교 전국고교생백일장은 1차 예선 통과 학생을 대상으로 실시한다. 우리 학생들 2명도 예선을 통과했다.

예선 응모자 8명은 앞서 실시한 교내백일장 수상 학생들이다. 그냥 수상 학생들이 아니다. 광주대학교 백일장 개요를 설명해주고 예선 통과시 갈 수 있다는 학생들로만 예선에 응모했다. 다른 2명도 추가했다. 공모전 응모를 위한 녹색에너지 체험전 관람이 목적이었다. 물론 해당 학생들이 응해 내린 결정이었다.

그러나 백일장 이틀 전 한 학생이 할머니 생신을 들먹이며 못갈 것 같다고 말해왔다. 부모와 함께 금요일 밤에 대전으로 가야 하기 때문 토요일 백일장 참가가 어렵다는 것이었다. 안될 일이었다. 학교를 대표한 백일장 참가가 가정사보다 우선이었다.

그렇지 않은가? 당연히 2대가 함께 가면 좋은 일이다. 하지만 학교 일이 있는 손녀까지 굳이 데리고 가려는 것은 아니지 싶다. 학생이 제 엄마와 통화 후 백일장 참가 쪽으로 결론이 났다. 흐유, 하며 안도하고 퇴근했는데 학생으로부터 또 한 통의 전화가 왔다.

이번에는 할아버지가 아파서 금요일 하교 후 부모와 함께 멀리 가야 한다고 했다. 임종이 아니고 그냥 아픈 것이었지만, 학교를 대표하는 백일장 참가도 아니고 녹색에너지 체험전 관람인 만큼 '그렇다면 별 수 없지.'하며 허락했다.

아쉽지만, 3명만 데리고 가도 될 것 같아서였다. 그런데, 맙소사! 밤 9시 무렵 백일장에 참가하기로 되어 있는 또 다른 학생의 엄마라며 전화를 해왔다. 그 학부형은 대뜸 내게 물었다.

"백일장대회에 꼭 가야 하나요?"

마침 1학년이라 건강검진 있는 걸 담임교사와 협의하여 다른 날로 미루도록 하는 등 결정을 본 후였다. 저간의 사정을 설명했더니 그러면 보내겠다는 대답이었다. 그로부터 30분쯤 지나서인가, 이번엔 학생이 장문의 멀티메시지를 보내왔다. 요약해보면 부모가 성적 떨어진다며 시를 못 쓰게 하기 때문이다.

마음속으로 '그래 하기 싫다면 버릴 수밖에 없지.' 다짐하며 2명만 데리고 가려던 간밤의 계획은, 그러나 당일 아침 꿈이 되고 말았다. 4번째 학생이 새벽 6시 35분경 보낸 메시지엔 "동생이 아파 간호할 사람이 저밖에 없다"는 내용이 찍혀 있었다. 결국 한 학생만 데리고 다녀왔다. 바로 '우여곡절 끝에'라고 말한 이유이다.

20년 넘게 문예지도하며 처음 겪은 그런 황당한 일을 이렇듯 시시콜콜 공개하는 것은 다 같이 생각해볼 점이 있어서다. 요컨대 단순히 '특성화고 문예지도 교사의 비애'만은 아니라는 생각이 들어서인 것이다.

묻고 싶다. 이런 우여곡절을 겪으며 글쓰기 지도며 백일장 인솔을 하는 교사가 전국의 어느 초 · 중 · 고에 혹시 있는지. 만약 없다면 지금 나는 '미친 짓'을 하고 있는 것은 아닌가? 절로 솟구치는 자괴감을 어찌 할 수 없다.

하지만 나의 미친 짓은 아무래도 상관없다. 내가 좋아해서 하는 일이니까. 그보다는 우리 특성화고 학생들이 이런저런 환경에 휘둘려 스스로 열정적인 삶을 살고 있지 못한 것은 아닐까, 그런 생각이 내내 떠나질 않는다.

(전북매일신문, 2012.5.22, 동아일보, 2012.6.8에 요약본.)

나의 첫경험, 미애에게

너무 푸르러 맨눈으로 그냥 쳐다보기 힘든 하늘의 5월. 솔직히 말하자면 '살다 보니 참 별 일이 다 있구나.' 싶다. 이제껏 너를 지도하면서도 정작 모르고 있었던 네 마음을 숨김없이 드러낸 편지를 받게 되었으니 말이다.

너의 밝은 표정과 환한 미소만 보아도 까닭 모르게 좋았던 기분을 떠올려보면 그래, 그것은 차라리 감동이라 해야 옳다. 스승의 날, 그것도 학교폭력이다 뭐다 해서 어두운 그림자가 잔뜩 드리운 현실에서 막상 너의 편지를 받고 보니 그런 생각이 절로 일어나는구나.

사실은 29년째 국어선생을 하면서 제자로부터 받은 편지가 나의 추억함에는 수북하단다. 그런데도 너의 편지가 유독 감동으로 다가오는 것은 응당 그만한 까닭이 있어서다. 뭐니뭐니해도 가장 큰 감동은 네가 부쩍 성숙한 모습으로 돌아와 주었기 때문이다.

네가 기자 그만둔다고 했을 때 선생님이 보인 화난 모습 기억나니? 그래 한 마디로 그것은 충격이었다. 배신감이었다. 다시는 애들 예뻐하지 않을 것이란 다짐도 했었지. 그래도 왜 그런 건지 이유는 알아야 목구멍까지 차오른 분이 풀릴 것 같았단다.

그런데 선생님에게 불려온 너의 태도는 뜻밖에도 온화한 것이었다. 사람이란 역시 대화의 동물일까? 이런저런 이야기를 나누게 되면서 '오해'를 풀게 되었지. 네 편지를 보니 인터뷰 펑크 내고, 기자까지 그만 두겠다고 말한 것에 스스로를 미워했다니, 너의 그 자책이 또 다른 감동의 물결을 일으키는구나.

이제야 하는 말이다만 너를 처음 보았을 때 난 깜짝 놀랐다. 왜냐고? 너는 너무 빼어난 미인이었거든. 게다가 나로선 미인박명이란 말은 있어도 미인이 글 잘 쓰는 건 별로 본 바가 없거든. 교내백일장 이후 벚꽃예술제 전북학생백일장에서 차하상을 받은 「바다」가 그런 느낌을 확실히 했달까.

그러나 그뿐이었지. 너는 글쓰기에 대한 소질이나 가치보다 이런저런 핑계를 대기 바빴어. 엄마의 반대, 알바, 보컬활동 따위 이유를 들며 한사코 글쓰기에 무심한 태도로 일관했어. 결국 나는 너를 버릴 수밖에 없었지. 그리고 그런 날이 한 1년 화살처럼 지나가버렸어.

나의 지도방식대로 하자면 너는 그렇게 버림받은 제자로 나의 기억 속에서 사라졌어야 맞는데, 참 이상도 하지! 나는 너에 대한 미련을 버리지 못하고 있었거든. 30여 년 동안 수많은 제자들을 지도하면서 경험해보지 못했던 감정이야. 이를테면 나의 첫경험인 셈이지.

아니나다를까 네가 글쓰기와 함께 기자활동까지 한다고 했던 지난 해 2학기 초 난 두 개의 바위틈을 지나 청춘을 다시 찾은 뱀 같은 기분이랄까, 아무튼 기뻤단다. 글쓰기 지도를 통해 너와 수시로 만난다는 것이 되게 즐거웠어. 물론 지금도 그렇고.

그것은 이 '썩은' 나이에도 열정적으로 선생님을 할 수 있는 원동력이기도 한 거야. 맡은 수업외의 시간을 지루하지 않게, 심심하지 않게 지낼 수 있는 원동력!

그런 원로교사인 나를 정년 앞둔 교장선생님이나 손아래 교감들은 다소 기이한 눈으로 쳐다보곤 하지. 그들은 아마 지도 받은 제자가 척척 글을 써내며 성장해가는 걸 보며 느끼는 그 은밀한 즐거움, 뿌듯함이 뭔지 잘 모를거야.

나의 기분이 지금 옆구리 터지도록 낄낄거릴 만큼 좋은 것은 "선생님의 제자 사랑이 정말 대단하다고 감탄도 했어요"라는 너의 느낌 때문이란다. 교사가 뭘 바라고 학생들을 지도하는 건 아니지만 나를 알아준다는 것은, 그것도 아직 어린 제자가 나를 알아준다는 것은 너무 기분 좋은 일이거든. 더구나 나를 알아주는 사람이 한동안 떠나있던 미애 너라니 이 얼마나 기분 좋은 일인 줄 모르겠다.

하지만 미애야, 나의 첫경험 미애야.

내가 너를 예뻐하는 것은, 실망감이 클지도 모르겠지만 네가 미인이어서만은 아니란다. 내가 너를 예뻐하는 것은 '하는 짓'이 예뻐서란다. 지난 해 말 선생님 지도로 4회 연속 이런저런 공모전에서 상을 받았지 않니?

바로 그렇게 너의 재능을 살려 발전하는 모습이 예쁜 거란다. 새벽같이 야무진 너의 의지에서 제대로 된, 10대의 특권이라는 청춘을 볼 수 있어서 예뻐하는 거란다.

처음으로 고백하자면 내가 너를 예뻐하는 것은 네가 '버려진 아이'였기 때문이기도 하다. 이혼이 어른들의 인생문제라곤 하지만, 쬐그만 꼬마시절에 친아빠와 헤어진 날벼락을 네가 왜 감당해야 하는 건데?

그럼에도 너는 더 없이 밝은 모습이었고, 항상 웃는 낯이었다. 바로 그런 너를 예뻐하는 거란다. 그런 환경을 핑계 삼아 잘못 풀린 제자들을 여럿 봐온 지난날들의 안타까움 때문 그러는 것인지도 모를 일이다.

나는 남자지만, 선생님 역시 편모슬하의 고교시절부터 몇 년 동안 나보다는 부모와 세상을 원망하던 때가 있었단다. 그 질곡의 늪을 빠져나오게 해준 건 고2 담임선생님이었어. 그 분은 나를 버리긴커녕 오히려 알아주셨거든.

앞에서도 말했듯 나를 알아주는 선생님께 차마 실망을 안겨드릴 수 없었어. 국어선생님이 '암적인 존재'라는 별명을 지어줄 정도로 많이 타락했을망정 내게 그 정도의 예의와 양식은 있었어. 지금 생각해보면 그것이야말로 왕창 고장났던 청춘을 만회하는 힘이 되었던 것이지 싶어.

확실히 내가 너의 편지에 너무 감동을 받았나보다. 쓸데없는 얘기까지 하고 있으니 말이다. 나의 첫경험일 만큼 너를 예뻐하는 마음이 저 파란 하늘에 닿아있어서인지도 모를 일이지.

진짜 이상한 일이었어. 네 말따나 실망만 안겨준 미애는 '미운' 제자가 분명한데도 큰 소리 한 번 내지르며 널 혼낸 적이 없으니 말야. 아마 네가 휭 하니 날아가버릴 것 같은 두려움 때문이었는지도 몰라.

너로선 자존심 상하는 이야기가 될지도 모르겠지만, 그건 다혜 때문이라는 생각이 들어. 네가 소설 같은 이야기라고 표현한 내용의 주인공 다혜가 선생님의 호된 꾸지람 한 마디로 날 떠나가버렸거든. 몇 년이 흐른 지금까지도 전화 한 통 없을 정도로!

선생님 젊을 적 선배들은 말하곤 했지. 제자들에게 정을 준 만큼 실망도 큰 법이라고. 그러니 너무 예뻐하지 말라고. 한 쪽 귀로 흘려들었던 말이지만, 지금은 안 그래. 아냐, 지금도 그래. 다혜를 보면서 다짐했으면서도 널 내 딸만큼 예뻐하게 되고 말았으니 말야. 어쩜 선생님인 그 순간까지 그럴지도 몰라. 그것이 내가 선생님인 이유니까.

어, 벌써 밤이 깊어졌네. 답장이 되었는지 모르겠다만, 이만 안녕!

2012년 5월 21일

선생님 씀

아직도 부족한 전주국제영화제

5월 4일 폐막한 제13회 전주국제영화제에선 9일 동안 42개 국 184편(장편 137, 단편 47편)의 영화가 상영되었다. 영화 상영뿐 아니라 '게스트 큐레이터', '시네 토크' 등 감독 및 전문가와의 대화, '청소년특별전'이라든가 '베짱이 사운드 관객파티' 같은 이런저런 야외 이벤트도 마련되어 축제의 의미를 더했다.

보도에 따르면 유료관객은 6만 7천여 명으로 예년과 비슷한 수준이다. 그래서일까. 영화의 거리는 인파로 북적였다. 젊은이들뿐 아니라 중·장년층 관객들도 어렵지 않게 만날 수 있었다. 영화상영 역시 매진을 비롯, 예매율 내지 객석 점유율이 제법 높았던 것으로 알려졌다. 실제로 현장에서 표를 사려 한 「MB의 추억」의 경우 매진되어 영화를 볼 수 없기도 했다.

영화외적 면에서 예년과 달랐던 점은 영화제 기간 동안 하루도 비가 오지 않은 점이다. 유난히 잦았던 봄비를 피해 갈 수 있었던 것은 제13회 전주국제영화제가 누린 행운이라 할만하다. 그러고 보면 예년과 같은 유료관객 6만 7천여 명이 대박은 아니다. 영 새롭게 차린 밥상을 그리 맛있게 먹은 건 아닌 셈이라고나 할까!

지난 해보다 상영작 수가 다소 줄어들었는데, 전체 프로그램은 6개 섹션으로 나눠 진행되었다. 'JIFF프로젝트' · '경쟁부문' · '시네마스케이프' · '시네마페스트' · '영화보다 낯선' · '포커스' 등이다. 그중 경쟁부문은 국제경쟁 · 한국경쟁 · 한국단편경쟁으로 나눠졌다.

눈에 띄는 변화는 한국경쟁에 40분 이상의 중편영화(이전엔 60분 이상의 장편영화)도 포함시킨 점이다. 시네마스케이프의 '한국영화 쇼케이스' 상영작 4편이 전부 미개봉 신작들로 바뀐 것도 마찬가지다.

또 하나 기억해둘 변화는 JIFF프로젝트 섹션인 '디지털 삼인삼색'의 변신이다. 전주국제영화제의 간판프로그램이라 할 '디지털 삼인삼색'은 그 동안 30분 내외의 단편영화였다. 그것이 각각 70분(임량 감독의 「아직 할 말이 남았지만」, 라야 마틴의 「그레이트 시네마파티」)과 40분(비묵티 자야순다라 감독의 「마지막 순간의 빛」)짜리 중 · 장편영화로 바뀐 것.

뭐니뭐니해도 가장 큰 변화는 '폐막작 미리 알기'라 할 수 있다. 한국단편경쟁 수상작을 폐막작으로 상영했던 종전 방식에서 벗어난 것이다. 변화된 방식의 첫 폐막작은 「심플 라이프」(홍콩 허안화 감독)였다.

또 하나 변화는 일부 영화의 3회 상영이다. 기존 2회 상영에서 3회로 늘린 것인데, 「MB의 추억」을 비롯한 한국영화 쇼케이스 4편, 디지털 삼인삼색, 「키홀」, 「나나」, 「이이불이二而不二」, 시네마스케이프의 「로컬시네마 전주」 등이다.

여느 해에 비해 홍보도 뒤지지 않아 보인다. 지방지는 말할 것도 없고 필자가 구독하는 중앙일간지 8개 신문에서 크고 작은 관련 기사를 볼 수 있어서다. 다만 개막작 게스트는 '올드 보이'로 채워졌다는 아쉬움이 남는다. 백상예술대상 시상식과 겹쳤다곤 하지만, 개막식 레드카펫을 밟은 배우들이 지금 잘 나가는 스타들은 아니지 않은가?

아쉬움은 또 있다. 우선 극장의 수준이다. 스크린 수로 보아 메인 상영관이라 할 극장의 경우 출입구가 아래 한 곳만 있어 출입시 불편과 함께 불안한 느낌을 주었다. 그런 일이 없어야 하지만, 만약 화재시 대피 등 안전성 문제를 그대로 노출한 것.

관객 매너 역시 '국제적'이지 못했다. 중간에 나가는 경우를 비롯 종영 후 자막이 나오고 있는데도 서둘러 나가는 관객 매너가 되풀이 된 것이다. 하긴 한국영화라면 모를까 외화의 경우 알 수 없는(번역이 안 되어 있으니까) 외국어 자막을 끝까지 다 보는 일도 쉬운 일은 아니다.

아직도 부족하지만, 그러나 이 글을 읽는 모든 이들에게 전주국제영화제 체험하기를 권하고 싶다. 그 의미가 퇴색해가는 느낌일망정 전주국제영화제는 여전히 새로움과 다름의 영화잔치 한마당이니까.

(전북도민일보, 2012.5.10)

한국교총 회장이 돋보이는 이유

총선은 끝났지만, 되돌아볼 것이 있다. 각 당의 공천 과정에서 한국교총 안양옥 회장은 새누리당으로부터 러브콜을 받았다. 공천이 당선인 강남벨트 중 한 곳인 서울 서초갑(실제로 새누리당 후보가 당선되었다.) 지역구 출마 제의가 그것이다.

안 회장은, 그러나 "임기를 마치겠다는 18만 교총 회원과의 약속을 지키기 위해 총선에 출마하지 않겠다"며 새누리당의 공천 제의를 거절했다. 언론에 밝힌 이유 말고 또 다른 속내가 있는지 알 길은 없으나 일단 높이 평가할만한 결단임이 분명해 보인다.

사실은 언론에 보도될 만큼 기사로서 가치조차 없는 당연한 임기 수행이지만, 안 회장의 불출마가 돋보이는 것은 그렇지 않은 이들이 국회의원이나 지자체장, 도의회 의원 등을 막론하고 도처에 있어와서다.

한국교총의 경우 이 모 전 회장은 임기중 홀연 국회의원으로 진출했다. 자신의 지역구인 서울 동작을을 당시 정동영 후보와 맞장뜰 정몽준 의원에게 내주는 '수모'까지 겪으며 건진 국회의원직이었다. 그런 당에 대한 충성 덕분인지 이번에도 경남의 어느 지역구 공천을 받았고, 당선되었다.

임기가 끝난 후이긴 하지만, 정 모 전 전교조 의원장은 통합진보당 비례대표 4번에 이름을 올렸다. 선거법위반 시비가 일고 있지만, 제19대 국회의원에 당선되었다. 그런 행보는 그들의 의도 여부와 상관없이 교원단체장을 정치판 진출을 위한 정거장쯤으로 생각한다는 혐의를 받기에 충분하다.

몇 년 전 내가 전교조를 탈퇴한 것도 그런 이유였다. 참교육 실현이라는 기치와 상관없이 자꾸 정치적이 되어가는 교원단체 지도부를 위해 회원으로서 들러리 설 하등의 이유가 없었다.

한국교총 역시 마찬가지다. 전 회장의 임기 중 국회의원 진출을 보자 시도한 교원단체 탈퇴가 좌초된 것은 고교 선배이기도 한 분회장 만류 때문이었다. 만약 안 회장이 새누리당의 러브콜을 받아들였다면 이번엔 주저없이 한국교총도 탈퇴해버렸을 것이다.

안 회장은 "교육자에게 무엇보다 중요한 것은 약속을 지키는 것"이라고 말했다. 당연히 옳은 말이지만, 약속 지키는 일은 교육자에게만 중요한 것이 아니다. 염치를 알고 도리가 무엇인지 실천해나가는 일은 짐승 아닌 인간이라면 누구에게나 소중한 일이다. 인간다운 가치이다. 하물며 국민의 심판을 받겠다는 선출직 공직자임에야 더 말해 무엇하랴.

그런데 이번 19대 총선에서도 그런 약속을 헌신짝 버리듯 팽개친 후보들이 있다. 대표적인 예로 지자체장과 도의회 의원들을 들 수 있다. 그들은 2010년 6 · 2 지방선거에서 뽑혔으니 임기가 2년 이상 남았는데도 온갖 아전인수적 명분을 내세워 중도하차하는 행태를 보였다.

더욱 가관은 유권자와의 약속을 어긴 이들이 주요 정당 공천을 받아 국회의원이 되었다는 점이다. 신의 없는 후보들의 국회의원 당선이라는 '개판'의 상황이 벌어진 것이다. 신의 없는 사람을 뽑아달라고 내세운 정당이나 그들에게 표를 주는 유권자들의 '개념 없기'가 막상막하라 해야 할까!

그들 중 더러는 공천을 위한 당내 경선에서 탈락했다. 주제파악을 못했든 어쨌든 자신을 뽑아준 유권자들을 배신한 대가를 치른 셈이다. 양쪽으로부터 버림받은 그들은 다음 선거에서 또 무슨 '대의'를 내세우며 유권자 앞에 나타날지, 벌써부터 궁금할 지경이다.

하긴 과반 의석 확보로 총선 승리라는 평가를 받는 박근혜 새누리당비대위원장도 신의가 없기는 마찬가지다. 총선 승리 후 일성으로 국민과의 약속 실천을 강조했지만, 전북도민에게 약속한 '지방정치인 비례대표 공천'을 없던 일로 했기 때문이다.

그렇게 정치를 해선 안된다. 삼척동자도 다 아는 순리를 중도하차하는 선출직 공직자만 모른다면 너무 슬픈 일이지 않은가? 그들의 무지몽매가 정치 불신을 더욱 키우고, 끝내 무관심으로 이어져 국민이 정치를 내팽개치면? 생각만 해도 오싹 소름끼칠 일이다. 임기 수행중인 한국교총 회장의 총선 불출마가 돋보이는 건 그래서다.

(전북일보, 2012.4.20)

아무리 정치권이 개판이라지만

사실상 민주통합당의 참패로 총선이 끝나고 보니 공천과정을 되돌아보게 된다. '이건 아닌데.' 했던 생각이 그것이다. 가령 '유종일 공천 탈락'이 그렇다. 먼저 미리 밝혀둘 것이 있다. 필자는 유종일 한국개발연구원(KDI) 교수와 일면식도 없다. 따라서 어떤 선입견이나 오해 없이 이 글을 읽어주었으면 한다.

사실 선거 때마다 어느 당도 공천이 잠잠하게 이루어진 적은 없다. 이번만 해도 물갈이라는 여론에 밀려 새누리당과 민주통합당에서 배제된 현역의원들이 무소속으로 대거 출마했다. 총선 후보자 등록을 마친 927명 중 무소속은 257명이다. 27.7%로 18대 총선 때 127명보다 2배가량 늘었다. 결과적으론 찻잔 속 태풍으로 끝나고 말았지만, 이번 총선의 주요 변수라 할만한 이유였다.

물론 유종일 교수는 현역의원이 아니므로 물갈이 여론의 대상이 아니다. 민주통합당 탈락에 반발해 무소속으로 출마한 것도 아니다.

그렇다면 왜 유종일 교수 공천 탈락에 '이건 아닌데.' 하는 생각이 드는 것일까?

민주통합당 경제민주화 특별위원장 유종일 교수는 전주 덕진구에 예비후보로 등록했다. 그런데 며칠 만에 전주 덕진 지역구를 포기하고 서울로 올라갔다. 당 지도부가 수도권 전략공천 방침을 정했고, 그에 따른 행보인 것으로 알려졌다. 결론은, 그러나 공천 탈락이었다. 재벌 개혁 등 경제민주화를 공언하면서도 재벌개혁론자이면서 경제민주화특별위원장인 유 교수를 탈락시킨 것이다. 나아가 38명의 비례대표 공천자 명단에도 유종일 교수는 없었다.

비례대표 공심위원으로 참여한 안도현 시인은 "유종일 교수는 비례대표 명단에서 거론된 적이 없다"(서울신문, 2012.3.26)고 말한 바 있다. 새전북신문(2012.3.27)에 따르면 유종일 교수는 "나를 서울로 차출한 것은 지도부, 즉 최고위다. 이 과정에서 공심위나 지도부가 내세운 것은 경제민주화 상징인 내가 만에 하나 경선에서 지면 당에 타격이 크니 전략공천을 받아들이라는 것이었다"고 말했다.

지역구에 출사표를 던져 놓고 서둘러 서울로 올라가버린 유 교수에 대해 말들이 많았다. 아무리 '당명'이라지만, 유권자들을 졸卒로 보지 않고선 할 수 없는 행보였다. 필자는 해당 지역구 유권자의 한 사람으로서 오히려 민주당의 오만한 태도에 실망을 금할 수 없었다.

그래도 민주당의 고충을 이해하려 했다. 유 교수 주장대로 경선에서 질 경우도 상정해볼 수 있어서다. 유 교수에 따르면 수도권 전략공천 약속은, 그러나 "낚싯밥이었고 목적은 나를 덕진구 경선에서 배제하는 것이었"(앞의 새전북신문)다. 실제로 전주 덕진구 공천은 도의원을 도중하차한 후보에게 돌아갔다. 그리고 그는 그리 어렵지 않게 당선되었다.

이를테면 민주당 최고위나 공심위 모두 정치권이 개판이라는 세간의 시선을 확인해준 셈이다. "후보 경쟁력에서 좋은 평가를 받지 못해 공천 탈락했다"는 이유도 말이 안 된다. 정치신인인데다가 호남출신인 유 교수가 수도권 여론조사에서 경쟁력 있는 후보가 될 수 없는 것이 당연하지 않은가?

유 교수가 계파 간 파워게임에서 희생양이 되었다는 '설'이 설득력 있게 다가오는 건 그래서다. "나는 정동영 계보가 아니다. 나는 경제민주화 계보다"(앞의 새전북신문)라는 유 교수 말에서도 그 점을 읽을 수 있다. 과연 수도권 전략공천도 해주지 못하면서 멀쩡한 지역구 예비후보를 포기하게 한 민주당 지도부나 공심위를 어떻게 이해해야 할까?

유 교수는 민주당 지도부의 "초대형 사기극의 전말을 곧 소상하게 밝힐 것"(전북도민일보, 2012.3.21)이라 말했지만, 아직은 잠잠하다. 바야흐로 선거가 끝났으니 '초대형 사기극'의 전말을 공개할지 자못 궁금해진다.

아마도 유 교수는 '해당害黨 행위자 낙인' 따위 등으로 심경이 복잡할 것이다. 필자 역시 총선에서 누구를 찍을지, 어느 당을 지지할지 한참이나 마음이 복잡했다. 아무리 정치권이 개판이라지만, 이를테면 민주통합당의 참패는 필유곡절인 셈이다.

(전북도민일보, 2012.4.18)

새만금예술제 백일장에 가지 않는 것은

대학교를 비롯하여 문인단체 주관이나 각종 축제 일환의 백일장이 즐비한 봄철이다. 전문계고 교사인 나는 작년까지만 해도 '겹치기 출연'을 할 만큼 여기저기 백일장에 참가했다. 물론 제자들을 인솔한 백일장 참가이다.

문인 교사로서 느끼는 기쁨중 하나가 바로 제법 글깨나 쓰는 학생들을 발견하는 일이다. 글쓰기가 강조되는 시류와 상관없이 그들을 백일장대회에 참가시켜 상을 받았을 때의 기쁨은 더 말할 필요조차 없다.

그러나 나는 새만금예술제(옛 벚꽃예술제) 백일장대회에 가지 않기로 결심했다. 내가 새만금예술제 백일장에 가지 않는 것은 이번이 처음이다. 수업을 조정하기 어려워서가 아니다. 내가 백일장에 가지 않는 것은 예년의 기쁨이나 보람을 뒤엎을만한 회의를 진하게 느껴서다.

세속적이라 생각하는 이들이 있을지 몰라도, 우선 상금(품)이 애들 장난 수준이다. 목정문화재단 전북고교생백일장의 최하위상에 주는 정도를 1등 상금(그것도 문화상품권)으로 한다면 너무 염치없는 '짓' 아닌가? 학생뿐 아니라 일반인 대상인데도 그 모양이다.

상금이 적어도 나름 의미와 가치가 있다면 예년처럼 참가했을 테지만, 그마저 없다. 매년 2월 군산교육발전진흥재단이 실시하는 예체능 장학생 선발에서 '새만금예술제 백일장' 수상 따위는 아무 쓸모가 없게 되어서다.

말할 나위 없이 아무 쓸모없는 대회에 수업을 빠져가면서까지 참가할 이유가 없다. 그것은 낭비다. 앞으로 있을 환경의날기념전국백일장, 군산세계철새축제전국백일장 등에도 학생들을 참가시키지 않을 생각이다.

아다시피 그런 백일장들은 군산시가 예산을 지원하고 있다. 군산시장상, 군산시의회의장상 등의 상도 있다. 잘하라는 장려의 의미일 것이다. 그런데 군산시장이 이사장인 군산교육발전진흥재단에선 그런 대회를 스스로 아무것도 아닌 것으로 취급하고 있다. 필자로선 도무지 이해할 수 없는 일이다.

새만금예술제 백일장의 경우는 아니지만, 주최측의 지도교사 '깔아뭉개기'도 내가 백일장에 가지 않는 이유의 하나이다. 글쎄, 일반고 학생이라면 제 스스로 알아서 참가할지도 모르지만, 초·중학생이나 전문계고 학생의 경우 신청서 접수에서부터 참가 후 수상까지 전 과정이 지도교사에 의해서 이루어진다 해도 과언이 아니다.

그런데도 주최측의 지도교사에 대한 배려가 전혀 없는 백일장이 수두룩하다. 더러 지도교사상이라는 걸 주는 경우도 있지만, 그것은 학생의 입상 성적이나 참가자 수 등 조건이 붙는데다가 극히 일부에 돌아가는, 그야말로 상일 뿐이다.

기이한 일은 특히 일반고의 경우 평소 문예지도를 전혀 하지 않으면서도 어쩌다 글 잘쓰는 학생 덕분으로 지도교사상을 '횡재하는' 일이 왕왕 벌어진다는 점이다. 뭐가 잘못되어도 크게 잘못된 현상을 굳이 현장까지 가서 목격할 필요는 없는 것 아니겠는가!

교내백일장 심사에서 제법 쓴 글들을 발견할 수 있었던 오늘도 두 개의 백일장 안내 공문을 받았다. 오로지 '참교육자'로 그만 것 다 묻어버리고 협조하면 되는데……. 아무래도 나는 글쓰기 지도교사를 너무 오래하고 있나보다.

(전북매일신문, 2012.4.16)

새누리당의 뺏속 깊은 전북 홀대

총선은 끝났지만, 아마도 전북도민이라면 마음이 편치 않을 것이다. 새누리당의 뺏속 깊은 전북 홀대가 또다시 드러났기 때문이다. 26번과 42번에 '무늬뿐인' 전북출신이 있긴 하지만, 새누리당의 비례대표 후보 46명 중 지방정치인은 아예 없어 하는 말이다. 새누리당에 비례대표 공천을 신청한 지방정치인 10명 모두 '찬밥' 신세가 되어버린 것이다.

하긴 새누리당의 전북 홀대는 그 역사가 깊다. 가령 2007년 12월 27일 이명박 대통령 당선인은 "전북도민과 약속한 공약을 열심히 잘 지키겠다"고 말한 바 있다. 서울 63빌딩에서 열린 각 지역 당협위원장들과의 간담회 때 이명박 대통령 당선인이 전북도당위원장 등에게 "감사하다"며 한 말이다.

이미 알려진 바와 같이 지난 대선에서 이 대통령이 처참한 패배를 한 곳은 전남·북과 광주 지역이다. 전북의 경우 8만 6천여 표에 그쳐 전체 득표율이 두 자리 수에도 미치지 못했다. 당시 한나라당의 바람대로 두 자리 수를 달성한 건 11%쯤 득표한 군산과 익산지역뿐이었다.

과거 한나라당은 대선 전에도 '호남 구애'에 열을 올린 바 있다. 일례로 인수위 부위원장이 된 김형오 원내대표가 2006년 8월 14일 "호남지역의 주요 현안사업에 대한 당 차원의 지원과 함께 인재발굴 및 비례대표 30% 배정 등 실질적인 노력을 해나가겠다"고 다짐한 것을 들 수 있다.

정권교체에 실패했으니 발전공약이야 그렇다쳐도 한나라당은 2004년 총선에서 또다시 단 한 명의 전북 인사를 비례대표 당선권에 포함시키지 않았다. 그럼에도 불구하고 2010년 6·2 지방선거에선 정운천 한나라당 전북도지사 후보가 18.2%를 득표했다.

자연스레 변화된 도민의 표심만큼 한나라당의 전북 홀대가 약화될 것으로 기대를 갖게 했다. 그런 생각을 뒷받침이라도 하듯 박근혜 선대위원장은 2월 9일 한나라당 출입지방기자단 오찬 간담회에서 말했다. "지역에서 헌신해오고, 신망 얻는 분을 비례대표에 배려할 것을 분명히 약속한다"고.

그 약속이 지켜지지 않았는데도 4·11총선에서 전주 완산을에 출마한 정운천 새누리당 후보는 35.8%를 득표했다. 도민의 표심 변화는 이와 같은데, 새누리당의 여전한 전북 홀대를 어떻게 받아들여야 할까?

더욱 분통 터지는 것은 같은 호남인데도 유독 전북만 홀대한다는 사실이다. 광주 서을 지역구에 공천된 이정현 후보는 다름 아닌 비례대표로 18대 국회의원이 된 경우이다. 이번에도 목포상공회의소장이 6위에 이름을 올려 당선된 바 있다.

새누리당의 전북 홀대는 '훌륭한 자질이 있으나 지역구에서 당선되기 힘든 직능 · 계층 · 세대 대표를 의회에 진출시켜 의정활동에 다양한 이해를 고루 반영하자는 취지에서 만든 제도'인 비례대표 취지와 거리가 먼 것이기도 하다.

무엇보다도 새누리당의 전북지역 비례대표 의원 배출은 단순히 국회의원 한 자리라는 의미가 아니다. 명실상부한 전국 정당으로의 거듭낢이고, 그 기세가 꺾였다곤 하나 아직도 망령처럼 떠도는 지역감정을 척결하는 정치사적 의미에 값하는 것이 될 수 있어서다. 새누리당의 뺏속 깊은 전북 홀대, 이대론 안된다.

(전북매일신문, 2012.4.3)

주5일 수업제에 숨은 교권침해

바야흐로 주5일 수업제 시대가 열렸다. 주5일 근무제의 나라이니 주5일 수업제는 당연한 일이다. 교과부에 따르면 전국 1만 1493개 초·중·고 가운데 99.6%인 1만 1451개 교가 전면 주5일 수업을 실시한다. 41개 교는 월 2회, 1곳은 아예 주5일 수업을 실시하지 않는다.

환영하긴 하지만, 우선 그것부터가 뜬금없다. 이런저런 사안에 대해 엉뚱한 규제나 지침을 잘도 내리던 교과부가 주5일 수업만큼은 '학교 자율'이란 꼬리표를 달아 벌어진 기현상이기 때문이다.

어쨌든 주5일 수업제는 1998년 초중등교육법 시행령 개정으로 법적 근거가 만들어진 뒤 2001~2003년 연구학교 운영, 2004년 월 1회, 2006년 월 2회 등을 거쳐 14년 만에 본격 시행하게 되었다.

일각에선 쉬는 토요일 대책을 걱정하는 소리도 들린다. 보도에 따르면 "2011년 현재 전국 초·중·고 학생 720만 명 가운데 기초생

활수급자와 차상위층 자녀는 75만 명"(조선일보, 2012.2.20)이다. 요컨대 부모의 맞벌이 등으로 집에 혼자 있어야 하는 그들에 대한 '토요 돌봄프로그램', '토요일 방과후 수업' 따위 대책이 미흡하다는 것이다.

사교육비 증가를 우려하는 시선도 있다. 지금처럼 끝없는 경쟁구도의 입시지옥이라면 학생들이 토요일에 쉬거나 노는 대신 학원으로 몰릴 수 있다는 것이다. 많은 지자체에서 밤 10시까지로 제한하고 있는 학원 수강이 토요일로 옮겨져 활성화되고, 그에 따라 학부모들의 사교육비 부담이 증가한다는 얘기다.

문제는 그뿐이 아니다. 수업 일수를 기존 205일에서 190일 이상으로 조정할 수 있지만, 수업량은 그대로 두어서다. 도대체 주5일 수업제를 시행하는 근본적인 이유가 무엇인지 궁금해진다.

결국 기존 토요일에 짜여 있던 재량활동 같은 시간을 평일로 옮겨야 하는 부담을 지운 것이라 할 수 있다. 말할 나위 없이 이는 생일날 잘 먹겠다고 며칠 굶는 것과 다름없는 '미친 짓'이다.

교원 휴가 조정도 예외가 아니다. 평일 수업 증가나 방학 일수 감소 등이야 그렇다 쳐도 교원 휴가의 축소 내지 폐지는 명백한 교권침해라 할 수 있다. 노동시간 단축과 그로 인한 휴식 등 복지 차원에서 시행하는 주5일 근무제와 동떨어진 주5일 수업제이기 때문이다.

우선 결혼이나 사망휴가처럼 일수가 줄어드는 것이 그렇다. 회갑과 탈상같이 아예 폐지하는 것도 마찬가지다. 폐지되는 항목은 더 있다. 포상휴가, 퇴직준비휴가, 장기재직휴가 등이 그것이다.

이중 정년 및 명예퇴직자들에게 3개월 이내의 사회적응 기회를 갖게 하기 위한 퇴직준비휴가 폐지는 재고되어야 한다. 극단적인 예로 8월 말 퇴직자의 경우 겨우 12일 정도(6개월×2회 토요휴무) 쉬고, 3개월의 유급 휴가 권리를 박탈당하는 셈이다. 이보다 더 심각한 교권침해가 또 어디에 있는가!

적어도 선진 교육강국이라면 3,40년 봉직하다 교단을 떠나는 교원들을 그렇듯 홀대해선 안된다. 퇴직준비휴가를 그대로 두어야 하는 이유이다. 빗발치는 반발기류 등 그런 여론을 의식했음인지 당국이 뒤늦게나마 퇴직준비휴가의 경우 존속키로 결정한 것은 그나마 다행스런 일이다.

많은 교원들이 찬성한 바 있지만, 무늬뿐이거나 주5일 근무제 구색 맞추기용 주5일 수업제는 의미가 없다. 아랫돌 뽑아 윗돌 개는 식의 주5일 수업제는 복지는커녕 당국의 교육정책에 불신만 갖게 할 뿐이다. 교육복지를 확대하자는 주5일 수업제에 교권침해가 병행되는 것이라면 아예 하지 않는 게 낫지 않을까?

(전북일보, 2012.3.16)

교내 시상품, 온누리상품권으로 하자

보도에 따르면 시장진흥원에서 집계한 설 명절(2011.12.12~2012.1.20) 기간 온누리상품권 판매액은 507억 원이었다. 이중 전북은 26억 원으로 나타났다. 26억 원은 지난 해 17억 원보다 53% 증가한 액수다.

이는 공공기관, 기업체 등에서 적극적으로 온누리상품권 구매에 나섰기 때문이다. 가령 남원시는 지난 해 판매액이 10억 9백만 원에 이른다. 현대자동차 전주공장은 4억 1천만 원치 온누리상품권을 구입, 직원들에게 설 명절에 나누어 주었다.

설 명절 온누리상품권 구매는 비단 어느 특정 지자체나 기업에만 국한된 건 아니다. 전국적 현상이다. 예컨대 포항시는 6,000만 원어치 온누리상품권을 구매했다. 포스코는 '국가기업'답게 무려 17억 원어치를 구매한 것으로 알려졌다.

그러나 '전통시장 수요진작과 지역경제 활성화를 위한 목적'으로 도입된 온누리상품권이 2년이 되도록 제 구실을 못하고 있다는 지적도 만만치 않다. '홍보부족과 사용불편 때문에 애물단지로 전락한 것'이라는 지적이 그것이다.

실제로 어느 전통시장 상인은, 경향신문(2011.1.16)에 따르면 "상품권을 선물로 받는 직장인이나 공무원들이나 알지 일반인들은 거의 모를 것"이라며 "명절에만 잠깐 상품권이 풀리고 평소에는 거의 쓰는 사람이 없다"고 말했다.

요컨대 설이나 추석 같은 명절에 반짝 특수만 있을 뿐이라는 것이다. 지난 해 발행된 온누리상품권 1,300억 원어치도 롯데나 신세계 백화점 상품권 판매액 1조 5,000억 원어치에 비하면 채 10%가 안 되는 수준이다.

조선일보(2012.1.26)에 따르면 2003년 이후 7년 사이에 전통시장 178곳이 문을 닫고 기업형 수퍼는 695개가 늘었다. 1,695곳이던 전통시장이 1,517곳으로 줄어들었다는 것이다.

지난 설을 전후해 지자체나 기업체 등의 온누리상품권 구매 사실 신문기사를 보며 흐뭇해하던 때와 다른 결과여서 의아스럽다. 안타까운 마음이 생기기도 한다. 올해부터 교원들에게까지 온누리상품권 의무 구입이 확대되었는데, 그 조치를 환영하는 것은 그래서다.

한편으론 그런 기사들을 접하면서 생각해본다. 교내 시상품을 온누리상품권으로 하자는 것이다. 각 시 · 도교육청에서 어떻게 하고 있는지 자세히 알 수 없지만, 전북의 경우 백일장 등 교내 어떤 대회도 문화상품권으로 시상을 못하게 하고 있다.

지난 해 교육청 지시라며 교감이 직원조회에서 강조한 이후 그대로 시행되었다. 연전에 터진 '바다이야기' 사건이 얼핏 스쳐가지만,

나로선 왜 그러는지 전혀 이해 못할 일이 벌어진 셈이다.

자연 수면양말, 스타킹, 노트 따위를 부상으로 주는 쇼 같은 일들이 각종 교내대회 후 시상식에서 벌어졌다. 책이라면 그럴 듯하지만, 값이 보통 1만 원 정도 하는 터라 어려움이 따를 수밖에 없다. 그래도 교육감이나 지자체장 상처럼 부상 없이 상장만 달랑 주는 것보다 낫다고 위안해야 하나?

어째서 문화상품권을 교내 시상품으로 못주게 하는지 자세히 알지 못하지만, 온누리상품권은 다를 것 같다. 오로지 전통시장에서만 사용할 수 있는 상품권이기 때문이다. 게임에 사용하는 등 유해성이 전혀 없는 그 '청정성'이 보장된 온누리상품권이라고나 할까.

전통시장 활성화에다가 부모에 대한 효도 등 두 마리 토끼를 잡을 수 있다는 점에서도 온누리상품권의 교내 시상품은 적극 검토해볼 만하다. 무엇보다도 상을 받은 학생 홀로 부모 몰래 다른 '나쁜 짓'에 쓸 수 없는 온누리상품권이기 때문이다.

전통시장을 살리는데 교과부나 각 시 · 도교육청이 동참한다는 의미도 더해질 수 있을 것이다. 전국 각급 학교에서 교내 시상품을 온누리상품권으로 한다면 지자체나 기업 등이 앞장서서 생기는 명절의 반짝 특수라든가 일반인들의 전통시장 무관심도 상당량 극복될 것으로 보인다.

교내 시상품, 온누리상품권으로 하자.

(전북매일신문, 2012.3.6)

개방형교장공모, 그 후안무치함

개방형교장공모학교인 군산기계공업고등학교 교장 후보자(이하 '후보자')가 발표되었다. 사실 지원자 중에 도교육청 과장이 있음을 알고 필자는 '어, 이건 아닌데' 했다. 아니나다를까 그 과장이 교장임용 최종 후보자가 되었다.

설마 그렇게 속 보이거나 구설에 오르는 '짓'을 할까 하던, 많은 사람의 상식적 생각이 무참해져버렸다. 전임 교육감 시절에도 없었던 본청 과장의 개방형교장공모 고등학교장이라는 후안무치한 일이 벌어진 것이다.

그런데 후보자는 지원 자격 미달인 걸로 보인다. 공문(전라북도교육청 공고 제2012-27호)에 있는 지원 자격을 보면 '본교 재직 교원 지원 제한 및 현임학교 2년 미만 근무 교장 지원 불가'로 되어 있어서다.

후보자는 현직에 2010년 9월 1일자로 부임했다. 재임 기간이 2월

말 기준으로 1년 6개월이다. 2년 미만인 것이다. 설마 '현임 교장'이 아니고 도교육청 장학관이라서 지원 자격이 있다는 것인가?

내부형교장공모의 경우, 지역교육지원청의 교육전문직을 관내 교장공모에 지원할 수 없도록 제한하고 있는 점과 비교해 봐도 형평성 문제가 불거진다. 본청 근무자만 아무런 제한도 받지 않는 엄청난 특혜를 누리고 있는 셈이다.

그렇다면 공모학교의 재직 교원 응모를 제한하고, 현임학교 근무 2년 미만의 교장도 지원 못하게 한 것이 2년 미만의 본청 과장을 임용하기 위한 '안전장치'였다는 것인지 묻지 않을 수 없다.

어쨌든 현임 2년 미만 본청 과장의 후보자 선정은 외부의 전문 인사나 유능한 교사를 뽑으려 도입된 개방형교장공모제의 취지에 반하는 것이기도 하다. '공모교장심사위원회'가 교육감에게 2배 수 추천한 자중 다른 한 명이 평교사였다니 더욱 그렇다.

알려진 대로 이명박정부는 참여정부에서 도입한 교장공모제 본래 취지인 내부형 교장공모의 씨를 말리다시피 했다. 자격증 있는 초빙형 위주로 교장공모제를 확대해왔기 때문이다. 그것도 모자라 진보 교육감들이 대거 당선하자 이런저런 꼼수를 지침으로 만들었다.

가령 교장공모 신청 학교의 15%이내에서 내부형 교장공모를 하게 한 것을 예로 들 수 있다. 쉽게 말해 7개 학교가 교장공모하겠다고 전원 신청했을 때 그중 한 곳만 내부형으로 하라는 얘기다. 아예 하지 말라는 것이나 다름없다. 일선 학교의 신청 기피 현상이 부인할 수 없는 현실이기 때문이다.

그런 사정을 감안했을 때도 현임 2년 미만 본청 과장의 후보자 선정은 매우 좋지 않은 결정이라 여겨진다. 이를테면 유능한 교사의 교장 진출을 차단한 교과부의 '내부형교장공모 죽이기'와 같은 맥락인 셈이다.

후보자는 교육감 취임 후 처음 실시한 교원인사 때 어느 고등학교 교장에서 도교육청 과장으로 발탁되었다. 그런 사람이 2년도 안되어 다시 개방형교장공모에 나서고, 후보자가 되었다. '짜고 치는 고스톱'이란 말이 떠오르는 이유이다. 도교육청에서 구성·운영하는, 사실상 임용 후보자를 결정하는 '공모교장심사위원회'의 2차 심사가 공정했다고 보기 어려운 이유이기도 하다.

(전북매일신문, 2012.2.21)

새 학기가 시작되었다

새 학기가 시작되었다. 겨우내 움츠러들었거나 다소 풀어졌던 마음과 몸을 추슬러 가일층 매진해야 할 새봄이기도 하다. 새 학기, 새봄 시작과 함께 잠깐 돌아보고자 한다.

지난 2월 졸업생 현황을 보면 295명 중 152명이 취업했다. 133명이 진학했고, 10명은 기타로 분류됐다. 51.5%의 취업률이다. 이는 지난 해 말 전북도교육청이 밝힌 취업기능강화사업 대상 학교의 평균 취업률 47%를 웃도는 수치이다.

47%는 지난 해 말 기준이다. 따라서 우리 학교에서 보듯 졸업과 함께 마무리된 2011학년도의 특성화고 취업률은 그보다 웃돌 것으로 짐작된다. 어쨌든 2009년 29%, 2010년 34%, 2011년 47% 등 몇 년 사이 특성화고 취업률은 상승세를 보이고 있다.

말할 나위 없이 정부의 취업기능강화사업 추진 덕분이다. 우리 학교만 해도 1억 수천만 원의 예산을 지원받아 취업에 올인하다시

피했다. 그 결과 은행, 삼성생명 등 금융권 입사도 있었지만, 그러나 대부분 반도체나 LCD 회사의 오퍼레이터 취업이었다.

집안형편이나 학교 성적 등 여러 여건에 의해 생산직으로 가는 걸 나무랄 이유는 없다. 또 옛날처럼 '공순이'라며 깔보거나 무시하는 사회 분위기도 아니다. 무엇보다도 일단 연봉이 장난 아니고, 직업에 귀천이 있는 게 아니어서 정부나 학교에서 적극 취업을 독려하는 게 아니겠는가!

그러나 깊이 생각해볼 점이 있다. 새 학기와 함께 시작된 3학년의 취업과정에서 학생 본분을 다하고 있는지가 그것이다. 매우 유감스럽게도 지난 해에 이어 올해도 학생으로서의 본분을 다하지 않는 학생들이 있어 보인다.

결론적으로 말해 취업이 다는 아니다. 취업할 회사가 정해졌다고 모든 게 끝난 것은 아니라는 얘기다. 정확히 말해 취업이 아니라 현장실습 나갈 회사를 정한 것에 불과할 뿐이기도 하다. 설사 취업해서 내일 떠난다 해도 오늘까지는 학생의 본분을 다해야 맞다. 회사가 필요로 하는 것도 그런 학생임은 말할 나위 없다.

일부 학생들은 벌써 학생이길 포기하려 애쓴다. 나가는 그 순간까지 수수한 차림으로 수업 열심히 받고, 수행평가 등 진학할 급우들과 다름없이 학교생활을 해야 하는데도 그렇지 못한 것이다.

그 점은 1·2학년 때와 비교해보면 보다 분명해진다. 1·2학년 때는 아주 성실하면서도 모범적으로 학교생활을 잘하다가도 3학년이 되면 흐트러진다. 너무 의아스러운 현상이다. 도대체 왜 그러는 것일까?

여름방학 무렵부터 현장실습에 들어가니까 사실상 1학기가 고교

시절 마지막 수업이요 학교생활이라 할 수 있다. 그 소중한 시간들을, 취업 나간다고 '개념없이' 보내는 것은 인생에 대한 허비이다. 발등을 찍고 후회하게 될 어리석음 쌓기이다.

'교실 분위기가 망가지면 어때, 나는 떠나는데.' 따위 이기주의는 지금 즉시 지나가는 개에게나 줘버리자. 새 학기, 새봄 시작과 함께 잠깐 돌아보자고 한 이유이다.

(전북매일신문, 2012.3.20)

졸업생에게 띄우는 편지

졸업생 여러분.

지금 여러분은 기분이 퍽 좋으리라 생각합니다. 그 지긋지긋한 시험으로부터 해방되었을 뿐 아니라 부모님이나 선생님으로부터 공부하라는 잔소리를 듣지 않게 되었다고 생각할테니까요. 그렇습니다. 이제 여러분은 그 동안 애환을 함께 했던 각자의 학교를 떠나게 되었습니다.

하지만 헤어져도 아주 떠남이 아니요, 떠나도 정말 떠나는 것은 아닙니다. 만나면 헤어지고 헤어지면 다시 만나는 것처럼 새로운 출발을 위한 떠남이요, 또 다른 만남을 위한 헤어짐입니다. 여러분은 '배움'을 떠나는 것이 아니라 또 다른 배움의 현장으로 옮겨갈 뿐입니다. 더 힘들고 고된 '배움'이 시작될지도 모르는 곳으로 말이예요.

프랑스의 사상가이자 교육자인 루소는 말했습니다. 인간은 두 번 태어난다고. 한 번은 생존을 위해서. 또 한 번은 생활을 위해서 태어나는 것이라고. 그렇습니다. 이제 여러분은 생활을 위한 태어남 즉 '제2의 탄생'의 길을 가게 됩니다. 여러분 인생이 결정되는 곳. 여러분 생애의 커다란 전기가 마련되는 곳으로 자리를 옮겨가는 것입니다.

졸업생 여러분.

처음 단추를 잘못 끼우면 전체가 비뚤어지고 틀리게 됨을 잘 알지요? 이제 그런 일은 없어야겠습니다. 비록 지금까지는 첫 단추를 잘못 끼운 생활이었을지라도 아직 늦지 않았습니다. 늦지 않은 것은 앞으로 살아야 할 세월이 많기 때문입니다. 세월이 많다는 것은 희망이요 꿈입니다.

여러분은 시퍼런 꿈을 가져야 합니다. 여러분은 우리의 훌륭한 고전인 『춘향전』을 잘 알 것입니다. 춘향의 일부종사하는 정절이 꿈 때문이라고 해석한 학자가 있어 화제를 모은 적이 있습니다만 온갖 고통을 겪다가 이도령과 백년해로하는 춘향의 꿈은, 물론 이루어진 것입니다.

그러나 꿈은 이루어지지 않아도 좋습니다. 꿈은 현재를 충실하게 해주는 원동력이니까요. 그것만으로도 충분히 의미와 가치가 있으니까요. 여러분은 아직 젊기 때문 꿈이 있어야 합니다. 또 그만큼 적극적으로 열심히 살아야 합니다.

여러분, 꿈을 가지세요, 꿈을! 꿈이 없는 청춘은 힘이 없습니다. 힘이 없다함은 젊음을 스스로 포기하는 것입니다. 젊음이기를 포기하는 것은 자신에 대한 상처일 뿐 아니라 나아가 국가적 손실이기도 합니다.

졸업생 여러분.

20세기 최고 지성의 한 사람인 사르트르는 말했습니다. 인생의 목적이 없는 사람은 부조리한 인간이라고. 여러분은 '부조리한 인간'이 되겠습니까? 우리가 공부를 하는 것은 시험 때문이 아닙니다. 좋은 대학과 훌륭한 직장에 가기 위해서도 아닙니다.

물론 그런 세속적인 목적을 무시할 수는 없습니다만 우리가 공부를 하는 것은 궁극적으로 '인간다움'을 배우기 위해섭니다. 인간답게 살 권리를 갖듯 우리가 얼마나 '인간적'이 되느냐에 따라 인격이 생기고 남들로부터 존경도 받을 수 있는 것입니다.

인류의 빛과 소금이 된 여러 위인들의 생애가 그렇습니다. 그들은 많은 좌절과 고통을 딛고 일어섰습니다. 비난을 받으면서도 신념이 뚜렷했고, 배가 고프지만 의지는 강했습니다. 그들은 청춘을 가장 값지게 산 사람들입니다.

졸업생 여러분.

여러분이 가야할 길은 아직 '가지 않은 길'입니다. 가지 않은 길이기에 새로움이 있습니다. 두려움도 있습니다. 새로움이란 새롭지 않음에서 생겨난 인생의 훌륭한 과정입니다. 두려움이란 용기를 필요로 하는 개척정신의 열쇠입니다.

개척해야 합니다. 이제 여러분은 부모님의 품 안에 있지 않습니다. 여러분은 이제 혼자가 아닙니다. 여러분의 양 어깨에는 나라의 희망과 발전이 훈장처럼 달려 있습니다.

학교폭력 등 사회적으로 청소년 문제가 심각하다지만 따뜻한 햇볕 아래 건강한 여러분이 훨씬 많다는 사실을 우리는 알고 있습니다. 여러분이야말로 이 새로운 우리 시대의 주인공임을 굳게 믿는 이유입니다. 이런 편지를 쓴 이유이기도 합니다.

(전북도민일보, 2012.2.16)

의료비 연말정산, 쓴 만큼 공제해줘야

전반적으로 나라의 경제가 어려운 데다가 서민들 살림살이라는 게 워낙 빠듯한 터라 절세하려는 봉급생활자들의 마음은 아마 한결 같을 것이다. 그런데 해마다 하는 연말정산에서 떨칠 수 없는 의문이 있다. 의료비 공제가 그것이다.

의료비의 경우 일률적으로 3%초과분부터 공제대상이다. 과세급여의 3%가 안 되는 의료비는 무용지물이 된다는 얘기이다. 과세급여에 따라 차이가 나긴 하지만 대략 200만 원 미만의 의료비 지출이 쓸모없게 되는 것이다. 정부에서 국민더러 많이많이 아프라고 재촉하는 꼴이나 마찬가지다.

가족들이 자주 아파 의료비 부담이 큰 때가 있다. 물론 그렇지 않은 경우도 있다. 그런데 일률적으로 3%초과분부터 공제대상이라면 말이 안된다. 과거의 연말정산 부당공제 사례 중 대표적인 의료비 부풀리기 '악습'이 지금도 남아 있는지 모르지만, 급여의 3% 초과분부터라는 단서조항으로 서민들을 옥죄려는 것이라면 너무 시대착오적이다.

2004년부터 보건복지부 양식의 영수증만을 공제대상으로 인정하면서 의료비 부풀리기 부당공제는 거의 사라진 듯 보인다. 이를테면 의료비 부분에서만큼은 연말정산의 선진화가 이루어진 셈이다.

그렇다면 3% 초과분도 없애야 맞다. 도대체 무엇을 근거로 3% 초과분인지, 또 왜 그런 것인지 알 수가 없다. 단적으로 똑같이 아파서 지급한 의료비인데 적은 액수는 아예 공제대상이 안된다니, 누가 그걸 납득할 수 있겠는가?

급여에 상관없이 일률적인 3% 초과도 문제다. 예컨대 4천만 원과 6천만 원 급여는 각각 120만 원과 180만 원 이상부터 공제대상이다. 200만 원을 똑같이 의료비로 썼는데도 한 사람은 다른 이의 4배나 되는 공제 혜택을 받는 것이다.

6천만 원을 버는 사람은 그만큼 많이 버니까 공제혜택을 줄여도 좋다는 계산인지 모르지만, 그것은 모르는 소리이다. 6천만 원 급여자라면 대학 등록금 같은 자녀 교육비 등 가족부양으로 그만큼 생활비가 더 들어갈 수밖에 없는 가장이 대부분일 것이기 때문이다.

이에 제안한다. 의료비 연말정산에서 3% 초과분을 폐지하여 적은 액수라도 쓴 만큼 공제해주기 바란다. 만약 그것이 어렵다면 급여별로 프로테지를 탄력적으로 적용하거나 일률적인 3%를 하향 조정해야 한다.

대통령을 비롯한 정부는 툭하면 '친서민정책' 어쩌고 하는데, 새로운 걸 자꾸 내놓는 것 못지않게 불합리한 제도를 고쳐 국민 불만을 없애주는 것도 진정한 서민정책이다.

4월 총선을 앞둔 요즘 여야가 경쟁적으로 복지 어쩌고 하는데, 아파서 쓴 의료비를 많은 국민에게 조금이라도 더 돌려 주는 것이 참다운 복지국가 실현일 터이다. 새로운 것은 고사하고 3%초과분부터의 의료비 연말정산이 개선되었으면 한다. 각 당의 총선용 복지 경쟁이 씁쓰름하게 다가오는 이유이다.

(전북매일신문, 2012.2.10)

문인으로 산다는 것

나에겐 세 가지 삶의 위치가 있다. 문인과 교사, 그리고 국회의원 동생으로 사는 것 세 가지다. 국회의원 동생으로서의 삶의 위치는 조만간 벗어나게 되었다. 형이 4월에 있을 19대 총선 불출마를 선언했기 때문이다. 나로선 퍽 홀가분해진 셈이 되었다. 당장 총선후보 난립에 대해 「깜도 안 되는 것들이」란 칼럼을 발표할 수 있었다.

그것이 내 의지와 상관없이 4년 동안 나를 억눌렀던 '짐'이라면 어느새 29년째인 교사로서의 삶의 위치는 스스로 택한 것이라 할 수 있다. 벌써 30년째로 접어든 문인으로서의 삶의 위치도 당연히 내가 좋아 스스로 짊어진 짐이다.

교사로서의 위치는 내게 심한 갈등 내지 고통을 안겨준 적도 있다. 극단적인 예로 2년 전 교장공모(내부형)에서의 일이 그것이다. 그때 나는 국회의원 동생이라 견제가 심할 것이라는 어느 심사위원으로부터 금품제공을 요구받았다. 천만 원만 내면 1차 심사를 통과

시켜주겠다는 것이었다.

너무도 당혹스러웠지만, 솔직히 거절하면 당할 불이익이 떠올라 고민스러울 수밖에 없었다. 나 자신과의 2박 3일 갈등 끝에 내린 결론은 거절이었다. 결과는 우려했던 대로였다. 6명 지원자 중 3명을 뽑는 1차 심사 탈락도 모자라 나의 순위는 6위였다. 심사결과가 비공개로 되어 있어 청와대 탄원까지 제기하여 알게 된 결과가 그랬다.

그 후 이명박정부의 '훼방'으로 내부형교장공모의 응모 기회조차 없어졌지만, 교사로서의 삶의 위치는 지키게 되었다. 노상 학생들에게 사회 정의를 가르치며 올바르게 살아야 된다고 말하는, 교육관련 비판적 칼럼을 '겁대가리 없이' 써대는 그 교사로서의 삶의 위치에서 추호도 흔들리지 않았다.

이제 남은 건 문인으로서의 삶의 위치이다. 문인이 특별히 잘난 사람은 아니라하더라도 지켜야 할 소중한 가치가 있는 건 분명하다. 이제야 밝히지만, 나로선 문인 야유회(문학기행 따위)에 참석하지 않는 이유가 있다. 아주 오래전 버스가 시내를 벗어나지도 않았는데, 술을 돌려가며 노래하는 걸 '당하고' 나서부터 그런 모임에는 나가지 않고 있다.

내게 그것은 진짜 충격이었다. 적어도 문인들 나들이인데, 그런 식이라면 온천여행 떠나는 아줌마 부대와 뭐가 다를게 있느냐는, 그런 절망감이었다. 그런 절망감이 최근 있었던 전북문인협회장 선거 때도 엄습해왔다. 명색 선거였는데, 원칙과 절차에 맞게 제대로 진행되지 않아 구설에 오른 것이다.

후보가 공약과 정견을 발표했다. 발표가 끝나자마자 임시의장이

곧바로 연단에 올라 잘못된 공약을 바로 잡는다며 목청을 높였다. 선거관리위원장은 직방 제지도 하지 않고. 세상에 그런 선거 유세장이 어디에 또 있는지……. 아니나다를까 "전북도립문학관 관장의 '완장'", "찜찜한 '전북문화예술수장 선거'" 같은 비판을 받아야 했다. 전주문인협회장 선거도 "귀신이 곡할 전주문협 회장선거?"에서 보듯 매끄럽지 못하게 진행된 모양이다.

지난 해 어떤 고교생 백일장에선 이런 일도 당했다. 심사위원장이 근무하는 학교의 학생들이 3명이나 상을 받아간 것이다. 글쎄, 얼마나 3명의 작품수준이 뛰어났는지 잘 모르겠지만, 얼른 이해되지 않는 심사결과였다.

나는 학생백일장 심사위원 요청이 와도 거절하곤 한다. 내가 심사위원장 아닌 심사위원으로만 참여해도 내 제자들이 상대적으로 불이익을 당할 수 있다고 판단해서다. 그것이 맞는 것 아닌가?

후안무치한 그런 일들을 겪으면서 '문인으로 산다는 것'이 무엇인지 새삼 생각해보게 된다. 생각만이 아니라 행동으로 옮기기도 했다. 당장 전주문인협회장 선거의 투표권을 포기해버렸다. 새 회장들의 임원을 맡아달라는 요청도 정중히 사양했다.

아무리 시시각각 변하는 첨단의 디지털 세상이라 해도 인간에게는 변해선 안될 가치가 있다. 그 이름에 맞게 지켜야 할 위치가 있다. 하물며 '인간구원'을 위해 창작의 고통도 마다하지 않는 문인임에야! 과연 '문인으로 산다는 것'은 무엇일까.

(전북일보, 2012.2.10)

정치권만 돈판 아니다

한나라당을 비롯한 정치권이 난리속이다. 국회의장 비서관이 소환되는 등 이른 바 돈봉투사건 수사가 속도를 내고 있어서다. 검찰수사가 마무리되면 여·야당 전당대회 돈봉투사건의 파장이 만만치 않을 전망이다.

그 사건을 대하고보니 문득 '억당천불'이란 단어가 떠오른다. 국어사전에 나와 있지 않을 억당천불은 농·축협조합장 선거에서 억대의 돈을 쓰면 당선되고, 천만 원대면 낙선된다는 뜻의 은어이다. 농·축협조합장 선거가 얼마나 돈판인지를 잘 보여주는 상징적인 단어라 할만하다.

고교 교사인 나는 공직선거법 기부행위금지 조항에 대해 불만을 갖고 있다. 제자들이 도지사·교육감상 등을 수상해도 상장만 달랑 주는 걸 봐왔기 때문이다. 정확히 말하면 상장만 받는 학생들의 역력한 실망감을 볼 수 있어서라고 해야 옳다.

공직선거법 기부행위금지 조항이 유권자도 아닌 어린 학생들에게까지 적용되는 것은 자던 소가 벌떡 일어나 웃을 일이지만, 그러나 막상 언론 보도를 보니 지금까지도 돈을 쓰지 않으면 이 땅의 선거에서는 당선될 수 없는 모양이다.

하긴 정치권만 돈판이 아니다. 실제로 지지난 해 제6차 교장공모에서도 금품을 노골적으로 요구해와 경악한 적이 있으니까! 이제는 말할 수 있다. 아니 말해야 한다고 여겨 사실을 공개한다.

지원자의 한 사람이었던 나는 그때 어느 학교 지역운영위원(심사위원)으로부터 금품 요구 제의를 받았다. 1천만 원만 내면 1차 심사를 통과시켜주겠다는 것이었다. 지원자는 6명, 그중 3명만이 1차 심사통과 대상자였다.

나는 설마 그 3명 안에 들지 못하랴는 자신감이 있었다. 무엇보다도 학생들에게 사회 정의를 가르치며 바르게 살아야 한다고 말해온, 수시로 교육관련 비판적 칼럼을 써온 나로선 도저히 할 짓이 아니라고 결론지었다.

결과는 1차 심사 탈락이었다. 그럴 리가 없었다. 교육청, 교과부 심지어 청와대 탄원까지 제기하여 알게 된 나의 1차 심사점수는 6명 중 6위였다. 내 학교경영계획서를 표절한 지원자가 있어 경찰에 고소까지 한 사단도 겪었는데, 그보다도 점수가 낮은 꼴등이었던 것이다.

돈봉투사건을 폭로한 고승덕 국회의원은 "돈을 돌려주니 대표에 당선된 후 자신을 싸늘하게 대했다"고 털어놓기도 했다. 누가 봐도 심사위원이 요구한 돈을 안써 '괘씸죄'로 탈락된 것임을 알 수 있지 않은가?

그러나 교장은 못되었어도 나는 교육자 양심이라는 소중한 가치를 챙겼다. 지금도 '돈주고 교장이 되면 뭘하나.' 싶은 생각엔 변함이 없다. 학생 앞에서 부끄럽지 않고 자식들 보기에 꺼림칙하지 않은 교사요 아비이니 돈으로 사는 '그까짓' 교장과 바꿀 이유가 없다.

당대표직을 돈으로 사거나 사려하고도 민생정치 어쩌고 하며 '개념 없이' 나대는 정치인들이 참 부럽다. 신문 사회면이 온갖 돈 관련 비위사실로 얼룩져 있다. 참으로 쓸쓸한 새해 벽두이다.

(전북매일신문, 2012.2.3)

도의회를 깔보지 마라

전북교육단체가 반개혁적 도의원들에 대한 주민소환을 추진한다고 밝힌 가운데 전라북도 및 교육청의 2012년 예산이 확정되었다. 도청 4조 3,075억, 도교육청 2조 4,152억 원 규모이다. 이는 179억 원과 143억 원이 각각 삭감된 액수다.

그러기 전 일부 학부모 등 시민단체는 교육감 핵심공약 사업인 혁신학교 등에 대한 도의회 예산삭감에 반발해 항의 농성을 벌이기도 했다. 전북교육단체가 도의원들 주민소환 운운한 것도 궁극적으론 예산삭감 때문으로 보인다.

그래서일까. 도교육청의 경우 당초 156억 9,000여만 원에서 143억 원 규모로 삭감, 확정되었다. 예컨대 전액 삭감되었던 전북교육정책연구소 예산 1억 9,991만 원 중 반절은 살아난 식이다.

한편 이번 예산안 심의 · 의결에서는 도의원의 재량사업비 190억 원(전북도의 포괄적 사업비 150억 원과 도교육청의 학교교육환경개선지원 사업비 40억 원)이 전액 삭감되기도 했다.

여론의 질타가 이어졌지만, 뭇매를 맞아서라기보다는 진보교육감이 내놓은 도교육청 예산을 칼질한데 따른 부담을 줄이고자 하는 정치적 선택의 고육책이었을 법하다.

사실 일개 문학평론가이거나 교사인 필자는 도의원들의 위세가 그렇게 센지 모르고 있었다. 지지난 해 말 전북문화재단 3억 원과 전북문학관 예산 5억 8천만 원 전액을 삭감하는 걸 보고 비로소 도의원들의 막강한 '끗발'을 확실히 알 수 있었다.

그때 필자는 과연 도의원들에게 문화마인드라는 것이 있는지, 솟구치는 의구심을 쉽게 떨쳐낼 수 없었다. 그랬을망정 전북문학관이 조만간 개관을 목표로 지금 한창 공사 중인 것과 달리 전북문화재단 설립은 '없었던' 일이 되어버렸다. 요컨대 일부 단체의 주장처럼 그들이 반개혁적이라해도 예산의결권을 쥐고 있는 도의회 의원들인 것이다.

이쯤되면 답이 분명해진 셈이다. 그런데도 티격태격하는 모양새가 반복되고 있어 답답하고 안타깝기 이를 데 없다. 단적으로 "도의회 · 도교육청 사사건건 '으르렁'"(전북일보, 2011.11.22) 같은 언론 보도를 예로 들 수 있다.

가일층 의아스러운 것은 진보교육감에 거의 야당 소속인 도의원 등 환상적 조합일 것 같은데도 사사건건 파열음을 내고 있다는 점이다. 당연히 그러라고 유권자들이 교육감이나 도의원들에게 표를 준 것은 아니다.

거기서 불거지는 문제가 소통부재이다. 한겨레 보도에 의하면 교육감이 의원들을 직접 찾아가 깎인 예산에 대해 설명한 것으로 알려졌는데, 왜 사후약방문격 소통을 하는지 알다가도 모를 일이다.

그들에게 유권자들로부터 위임된 소정의 책무가 있긴 하지만, 그렇다고 오해는 없기 바란다. 예산의결권을 쥐고 있는 도의원들의 '삭감전횡'을 두둔해서 "도의회를 깔보지 마라"고 하는 것은 아니니까.

소통을 애써 말하는 것은 두 기관의 힘겨루기하는 듯한 그런 모습이 너무 피로감을 주어서다. 나아가 고래싸움에 새우등 터진다고 결국 학생 및 교원들이 교육현장에서 불이익 내지 선의의 피해를 당할 수 있어서다.

(전북매일신문, 2012.1.27)

미친 대학등록금 완화하려면

박원순 서울시장 취임과 함께 들려온 서울 시립대학교 등록금 반값 소식은 국민적 관심을 끌기에 충분했다. 지난 1년간 대학의 '미친 등록금' 문제가 온 나라를 뜨겁게 달구었다 해도 과언이 아니기 때문이다.

사실이 그렇다. 등록금은 단순히 대학이나 대학생만의 문제가 아니다. 그렇듯 대학 등록금이 사회 이슈로 등장한 것은 한 마디로 너무 비싸기 때문이다. 비싸다면 그만큼 돈값을 해야 맞는데, 졸업 후 취업난 등 그러지 못해서다.

그런데도 191개 4년제 대학들은 지난 해 정부 압박에 아랑곳하지 않으며 10곳 중 1개꼴로 등록금을 인상한 바 있다. 그런 가운데 대학 '등록금 뻥튀기' 사실이 언론에 보도되었다.

그 보도는 모든 학부모들로 하여금 그 동안 애써 참았던 분통을 한꺼번에 터지게 했다. 가령 필자의 경우 지난 해 등록금 인상률이 두 번째로 높은 대학에 막내딸을 입학시킬 때만 해도 그냥 '이렇게 비싼거야.' 했는데, 그게 아니어서다.

감사원 감사로 드러난 대학의 각종 비리는 전국 113개 대학에 걸쳐 있다. 그들의 주장대로 극히 일부라 할 수 없는 규모다. 급기야 전남 순천의 4년제 사립대 명신대학교, 강진의 2년제 사립대 성화대학의 강제 퇴출이 확정·발표되기도 했다.

비리 유형도 가지가지다. 학교 돈을 빼돌려 부동산을 매입했는가 하면 허위 서류로 진료수당을 챙겼다. 또 입학 기준 미달자를 부정 입학시키기도 했다. 그와 관련 감사원은 "등록금을 지금보다 12.7% 내릴 여지가 있다"고 밝힌 바 있다.

그중 35개 대학은 '뻥튀기 예산'으로 등록금 인상 요인을 만들었다. 그 대학들이 예산 편성 과정에서 "지출을 실제 쓴 비용보다 많이 잡고 수강료와 기부금 등 등록금 외의 수입은 적게 계상하는 수법으로 등록금 인상 요인을 만들어냈다"는 것이다.

그러나 감사원의 '12.7% 인하' 발표에 대학의 반발이 심한 것으로 알려졌다. "방구 뀐 놈이 성낸다"고 입이 열 개라도 할 말 없어야 할 대학들이 자숙은커녕 조직적으로 반발하는 모습을 보이니 볼썽사납다. 그래서 더 분통이 터진다.

만약 여론에 떠밀려 제시된 '등록금 5% 인하' 그대로 된다 해도 '껌값' 수준에 불과할 뿐인데, 2% 인하 발표 대학들이 속속 나오고 있다. 지금 대학들은 애들 데리고 장난을 치는 것인가?

도내의 경우 원광보건대학이 등록금 6.1% 인하안을 이미 발표한 바 있다. 그에 비해 다른 대학들은 서로 눈치만 보고 있는 형국이다. 생색내기용 찔끔 인하에 박수 칠 학부모는 없음을 강조하고 싶다.

더 볼썽 사납고 분통 터지는 것은 정부나 정치권이 아직도 사태의 심각성을 깨닫지 못한 게 아니냐는 의구심을 떨칠 수 없다는 점이다. 정부·여당이 확정한 올해 등록금 대책 예산은 당초보다 2,500억 원 늘어난 1조 7,500억 원이다. 저소득층 대학생들에게 장학금을 주는 형식이다.

'국가장학금 1, 2유형' 어쩌고 하는데, 등록금 사태의 본질은 그게 아니다. 지금 비싸디 비싼 대학 등록금을 반절까지는 아니더라도 전체적으로 낮춰 모든 대학생과 학부모들이 그걸 체감할 수 있게 해야 한다는 것이 핵심이다.

그와 별도로 '미친 등록금' 완화를 위해 정부는 비리 대학의 실명 공개 등 강력 대응해야 한다. 나아가 해당 대학 홈페이지에 비리 내용을 공개하고, 학생 및 학부모에게 사과하도록 강제하는 조치도 취해야 한다.

대학의 자율성 어쩌고 하는데, 많은 학부모들은 그렇게 생각하지 않는다. 지금 대학들은 그것을 주장하거나 누릴 만큼 온전하지 못하다는 것이 2명의 대학생 자녀를 둔 필자의 판단이다.

모든 대학이 학교 예·결산 내역을 학부모 통신을 통해 투명하게 낱낱이 공개할 때 그나마 미친 등록금 문제는 완화되리라 생각한다. 학부모들이 허리 휘어가며 내는 대학 등록금이 그렇듯 눈먼 돈으로 다시 전락하는 일이 생겨선 안될 것이다.

(전북도민일보, 2012.1.25)

욕설 교실, 학생만의 잘못일까

교사의 한 사람으로서 "학생들이 1시간에 49번, 75초에 한 번씩 욕을 한 셈이다"는 「욕설에 멍든 교실」 신문기사를 읽는 내내 마음이 편치 않았다. 자괴감까지 들게 하는 기사였다.

실제로 여학교나 여학생 사회에서까지도 욕설이 난무하고 있음은 어제 오늘의 일이 아니다. 더욱 심각한 것은 옆에 교사가 있는데도 거침없이 욕을 해대고 있다는 점이다. 그만큼 욕설이 학생들에게 생활화되어 있다는 얘기다.

그러나 나로선 "유난히 상처와 스트레스가 많은 청소년기의 가정교육과 공교육이 모두 망가진 결과"라커니 "폭력을 미화하는 대중미디어의 영향" 따위 욕설이 일상화된 배경에 대한 전문가들 의견에 선뜻 동의할 수 없다.

조정래 대하소설 『아리랑』과 『태백산맥』 등에는 욕설이 많이 나온다. 작가도 지문에서 말하고 있지만, 그러나 그것은 단순한 욕설이 아니다. 주로 불특정 다수의 민중이나 배움이 짧은 피지배계층들이 구사하는 욕설은 있는(가진) 자들에게 모든 것을 빼앗긴 울분의 함성이다. 가슴에 피멍이 든 한의 절규이며, 미약하나마 독립투쟁으로서의 언표言表이다.

그래서 남녀노소를 가리지 않고, 주로 자기네들끼리 틈만 나면 욕설을 퍼붓고 있는지도 모른다. 욕설은, 그렇게 믿는 사람들끼리 한바탕 욕을 하고 나면 그래도 속이 풀려 다시 일손을 잡을 힘이 생겼기에 생존의 원천적 힘이기도 하다.

다시 말해 그렇게 욕이라도 해대지 않으면 "개× 겉은 놈에 시상! 한날 한시에 베락얼 쳐불든지, 하늘허고 땅이 딱 맞붙어 다글다글 맷돌질얼 혀불든지 혀야제." 하는 세상을 살 수 없는 생명력의 원천인 것이다.

땅에 대한 일제의 수탈이 유독 심했던 전라도에서 욕설이 발달되었음은 그와 관련해 퍽 의미심장하다. 가해자들을 마주 향한 것이 아니라는 점에서 한계를 드러내긴 하지만, 그것 또한 애들이 구사하는 욕설과 함께 소설의 비극미 고조에 한몫하고 있다.

물론 학생들 욕설이 소설세계의 그것과 맥락을 같이 한다고 볼 수 없을지도 모른다. 그렇더라도 단적으로 성적 위주의 입시지옥 현실 등 우리 학생들이 받는 스트레스를 생각해보면 그들의 잦은 욕설은 오히려 당연해 보인다.

이를테면 세계 어느 나라 부럽지 않게 학교나 학원에서 보내는 시간이 많은 우리 학생들에게 그나마 욕설은 안식처이며 살아갈 힘의 원천인 셈이다. 판 · 검사 말고 무엇이 되려는 꿈을 갖고 싶어도 '공부하는 기계'에 머무르고 마는 현실이 엄존하는 한 그들은 욕이라도 해대며 그 질곡을 헤쳐나갈 수밖에 없다.

어른들 하는 일이 '짓거리' 투성이인데, 애들에게만 잘하라고 나무라는 것은 너무 염치없는 짓이다. 어른들의 여러 '짓거리'에 대한 반감이나 비판 등 표현을 안해서 그렇지 어린 학생들도 모든 걸 느끼긴 한다. 혹 학생들은 그것을 욕설로 풀어내는 것은 아닐까?

물론 그렇다고 학생들의 생활화된 욕설이 옳다는 것은 아니다. 이제 답이 분명해진 셈이다. 학교 및 가정에서의 지속적인 선도 교육과 함께 우선 위정자들이 학생들을 위해 좋은 정치를 하는 것, 어른들이 더 이상 그들에게 죄 짓지 않는 일이 무엇보다도 시급하다.

(전북매일신문, 2012.1.17)

제4부

교육대상에서 떨어지고 보니

지난 해 12월 열린 제23회 전북문학상 시상식에서 영광스럽게도 필자는 수상자의 한 사람이었다. 다른 수상 때보다 더 기뻤다. 필자가 소속된 문인단체(전북문인협회)에서 문학평론가로서의 왕성한 작품활동을 인정하여 준 상이기 때문이다.

그 못지않게 필자는 교사로서도 열심히 활동하고 있다. 원로교사(만 55세 이상의 교사)이지만, 수업 외 필자가 하고 있는 일은 크게 두 가지다. 학생들 글쓰기 지도와 학교신문 제작지도가 그것이다.

올 한 해 목정문화재단 고교생백일장 장원, 혼불학생문학상 장원, 한국농어촌농사 물살리기공모전 최우수상(장관상) 등 필자가 지도한 학생의 1등 수상만 3차례 있었다. 학교신문은 3회 제작지도를 했다.

학교신문의 경우 지난 10월 '전북일보NIE대회'에서 우수상을 받아 보람과 함께 의욕을 불태우고 있지만, 글쓰기 지도는 그렇지 않다. 학생의 최고상 수상에도 불구하고 상을 받도록 지도한 지도교사상은 한 번도 받지 못한 것이다.

그러한 활동을 서류로 꾸며 응모한 한국교육대상(한국교직원공제회)·눈높이교육대상(대교문화재단)·올해의 스승상(조선일보사)·전북교육대상(전북도민일보사)에서도 미역국을 연거푸 먹었다.

눈높이교육대상의 경우 2010년 1차 심사를 통과한 바 있어 한껏 기대에 부풀기도 했다. 그런데 어찌된 일인지 지난 해엔 1차 심사조차 통과하지 못했다. 평교사만을 대상으로 하는 올해의 스승상에서도 1차 심사조차 통과하지 못했다.

국어교사 대부분이 맡길 꺼려하는 글쓰기 및 학교신문 제작지도가 아무것도 아니란 말인가? 그렇게 반문하면서도 다른 공적으로 상 받을 교사가 많은 교단인 듯하여 한편으로 안도감과 함께 뿌듯하기도 하다.

사실 전북교육대상엔 신청서 내길 망설였다. 주최측 가운데 하나인 도교육청 추천 따위 비상식적 절차와 교장위주의 시상이라 알고 있어서다. 앞의 3개 상에 비해 턱없이 적은 상금도 망설임에 한몫했다. 결과는 탈락이었다.

그냥 그런가보다 하고 넘겼는데, 막상 전북교육대상에서마저 탈락하고 보니 충격으로 다가왔다. 엄정한 심사가 이루어졌으리라 믿지만, 그리고 상 받으려고 학생들 지도를 열심히 하는 것은 분명 아니지만, 그 충격을 가눌 길이 없다.

그 충격은, 그러나 필자의 사적인 정서는 아니다. 이른바 국어과의 3D업종으로 취급받는 글쓰기 및 학교신문(교지제작 포함) 제작지도가 아무것도 아닌 일로 치부되는 교육대상에 대한 충격이니까!

실제로 눈높이교육대상, 올해의 스승상, 한국교육대상(내년 시상부턴 '대한민국스승상'으로 개편) 등 전국 규모는 물론이고 지방의 교육대상에서도 글쓰기나 학교신문·교지제작 지도 공적으로 수상한 교사는, 필자가 아는 한 전무한 것이 작금의 현실이다.

학업성적 올리기나 기능경기대회 입상지도, 본말이 전도된 것으로 보이는 봉사활동 따위만 교사로서의 빼어난 공적이고 글쓰기 및 학교신문(교지제작 포함) 제작지도는 아무것도 아니란 말인가?

지금까지 내가 좋아 원로교사가 되어서도 스스로 해온 일이지만, 교육대상에서 매번 떨어지고 보니 다른 생각이 떠오름을 어찌 할 수 없다. 결코 무슨 상을 바라고 하는 문예지도는 아니면서도 이제 그만 '편하게' 수업이나 하는 원로교사로 돌아가야 할까보다.

(전북일보, 2012.1.12)

'올해의 스승상'에 박수 보내지만

어느 중앙일간지에 난 "2011년, 올해의 아름다운 스승 11명을 공개합니다"를 수상자들의 프로필과 함께 자세히 읽었다. 교사의 한 사람으로서 흐뭇하고 뿌듯한 기분이다. 아직도 교직을 성직聖職으로 여기는 교사들이 그만큼 많음을 알게 되어서다.

먼저 '올해의 스승상' 수상자들에게 박수를 보낸다. 훌륭한 교사들을 발굴, 시상함으로써 공교육살리기에 앞장서 온 신문사 등 주최측에도 경의를 표한다. 특히 '올해의 스승상'은 다른 교육상과 달리 평교사만을 대상으로 한다는 점에서 더 반갑고 친근하게 느껴지는 상임도 밝혀두고 싶다.

그런데 한 가지 아쉬운 점이 있다. 최근 3년 동안 수상자에 문예 및 학교신문 · 교지제작 지도교사가 없어서다. 글쓰기지도의 경우 다른 공적과 함께 어쩌다 수상자가 있지만, 학교신문 · 교지제작 지도교사는 시행 9회 동안 아예 없는 것으로 알고 있다.

국어교사 대부분이 맡길 꺼려하는 글쓰기 및 학교신문 제작지도가 아무것도 아니란 말인가? 이른바 국어과의 3D업종으로 취급받는 글쓰기 및 학교신문(교지제작 포함) 제작지도가 아무것도 아닌 일로 치부되는 이런저런 교육상 결과는 충격적이기까지 하다.

실제로 '눈높이교육대상', '한국교육대상'(2012년 시상부턴 '대한민국스승상'으로 개편) 등 전국 규모는 물론이고 '전북교육대상' 같은 지방의 교육상에서도 글쓰기나 학교신문 · 교지제작 지도 공적으로 수상한 교사는, 필자가 아는 한 전무한 것이 작금의 현실이다.

학업성적 올리기나 기능경기대회, 음악 · 체육의 예체능 및 과학분야, 그리고 본말이 전도된 듯한 헌혈 등 봉사활동 따위만 교사로서의 빼어난 공적이고 글쓰기 및 학교신문(교지제작 포함) 제작지도는 아무것도 아니란 말인가?

필자는 지난 한 해에만 목정문화재단 고교생백일장 장원, 혼불학생문학상 장원, 한국농어촌농사 물살리기공모전 최우수상(장관상) 수상 등 눈썹 휘날리게 학생들을 지도했다. 그 외 수상까지 헤아리면 일일이 열거하기 힘들 만큼 많다.

비단 지난 해뿐만이 아니다. 필자는 벌써 20년 넘게 열심히 학생들 문예지도를 해오고 있다. 물론 무슨 상을 바라고 억지로 하는 것은 아니지만, 막상 필자가 하는 일들이 아무것도 아니게 치부되는 듯하여 씁쓸한 기분이다.

차제에 교과부가 주최측에 끼어 뚜렷한 공적이 있는 교사인데도 배제되는 폐해는 없는지, 수년 동안 같은 심사위원장이라 수상자가 고착화된 것은 아닌지, 살펴보았으면 한다. 말할 나위 없이 더 빛나는 '올해의 스승상'이 되기 위해서다.

하긴 원로교사(만 55세 이상)인 지금까지도 사뭇 하고 있으니 장기집권(?)인지도 모를 일이다. 글쓰기며 학교신문 제작 지도를 관두면 이것저것 신경 쓰지 않고 '편하게' 선생할 수 있음인데…….

(전북매일신문, 2012.1.6)

장세환의원의 불출마를 보며

지난 주 방송과 신문 등 언론은 장세환의원의 불출마 선언을 일제히 보도했다. 특히 지방지의 경우 1면에 관련 기사를 배치하는 등 대서특필하는 모양새였다. 그만큼 장세환의원의 불출마선언은 충격적이었다. 뉴스거리였다.

1988년 13대 총선이후 공천이 당선이나 다름없는 호남에서 처음인 민주당 장세환의원의 불출마 선언을 두고 시민단체 등 지역정가에선 환영한다는 반응을 보였다. 그와 달리 장세환의원의 지역구인 전주완산을위원회는 도의회에서 '불출마 철회 촉구' 기자회견을 열었다.

돌이켜보면 장세환의원의 지난 4년간 의정활동은 여느 국회의원 같지 않았다. 사직서 제출과 삭발투쟁, 그리고 마침내 내년 총선 불출마 선언으로 이어졌다. 선명한 개혁성과 투사로서의 이미지에다 기득권 포기 등 자기희생도 감수하는 '통 큰' 정치인이라는 인상을 남겼을 법하다.

그러나 장세환의원은 이제 겨우 초선일 뿐이다. 19대 총선 승리와 대선에서의 정권교체를 위해선 야권 통합이 거스를 수 없는 대명제이긴 하다. 그 과정에서 물갈이 등 인적 쇄신의 절실함 또한 사실이다. 그럴망정 장세환의원이 거기에 해당되는 것은 아니라는게 중론이다.

장세환의원은 민주당전당대회 폭력사태와 각종 법안 날치기를 보며 "국회의원으로서 부끄럽고 자괴감과 무력감을 느꼈다"고 말한다. 그렇다면 대한민국이 어떤 나라인지 모르고 18대 국회의원이 되었단 말인가? 최루탄까지 터지는 '막장국회'라지만, 엄밀히 따져 그것은 야당의원들의 잘못이 아니다.

툭하면 세대교체론, 물갈이 어쩌구 하는 것도 남의 말 하기 좋아하는 호사가들의 입방정일 뿐이다. 방송법, 한 · 미 FTA 등 모든 방면 역주행이 큰 흐름인 이런 정국이라면 누가 야당 국회의원이 되어도 자괴감과 무력감을 느낄 수밖에 없게 되어 있다.

실제로 지난 2008년 총선 당시에도 물갈이, 세대교체론 등이 요란벅적지근했다. 많은 현역의원들이 공천을 받지 못했고, 새 인물로 선거가 치러졌다. 다시 4년 만에 그들을 물갈이해야 한다는 것이 민심이라 말들 하지만, 그렇지 않다. 가령 LH 문제만 해도 그렇다. '불통정권'이 힘을 써 밀어붙이기로 작정한 걸 지역구 국회의원 몇 명이 나선다고 막아질 일이 아닌 것이다.

장세환의원은 기자회견에서 "야권통합의 성공적 완결에 불쏘시개가 되기를 간절히 소망하는 심정으로 불출마를 결정했다"고 말했다. 민주당 텃밭인 호남의원으로서 처음이라는 상징성 때문 3선이상이거나 고령의 다른 의원들을 압박하는 신호탄이 될 수 있을지 몰라도 그것을 왜 초선인 장세환의원이 쏘아 올려야 하는지 의문이다.

장세환의원의 불출마에도 불구하고 분명한 사실은 당장 공천과정에서의 혼란과 정치판 이전투구가 어느 날 갑자기 사라지지는 않을 것이란 점이다. 누가 19대 국회의원이 되어도 4년 후엔 다시 물갈이니 세대교체 따위 분위기가 재현될 것이란 점이다. 장세환의원의 불출마가 너무 성급했거나 씁쓸하게 다가오는 이유이다.

개인적으로는 장세환의원의 그런 결단의 용기가 부럽기도 하다. 필자는 1999년 이후 7권의 비판적 산문집을 펴내는 등 '지랄 같은' 교육현실에 분노하고 절망하면서도 아직까지 교단을 떠나지 못하고 있다. 말할 나위 없이 '그놈의' 현실이 걸리적거려서다.

(전북매일신문, 2011.12.21)

문예지도는 아무것도 아닌가

일선 학교는 지금 바야흐로 '내신의 계절'이다. 일반 독자의 이해를 돕기 위해 덧붙이자면 내신이란 교원의 정기인사 발령을 위한 서류 제출을 말한다. 필자 역시 전주 전입을 기대하며 정기인사에 필요한 일반전보 관련서류를 냈다.

그런데 서류를 준비하면서 보니 인사규정에 적지 않은 문제점이 발견된다. 우선 지도상 가산점이다. 지도상 가산점은 "각종 대회에서 지도상을 받은 자로 당해 학교 재직기간 동안의 실적 중 유리한 것 1회에 한하여" 받을 수 있다.

지도상 가산점 대상의 각종 대회는 음악 · 미술 · 체육(무용포함)과 영재교육(과학 · 정보올림피아 · 기능경기대회 등) 등이다. 그러니까 백일장대회, 공모전 등 문예지도를 통한 지도상 가산점은 아예 적시되지 않은 것이다.

그렇다면 교사들이 묵묵히 하는 초 · 중 · 고 학생들 글쓰기 지도를 통한 학생 수상은 아무것도 아니란 말인가? 대학의 문학특기자 전형 등을 위해 절대 필요한 진학지도의 하나인데도 지도상 가산점과 상관없다는 말인가?(물론 학교별로 글쓰기 지도가 활성화되지 않은 경우도 있을 수 있다.)

1~3 단계로 지도상 등급이 나뉜 것도 문제다. 다른 분야는 어떤지 모르지만, 각종 단체의 백일장이나 공모전에서 교육감 지도교사상을 주는 경우, 등급 표시가 없는 것이 보통이다. 그런 사실을 이미 접했는지 인사규정에는 “등급표시가 없으면 3등급으로 인정”한단다.

그것 역시 말이 안된다. 보통 주최측은 최우수상 학생의 지도교사이거나 다수 응모 또는 다수 입상 등 특별한 공적이 있는 경우 교육감 지도교사상을 수여한다. 해당 대회에서 지도 공적이 빼어나 주는, 굳이 따지면 1등급의 교육감상인 셈이다.

그게 최하위 3등급이라니 말이 안 되는 것이다. 주최 기관에 교육감 지도교사상을 내주고도 최하위로 취급하는 도교육청의 이중성이 교사들을 울리고 있는 꼴이다. 이러다간 자칫 주최측에 등급 표기된 교육감 지도교사상을 달라고 하는 진풍경이 벌어지게 생겼다.

다음은 포상 가산점이다. 포상 가산점은 “당해 지역에서 5년 이내에 수상한 것 중 최상위의 포상 하나만 인정한다”고 되어 있다. 여기서 5년 이내는 불합리하다. 전라북도의 경우 한 학교나 같은 지역 만기가 6년인데, 거기에 맞춰져야 맞다.

실제로 필자는 전임지에서 그 조항에 걸려 억울한 피해를 당한 바 있다. 2003년 행자부장관상을 수상하여 스승의 날 장관 표창 추천 0순위였는데도 동료에게 양보했다. 만기가 되어 내신서류를 낼 때 비로소 그 조항이 있음을 알았다. 때문 장관 표창을 못써먹게 된 것이다.

표상 가산점의 너무 낮은 배점도 문제다. 특히 지도상 가산점과 비교해보면 그렇다. 훈장이나 대통령 표창은 누구나 쉽게 받을 수 없는 상이다. 그런데도 훈장이나 대통령 표창이 지도교사상의 전국대회 1등급 수상의 가산점보다 낮다니! 그런 국가 및 대통령에 대한 모독이 또 어디에 있는지 묻고 싶다.

도교육청은 해마다 보다 합리적인 인사규정 마련을 위해 교사들의 다양한 의견을 구하고 있는 것으로 알고 있다. 그 동안 위에 적시한 의견이 아예 없었는지, 있었는데도 묵살했는지 잘 모르지만 하루빨리 불합리한 조항이 개선되었으면 한다.

(전북매일신문, 2011.12.14)

깜도 안 되는 것들이

지자체장들의 사퇴가 잇따르고 있다. 전남의 경우 강진·무안군수, 순천시장 등이 중도 사퇴했다. 국회의원 총선거에 출마하기 위해서다. 4년 임기 중 절반도 하지 못한 사퇴라 찍어준 유권자들을 배신한 꼴이다. 아다시피 현직 단체장이 총선에 출마하려면 선거일(2012.4.11) 120일 전까지 사퇴해야 한다.

전북의 경우 현직 지자체장은 없지만, 고위 공무원들 사퇴가 이어져 구설에 올랐다. 특히 2008년 도지사 선거 공신들이 차지하고 있던 도 산하 기관장들이 임기가 오래 남았음에도 중도 사퇴, 속속 총선 출마를 선언했다.

도의장을 비롯 도의원 두 명도 중도 사퇴했다. 도의원의 경우 선거일 90일 전까지 사퇴해야 한다. 단체장들에 비해 30일간의 여유가 있는 셈이었지만, 그들의 사퇴 역시 4년 임기 중 절반도 못 채운 것이라 지지자에 대한 배신은 단체장들과 다를 바 없다.

이런 현상은 비단 전·남북 등 어떤 특정 지역에 국한되지 않는다. 전국적으로 많은 단체장과 시·도의원들이 중도 사퇴한 것으로 알려졌다. 그만큼 유권자들의 허탈감은 더욱 커진 셈이다.

행·의정감시연대는 "이들의 사퇴로 시·군에 행정공백이 초래되고, 보궐선거로 10억 원 안팎의 예산이 들어가는 등 주민한테 피해가 돌아간다"며 "총선에서 대가를 치르도록 해야 한다"고 주장했다. 김남규 참여자치전북시민연대 사무처장은 "정당은 공천심사때 단체장 중도사퇴자를 배제해야 한다"고 주장하기도 했다.

장세환 국회의원의 총선 불출마 선언은 또 다른 의미에서 지지자들에게 심한 허탈감을 안겨준다. 장세환 국회의원은 민주당전당대회 폭력사태와 각종 법안 날치기를 보며 "국회의원으로서 부끄럽고 자괴감과 무력감을 느꼈다"고 말한다.

그렇다면 대한민국이 어떤 나라인지 모르고 18대 국회의원이 되었단 말인가? 최루탄까지 터지는 '막장국회'라지만, 엄밀히 따져 그것은 야당의원들의 잘못이 아니다. 방송법, 수도권규제완화, 내부형 교장공모 15%제한 시행령 등 모든 방면 역주행이 큰 흐름인 이런 정국이라면 누가 야당 국회의원이 되어도 자괴감과 무력감을 느낄 수밖에 없게 되어 있다.

그런데도 예비후보 등록이 시작되자 마치 기다렸다는 듯 출마선언이 잇따랐다. 제법 지명도 있는 인사가 있는가 하면 '도대체 누구지' 하며 고개를 갸웃거리게 하는 이들도 적지 않다. 사업가가 있는가 하면 시민단체에 몸담았던 인사들도 있다.

중도 사퇴나 총선 출마가 개인적 자유이긴 하지만, 이해되지 않는 것이 있다. 선거철만 닥치면 '내가 잘났다'는 온통 인재로 넘쳐나는

데, 왜 대한민국은 정치적 후진성을 못 벗어나는지, 노상 파열음을 내며 국민들로부터 정치 혐오증을 가중시키는지 진짜 알다가도 모를 일이다.

혹 '깜('재료 또는 바탕이 되는 것'이라는 뜻 '감'의 센 말)도 안 되는 것들'이 나서대니 그런 건 아닐까 생각해본다. 아무리 선거판이 개판이라 해도 적어도 국회의원쯤 하려면 정의감 · 청렴성 · 개혁 마인드 정도는 기본적으로 갖춰야 하지 않을까?

사업가도 변호사도 그 누구도 국회의원을 할 수 있지만, 혹 자아도취에 빠져 개념 없이 나서대는 후보는 없는지 유권자들이 눈을 부릅뜰 때다. 사실 지난 지방선거에서도 금전에 휘둘려 신의를 헌신짝 버리듯 하는 등 깜이 안 되는 후보들을 여럿 목격한 바 있다.

국회의원 총선거가 90여 일 앞으로 다가왔다. 이른바 '안철수신드롬'으로 인해 기존 정당들이 환골탈태에 애쓰는 모습이지만, 글쎄 그런다고 19대 국회의 대한민국이 정치선진국으로 화려한 변신을 할지는 미지수다.

물갈이 어쩌고 하는 것도 가관이다. 출마를 벼르는 예비후보들을 보면 유권자 눈에는 '그 나물에 그 밥'일 뿐이다. 4년 전에도, 그 이전에도 그렇게 해서 많은 새 얼굴이 국회에 입성했지만, 다시 이 모양 이 꼴이다. 이 지독한 정치불신을 사라지게 할 '정치의 기술'이 시급한 이유이다.

(전북도민일보, 2012.1.2)

군산교육발전진흥재단에 바란다

군산교육발전진흥재단(이하 '진흥재단')은 지금 군산관내 중 · 고등학교 재학생들을 대상으로 예 · 체능분야 장학생 선발중이다. 연말까지 신청서 접수가 마감되면 곧바로 심사에 돌입, 2월초 대상자를 발표할 예정이다.

교과성적 우수학생 위주의 수월성교육 예산지원이 아닌 예 · 체능 특기학생 대상의 장학사업은 필자가 알기론 도내 지자체중 군산시가 유일하다. 뜨겁게 환영하고 열렬히 박수를 보내는 이유이다.

보도에 따르면 진흥재단은 2008년 135명 1억 5,900만 원, 2009년 187명 1억 6,800만 원, 2010년 162명 1억 2,400만 원 등 최근 3년간 예 · 체능 분야 우수학생 484명에게 총 4억 7,000만 원의 장학금을 지급했다.

2009년 필자가 추천한 제자 2명도 각각 40만 원과 30만 원의 장학금을 받았다. 2010년엔 제자 5명이 30~60만 원의 장학금을 각각 받은 바 있다. 말할 나위 없이 감사하고 고마운 일이다. 장학금 받고 기뻐하는 제자들을 보는 것만으로도 교사로서의 보람과 기쁨은 두 배다.

며칠 전 작년보다 2명이 늘어난 것을 나름 뿌듯해하며 7명의 신청서를 접수했다. 한국농어촌공사 물살리기실천수기 최우수상(농림수산식품부장관상), 혼불학생문학상 장원 등 지난 해보다 수상 성적도 뛰어나 선발될 것을 확신했다. 학생들에게 살짝 귀뜸도 해둔 터다.

그러나 다음 날 청천벽력 같은 연락을 받았다. 7명 중 2명만 요건에 해당된다는 것이었다. 담당자 설명인즉 심사위원들이 남발 운운하여 요건이 강화되었단다. 비로소 '한국예총산하 10개분야 중 2011년도 중앙부처주최' 및 '4년제대학주최 전국대회 1~3위 수상자'라야 수혜 대상이 됨을 알 수 있었다.

필자는 그 강화된 요건이 이해되지 않는다. 중앙부처주최 학생대상공모전은 농림수산식품부(재능기부활동수기공모전), 지식경제부(전국편지쓰기대회) 등 아주 드물게 실시하고 있기 때문이다. 그런 대회에서 수상자를 내기도 했지만, 아주 드문 참가 기회와 수상의 어려움 등 강화된 요건은 문예분야 장학생을 선발하지 않겠다는 의미로 읽힐 수밖에 없다.

더욱 이해되지 않는 것은 따로 있다. 이 지방자치시대에 심사기준을 왜 중앙부처 주최에 매달리는가 하는 점이다. 그렇다면 군산세계철새축제전국백일장, 환경의날기념전국백일장 등 군산시가 예산을 지원하거나 군산시장상, 군산시의회의장상을 수여한 대회는 아무것도 아니란 말인가?

상은 남발되면 권위를 떨어뜨리지만, 장학금은 그게 아니다. 많이 줄수록 좋은 게 아닌가! 진흥재단은 '터무니없는' 요건에 매이지 말고 탄력적으로 심사에 임했으면 한다. 전문계고 학생으로서 글을 써서 상 받는 일이 결코 쉬운 일은 아니다. 상 받고 뛸 듯이 기뻐하던 제자들의 '나도 할 수 있다'는 자부심을 무참히 꺾는 장학생 선발이 안되길 간절히 소망한다.

꼭 장학금을 받기 위해 백일장 등 대회에 나가는 것은 아니더라도 필자는 당장 2012학년도 대회 참가 여부부터 고민할 참이다. 하긴 너무 오래 하나보다. 문예지도를 관두면 이런 것 신경 안쓰고 '편하게' 선생할 수도 있음인데…….

(전북매일신문, 2011.12.30)

지도교사 없는 학생은 없다

"헌신적 선생님들이 희망을 만듭니다"라는 '올해의 스승상 시상식' 기사는 가슴을 뭉클하게 했다. 그러나 그런 일각의 노력에도 불구하고 교사를 '껄짝' 취급하는 경우가 많아 씁쓸함을 금할 수 없다.

일례로 지난 해 말 (사)한국효도회 전라북도지부가 주관 · 시상한 제4회 효도편지쓰기 시상식에 다녀왔다. 지도한 학생들이 상을 받게 되어 인솔했지만, 시상식이 진행되는 동안 괜히 왔지 싶은 생각이 물밀 듯 밀어닥쳤다.

이례적으로 김승환 교육감이 직접 참석, 시상하여 눈길을 끌었지만 회장인사 · 격려사 · 축사, 심지어 사회자 멘트 어디에서도 지도교사 노고에 대해 고맙다는 의례적 인사 한 마디 들을 수 없었기 때문이다.

백행百行의 근본이 '효'임을 강조하는 주최측은 학생들의 수상에 교사의 지도가 숨어 있는지는 모른 듯했다. 그렇지 않고서야 어떻게 학생 대상 시상식에서 '지도해주신 여러 선생님' 같은 격려 · 위로의 말 한 마디 없겠는가?

그런데 의외로 그런 경우가 많아 씁쓸함을 더해준다. 군산교육발전진흥재단(이하 진흥재단)의 예체능 장학생 선발도 그중 하나다. 먼저 진흥재단의 예체능 장학생선발사업에 대해선 찬사를 보내고 싶다. 성적 위주의 수월성 교육 예산지원이 아니어서다.

지난 해부터 추천한 제자 7명도 장학금을 받은 바 있다. 말할 나위 없이 고마운 일이다. 장학금 받고 기뻐하는 제자들을 보는 것만으로도 교사로서의 보람이 충만하지만, 그러나 아쉬운 점은 있다.

초 · 중학교나 전문계고에서 학생들이 혼자서 음악 · 미술 · 체육, 그리고 백일장대회나 공모전에 참가하여 상을 받기란 결코 쉬운 일이 아니다. 이를테면 장학금 신청 자체가 교사의 도움 없이는 거의 불가능한 일인 셈이다.

사정이 그런데도 학생들을 장학생이 되게 한 교사에 대해선 나 몰라라 하고 있다. 묵묵히 헌신적으로 학생들을 지도하는 교사들의 사기를 꺾는 것이나 다름없는 일이라 할 수 있다.

학생들이 감사해 하고 학부모들이 고마워하는 전화 따위 인사조차 없는 것도 주최측의 그런 자세와 무관해 보이지 않는다. 그것이 지도교사들의 억측일까?

당연히 교사들이 꼭 뭘 바라고 학생들을 지도하는 것은 아니다. 그렇더라도 문예 등 예체능 분야 특기지도는 교사들의 의무사항이 아니다. 또 학생들 재능에 대한 확신과 열정이 없으면 하기 어려운 일이다.

교사로서 결코 당연한 일이 아닌 이유이다. 학생 대상의 백일장이나 공모전을 실시하는 지자체와 중앙부처, 문인 등 각종 단체의 지도교사에 대한 인식이 바뀌길 기대한다.

('녹원소식', 2011.12.20)

한국농어촌공사 '내고향물살리기'공모전 유감

최근 한국농어촌공사는 '제13회 내고향물살리기운동 전국학생·주부실천수기공모' 수상자를 발표했다. 고등부 최우수상(농식품부장관상) 주인공이 군산여자상업고등학교 학생이란 사실을 알았을 때 필자는 자신의 수상 때보다 더 놀랍고 기쁜 마음이었다.

필자가 지도한 전문계고 제자가 기라성 같은 일반고·특목고 학생들을 제치고 최고상을 차지해서다. 초·중·고 학생부에선 유일하게 장관상을 받게 되어 필자 역시 '지도상' 수상자가 될 것이라 기대하는 마음도 생겼다. 대부분 최고상 수상 학생의 지도교사에게 그 상이 주어지는 걸 봐왔기 때문이다.

그런데 어찌된 일인지 지도상 명단은 수상자 발표에 나와 있지 않았다. 의아하고 궁금하여 전활했더니 "해당없다"는 대답이 돌아왔다. 필자가 본 공모요강에는 그런 심사기준이 없었는데, 담당자는 자체적으로 정한 '응모작 수, 3년 연속 응모여부' 등 지도상 기준에 대하여 설명을 해주었다.

전문계 고교에서 눈썹 휘날리게 글쓰기 지도를 하고 있는 필자는 올해 들어서만 벌써 3번째 그런 일을 겪었다. 지난 4월 목정문화재단 전북고교생백일장과 10월 시상식이 열린 전주문화방송 '혼불학생문학상'에서 필자가 지도한 학생이 각각 최고상인 장원을 수상했는데도 지도교사상은 아예 없거나 다른 교사에게 돌아갔다.

전자는 지도교사상이 아예 없었다. 지난 해까지 장원수상 학생 지도교사에게 주었던 지도교사상을 폐지해버린 것이었다. 후자는 작품 공모 때 공문엔 없었는데, 어찌된 일인지 느닷없이 만들어 3명이나 지도교사상을 주었다.

이는 바꿔 말하면 주최측이 즉흥적이거나 임의로 지도교사상을 선정했다는 의미이다. 그것도 말이 안되지만, 장원 수상 학생의 학교 교사에게 주는 일반적 상식을 뒤엎는 것이라 당혹스러웠다. 3명 수상자 명단을 살펴보니 아마도 지도교사상 선정 기준은 다수 학생 수상 학교의 교사인 것 같다.

지도교사상 기준을 응모작 규모로 정해도 문제는 남는다. 한국농어촌공사가 내세운 기준대로라면 전국의 전문계고 교사들은 지도교사상 받을 기회를 원천봉쇄 당하게 되어 있어서다. 이런 지독한 전문계 차별이 또 어디에 있는지 묻고 싶다. 시골 소규모 학교 역시 일단 다 참여한다 해도 기본적으로 적은 응모작 수 때문 그런 차별에 '울어야' 할 상황이긴 마찬가지다.

일견 대회 활성화라는 주최측 고민이 읽히긴 한다. 그렇더라도 다수 응모학교에는 '단체상'을 주면 된다. 단체상 받는 학교의 교사에게 지도상까지 준다면 그건 온당해 보이지 않는다. 설마 한국농어촌공사는 질보다 양에 집착해 대회 활성화를 꾀하려는 것인가?

필자는 우리 학교 900여 명 학생 중에서 작품다운 작품을 쓴 3명만 겨우 응모하게 할 수 있었다. 그것이 전문계고의 부인할 수 없는 글쓰기 현실이다. 이를테면 원천적으로 지도상 받을 자격을 박탈당한 채 '어리석게도' 학생 지도를 열심히 한 셈이다.

최고로 우수한 작품을 지도한 교사의 노고는 무시한 채 기본기도 갖춰지지 않은 글들을 작품이랍시고 응모하고, 거기에 더해 단체상이며 지도교사상까지 휩쓴다면 누가 봐도 제대로 된 공모전은 아니다. 한국농어촌공사가 매년 실시하는 '내고향물살리기운동 전국학생 · 주부실천수기공모전'의 취지가 무엇인지 궁금해진다.

물론 지도교사상을 주고 안주고는 주최측의 자유일 수 있다. 학생작품을 공모하면서도 지도교사상이 없는 백일장이나 공모전도 많다. 그럴망정 지도교사상을 주는 것이라면 누가 봐도 합리적이라야 한다. 또 선정 기준이 사전에 공지되어야 맞다.

제자의 수상 소식을 듣고 이런 '엿 같은' 기분이 들기는 글쓰기 지도 20년 만에 두 번째다. 차제에 당부한다. '쪽수'를 기준으로 밀어붙이는 그런 지도교사상이라면 다음부터는 공모요강에 전문계고나 농 · 산 · 어촌 소규모 초 · 중학교는 '응모불가'를 밝히기 바란다.

한국농어촌공사는 묵묵히 학생들의 좋은 작품 쓰기 지도에 매진하고 있는 전문계고나 농 · 산 · 어촌 소규모 초 · 중학교 교사들의 사기를 더 이상 꺾어서는 안될 것이다.

(전북도민일보, 2011.12.13)

지자체 상 조례제정 통해 상금도 줘야

얼마 전 '제29회 인천광역시문화상 시상공고'를 보았다. 문학 등 5개 분야에 걸쳐 상을 준다는 내용이다. 며칠 후 한 일간지에 실린 '2011년도 서울특별시문화상수상후보자 추천공고'도 보았다. 문학 등 14개 분야에서 상을 준다고 되어 있다.

그런데 이상하다. 상금 없이 달랑 상장 · 상패 · 메달 따위만 준다고 되어 있기 때문이다. 이를테면 무늬뿐인 상인 셈이다. 가족과 친지, 그리고 지인들까지 함께 한 시상식에서의 기쁨이 반감될 수밖에 없는 이유이다.

무늬뿐인 상의 대표는 지자체장이 주는 상이다. 그 반대의 예로 전북문학상을 들 수 있다. 전북문학상은 '가난한' 전북문인협회가 주는 상인데도 1명당 200만 원씩의 상금을 부상으로 준다. 독지가의 기부로 기존 100만 원에서 2배 올린 액수이다.

그런데도 전라북도의 '자랑스런전북인대상', 전주시의 '전주시예술상', '전주시민의 장' 등은 달랑 상패 또는 메달만 주고 만다. 물론 위의 사례에서 보듯 그것이 어느 특정 지역만의 현상은 아니다.

다시 한 예로 광주광역시문화예술상도 무늬뿐인 상이다. 박용철문학상 · 허백련미술상 · 오지호미술상 · 임방울국악상 등 유명한 예술인 이름으로 시상하는 '광주광역시 문화예술상'이지만, 그 명성에 걸맞지 않게 상장(상패)만 준다고 되어 있다.

그들 지자체가 내세우는 이유는 공직선거법 제112조이다. 선거법에서 기부행위를 금지하고 있어 상금을 주고 싶어도 부득이 줄 수 없다는 것이다. 일견 그럴 듯한 이유로 보인다. 공직선거법이 개정되지 않는 한 도리 없어 보이기도 한다.

그러나 그것은 변명에 불과하다. 변명이 아니라면 무지의 소치이거나 직무유기에 속한다. 공직선거법에 기부행위 예외 조항이 있어서다. 공직선거법 제112조 2항은 "지방자치단체가 대상 · 방법 · 범위 등을 구체적으로 정한 조례에 의한 금품제공 행위는 직무상의 행위"라 규정하고 있다. 조례에 의한 상금 수여는 기부행위 예외조항에 속하는 것.

실제로 군산시는 매년 채만식문학상을 시상하면서 1,000만 원의 상금을 부상으로 주고 있다. 바꿔 말하면 서울특별시나 인천광역시, 전라북도나 전주시, 광주광역시 등 많은 지자체들이 조례를 제정하지 않아 상금 없이 상장이나 상패만 달랑 주는, 지나가던 소도 웃을 시상식을 하는 것이라 할 수 있다.

이해가 안 되는 것은 수년째 계속 무늬뿐인 상을 시상하는데도 그대로 방관되어 왔다는 사실이다. 가령 인천광역시문화상의 경우 29회째 상을 시상하면서도 공직선거법의 기부행위 예외조항에 대해선 나몰라라 했던 셈이다.

또한 1962년 처음 실시한 전북문화상이 1996년부터 확대 개편된 자랑스런 전북인대상 상금은 5백만 원이었다. 1990년 첫 수상자를 낸 풍남문학상이 1999년 확대 · 개편된 전주시예술상 상금은 3백만 원이었다. 상금이 없을망정 오랫동안 그 상이 존속되어온 것은 전라북도와 전주시를 각각 대표하고 있어서이지 싶다. 이 점은 다른 지자체들도 마찬가지일 것이다.

언론사나 문학단체 등이 시상하는 각종 상은 소정의 상금이 있어 수상자들의 기쁨을 배가시킨다. 너무 돈을 밝히는 것 같지만, 그렇지 않다. 상금이 있어야 제대로 된 상이다. 상 본연의 기능을 충실히 하는 것이라 할 수 있다.

사정이 이런데도 유독 지자체만 수상의 기쁨을 반감시켜서야 되겠는가? 말할 나위 없이 그것은 좋은 정치가 아니다. 지자체들은 지금이라도 서둘러 조례를 제정하여 상다운 상이 되게 해야 한다.

교육감이 학생들에게 주는 상도 마찬가지다. 외부기관이나 단체에서 의뢰한 경우는 그렇다쳐도 교육청 자체적으로 매년 실시하는 학생 및 교사대상 여러 정기 사업은 조례 제정을 통해 상장만 달랑 주는 일이 없게 해야 맞다.

공무원들의 무지나 게으름으로 인해 무늬뿐인 상이 더 이상 계속되어선 안될 것이다.

(전북일보, 2011.12.12)

전북문학상, 그 어떤 수상보다 기뻐

지난 해 말 어울리지 않게 첫 시집을 펴냈다. 지난 5월엔 두 권의 산문집을 동시에 펴냈다. 6개월 만에 3권의 책을 펴낸 것이다. 많은 선배, 동료들이 그 부지런함에 덕담을 아끼지 않았다.

문력文歷 29년 만에 총 35권의 책을 펴냈으니 그럴만하다. 1년에 1권 넘게, 그것도 교사라는 멀쩡한 직업을 갖고 있으면서 책을 펴내는 것이 그리 흔하거나 쉬운 일이 아니긴 하니 말이다.

신인상 말고 글쟁이가 되어 처음 받은 문학상은 데뷔 15년째인 1998년 '전북예술상'이었다. 책을 14권 펴냈을 때였다. 9월 시상식 직후 발간된 2권의 평론집까지 그 해 5권의 책을 펴내는 '괴력'을 나도 모르게 보인 셈이 되었다.

그러나 그것은 '발목 잡히기'이기도 했다. 당시 전북문학상보다 '상위'의 상을 받은 자는 수상자 제외 대상이었던 것. 그 규정이 언젠가 없어지고부터 전북문학상은 늘 받고 싶은 상이었다. 그것을 탐

내서라기보다 내가 소속된 전북문인협회가 나의 그 부지런한 문학 활동을 인정해준 의미있는 상이 되기 때문이다.

제23회 전북문학상 선정 소식을 듣고 그 어떤 수상보다 기뻤던 것은 그래서다. 조례 제정을 통한 상금 수여의 예외조항이 있는 걸 아는지 모르는지 공직선거법 어쩌고 하며 상장(패)만 달랑 주는 지자체 상도 수두룩한데, 상금까지 2배로 불어난 전북문학상을 받게 되었으니 어찌 기쁘지 않겠는가!

그런 세속적 기쁨을 잠시 거두고 살펴봐도 전북문학상 수상의 의미는 커보인다. 22회까지 단 한 명의 평론가도 수상자 명단에 끼어본 적이 없어서다. 이를테면 시행 23년 만에 최초의 평론 분야 전북문학상 수상자라는 의미를 더하게 된 셈이다.

모든 작가는 작품으로 말한다. 그 소신에 변함이 없지만, 수상을 계기로 반성할 점도 있음을 깨닫는다. 교사로서 글쓰는 학생들을 데리고 여기저기 백일장이나 이런저런 공모전에 참가하는 열정의 반절만이라도 집필 외 문학행사에 참여해야 할 것 같은 생각이 그것이다.

그러고 보면 전북문학상이 내게는 좀 과분한 상이 아닐까 싶기도 하다. 불현듯 심사위원님들 고충도 거기 있지 않았을까 생각하니, 더 고맙다. 많이 감사해야 인간의 도리일 듯싶다.

지금 나, 막 떨고 있는 건가? 왜 더 그럴 듯하고 근사한 소감이 안나오는거지……. 그렇더라도 한 마디만 더 해야겠다. 내 글을 읽어주는 모든 '팬'들과 이 끓어오르는 전북문학상 수상의 기쁨을 나누고 싶다.

(『전북문단』 65호, 2011.12.1에 실린 글의 원본임.)

툭하면 발표연기, 공모전이 애들 장난인가

고교에서 문예지도를 하고 있는 교사이다. '원로교사'지만, 내가 글쓰기 지도를 하고 있는 것은 제자들의 우일신하는 모습이 즐거워서다. 또 상을 받고 기뻐하는 제자들 모습이 교사로서의 보람을 갖게 해주어서다.

그런데 제자들을 실망시키는 공모전이 있어 펜을 들었다. 지난 상반기 영산강유역환경청이 주최한 '제9회 영산강 · 섬진강사랑 환경작품공모전' 등 제때 입상자를 발표하지 않아 학생들을 실망시킨 경우가 있었던 것.

개선되길 간절히 바랐지만, 하반기 들어서도 그런 일이 계속되고 있다. 가령 제천녹색세상이 주최한 '제7회 전국자연사랑 생명사랑 시 공모전'의 경우 처음 발표한다던 약속을 한 번도 아니고 무려 두 번이나 미루었다.

무슨 말 못할 주최측 사정인지 알 수는 없다. 과연 전국대회를 치를 역량이 있는 단체인지 의구심을 갖게 하는 진행인 것은 분명하다. 앞의 두 대회는 공교롭게도 모두 최고상이 환경부장관상이라는 공통점이 있다.

그걸 보면 환경부 산하 단체이거나 정부로부터 예산지원을 받는 환경단체들로 관련 행사를 치르는 것이라 짐작된다. 그들 단체의 존재가치를 폄훼할 생각은 추호도 없지만, 국민 세금으로 하는 공모전을 그리 진행해선 안될 것이다.

환경을 살리겠다며 관련 단체에서 공모전이나 백일장을 하는 것은 당연히 좋은 일이다. 그러나 분명한 사실이 있음을 명심했으면 한다. 내게 "왜 발표하지 않느냐"며 따지듯 묻는 제자가 있기도 했지만, 어린 학생들이 대놓고 표현을 안해서 그렇지 모두 느끼긴 한다는 사실이다.

그 동안 주최(주관)측 홈페이지를 수없이 방문하는 등 시간낭비가 심했음은 물론이다. 학생들에게 '쪽팔릴' 일도 그렇지만, 불신마저 심어준다면 많은 돈을 들여가며 굳이 그런 공모전을 할 이유가 없는 게 아닌가?

대학 주최 공모전이라 해서 매끄러운 진행이냐 하면 그렇지 않다. 숭의여자대학은 '전국여고생문예작품현상공모'를 해놓고, 심사결과는 발표일 당시 어디에도 발표하지 않았다. '입상자 개별통보'였기 때문이다.

이 방식은 '음모' 의혹으로부터 자유롭지 못하다. 홈페이지 발표와 개별통보 사이엔 응모자 전원을 포함한 모든 이들과, 수상자와 주최측 단 둘이만 아는 것이라는 엄청난 차이가 있다. 도대체 무엇이 켕겨 대학측은 수상자를 만천하에 공개하지 못하는 것인가?

충주대학교의 '국원문학상'은 또 다른 '나쁜' 경우다. 작품 응모시 출력 원본과 CD를 함께 제출하라고 해서다. 수상작 선정 후 필요하면 제출하라 해도 될 일이다. 그런 행정편의주의는 일단 학생들을 번거롭게 한다. 무엇보다도 고작 시 5편만 들어있는 멀쩡한 CD를 버리게 되는 등 낭비가 문제다.

성인을 대상으로 한 공모전도 예외가 아니다. 서비스마케팅학회와 동아일보가 주최한 '2011국민행복캠페인'은 중앙지 5단 통광고까지 내놓고 당초 발표일보다 10일, '제2회 대구일보경북문화체험 전국수필대전'은 9일씩이나 늦게 발표했다. 그런데 '전국수필대전'의 경우 발표일이 추석날이었다. 온 국민이 다 쉬는 날 발표라니, 도대체 '개념'이 있는 대회인지 의아스럽다.

공모전에서 이해되지 않는 것이 하나 더 있다. 1등과 2등의 편차가 너무 큰 상금이 그것이다. 예컨대 '롯데백화점에서 생긴 당신의 행복한 추억' 공모전을 보자. 1등이 300만 원(상품권)인데 반해 2등은 고작 50만 원이다.

대개 1등과 2등의 작품수준이 '깻잎 한 장 차이'인 경우가 많은 점을 고려치 않은 '개념 없는' 상금 책정이라 할만하다. 그것이 아무리 주최측 마음이라 하더라도 상식적으로 일반이 납득할 수 있는 공모전이라야 미덥게 느껴진다. 좋은 이미지 제고의 홍보 극대화를 노린 공모전이라면 더욱 그렇다.

앞으로도 공모전 심사결과 발표가 많이 있을 예정이다. 주최측은 툭하면 발표연기 따위 공신력 잃는 행태에서 벗어나기 바란다. 기획 단계에서부터 충분히 검토하여 좋은 일 하며 욕얻어 먹는 공모전이 되지 않았으면 한다. 국민과의 약속이나 다름없는 무릇 공모전이 애들 장난은 아니기 때문이다.

(전북도민일보, 2011.11.14)

교원 임용·연수때 글쓰기 의무화해야

국어교사의 한 사람으로서 '기자수첩—교사추천서, 그냥 네가 써와라'(10월 31일자 A14면)를 보고 씁쓰름함을 금할 수 없다. 그 칼럼이 "교과학습은 물론이고 교사추천서까지 사교육업체에 맡기는 세상"임을 새삼 환기하고 있기 때문이다.

그런데 교사들이 추천서 쓰기를 꺼려하는데 '기자수첩'에 든 것 말고 다른 이유는 없는지 생각해보게 된다. 실제로 교장·교감은 물론 평교사들로부터 "글쓰기에는 워낙 재주가 없어서……."라는 말을 수시로 듣곤 한다.

그 말은 유감스럽게도 겸사가 아니다. 열에 아홉은 진짜로 글을 못쓰는 것이다. 한두 번 첨삭으로 꼴이 갖추어지는 건 그나마 다행이고, 아예 통째 바꿔 써야 하는 경우도 왕왕 있다.

인터넷시대의 글쓰기도 예외가 아니다. 정부의 강력한 정책에 힘입어 어찌어찌 컴퓨터를 배워 홈페이지, 메신저 등에 글을 올리는 것까지는 좋은데, 그것이 거의 모두 '인터넷식'이다. 글쓰기의 기본기가 갖춰진 글을 찾아보기 힘들 정도이다.

네이스나 에듀파인처럼 인터넷 사용이 교원 근무의 일부가 되어버린 것처럼 글쓰기 역시 시인이나 소설가가 되려는 사람만이 배우고 지녀야 할 특기가 아니다. 또 소질이나 재주 따위로 치부해버리며 부담없이 넘어갈 문제도 아니다.

글쓰기는 자신의 느낌이나 의견을 정확하게 표현 · 전달하는 수단이다. 특히 교원의 경우 교장 등 관리자는 말할 것도 없고 전공을 불문한 교사 모두가 기본적으로 익혀야 할 필수과목이다. 자신의 생각을 남에게 제대로 전달하는 글도 못쓰면서 어떻게 학생을 가르칠 수 있겠는가?

아예 학생들은 글쓰기라면 차라리 죽을 맛이라는 반응들이다. 고교 3년을 멀쩡히 수학하고 졸업까지 했는데, 논리적인 글은커녕 편지 한 장 제대로 쓰지 못한다. 매우 안타까운 일이지만, 그것이 부인할 수 없는 우리 교육의 현실이다.

그 근저에 입시지옥이라는 주범이 따로 있음을 모르지 않지만, 교원의 글쓰기는 어느 정도 진척을 볼 수도 있다. 컴퓨터 보급과 더불어 의무적으로 실시했던 연수처럼 글쓰기도 모든 교원들을 대상으로 그렇게 하면 가능한 일이다.

교원임용고사에서부터 글쓰기 과목을 넣는 것도 생각해봄직하다. 전공이나 초 · 중등을 불문하고 글쓰기가 교사임용의 필수조건이 된다면 지금처럼 글 못 쓰는 교원은 자연스럽게 사라질 것이다.

(조선일보, 2011.11.10)

전북도, 작가저서구매지원 계속해야

10월 28일 오후 3시 목정문화상 시상식이 한국소리문화의전당 국제회의장에서 열렸다. 목정문화상은 무주 출신의 (주)미래엔(옛 대한교과서주식회사) 김광수 회장이 사재를 출연해 설립한 목정문화재단에서 도내 문화 · 예술인들의 공적을 기려 1천만 원의 상금과 함께 주는 상이다.

지방에서는 아주 드문 큰 상금인데, 참으로 훈훈하고 반가운 일이다. 그뿐이 아니다. 연초 문학계가 싱글벙글했다는 소식이 지금도 생생하다. 한국도서관협회 산하 '문학나눔'에서 진행하는 소외지역(계층) 우수문학 도서보급 예산이 지난 해 20억 원에서 2배인 40억 원으로 늘어났기 때문이다.

우수문학 도서에 선정되면 1종당 1000~2000부씩 구입, 전국의 사회복지센터 · 작은 도서관 등 문학 소외지역 2,500곳에 보내진다. 기본적으로 열악한 출판사와 저자뿐 아니라 그 책들을 받아 읽을 많은 이들에게 가뭄의 단비처럼 반가운 소식이라 아니 할 수 없다.

지난 해 말 전북문인협회(회장 이동희)가 1종당 100만 원씩 지역 문인 46명의 저서를 구입해 공공도서관 등에 배포했던 것도 반가운 기억으로 남아있다. 도내 문인들 저서가 대부분 자비출판인 점을 감안할 때 그들에게 실질적인 혜택을 준 셈이 되어서다.

그같이 반가운 소식을 접할 수 있었던 것은 전라북도가 예산을 지원해줬기 때문이다. 당연히 올해도 계속되고 더 확대할 것으로 기대가 컸다. 하지만, 어떤 이유에선지 확대는커녕 아예 '없었던 일'로 굳혀져가는 모양이다.

그러나 '작가저서구매지원사업'은 그렇듯 1회용 행사처럼 끝내선 안된다는 것이 필자를 비롯한 1천여 문인들 모두의 생각이라 해도 과언이 아니다. 표현하지 않아서 그렇지 그 책을 반갑게 접했을 도민들 마음도 다르지 않다고 생각한다.

필자 기억으로 지난 해 전라북도가 시행한 '문인일자리창출(작가저서구매) 지원사업'은 전례 없던 아주 좋은 일이었다. 문단에선 이구동성으로 김완주 도지사의 높은 문화 · 예술적 마인드에 찬사를 보냈다. 특히 저서 구매자로 선정된 문인들 이야길 들어보면 "너무 잘하고 있다"는 환영 일색이었다.

그것이 어찌 문인들만의 일이겠는가? 궁극적으로는 소외계층을 위한 '문화바우처' 제도처럼 도민들의 문화 향수를 고양시키는 일이기도 하다. 기업의 메세나 운동이 절실하게 요청되는 것도 그런 사정과 무관치 않다.

말할 나위 없이 문화 · 예술은 경제논리로 따질 수 없는 소중한 자산이다. 많은 기업이 메세나 운동에 나서는 것도 그 때문이다. 그렇게 말해도 시비할 사람이 없을 터이다. 전라북도의 '작가저서구매지원사업'이 반갑고, 돋보이는 것 역시 그런 이유에서다.

무엇보다도 문학은 문화 · 예술의 선두 장르다. 문화 · 예술 여러 분야중에서도 문인이 가장 많다는 사실이 그걸 말해준다. '작가저서구매지원사업'이 그 문학을 활성화시키는 일임은 말할 필요조차 없다. 전라북도는 물론 도의회 차원에서도 깊은 관심과 아낌없는 지원이 있기를 고대한다.

(전북매일신문, 2011.11.10)

전북은행, 버리는 달력 안되게 해야

벌써 내년 달력이 나왔다는 신문기사를 보았다. JW중외제약에서 발행한 달력이다. 그 신문기사를 보니 연초 몇 개나 버려버린 올해 달력이 생각난다. 버린 이유는 간단하다. 보기 싫어서다.

보기 싫은 것은 디자인이나 그림 혹은 사진이 아니다. 색깔이다. 일반적으로 일요일이나 공휴일(국경일)은 빨강, 토요일은 청색, 나머지 평일은 검정색 등 3색 달력이 가장 보기가 좋다. 얼른 구분이 되기 때문이다. 소비자의 오래된 상식적 눈높이이기도 하다.

그런데도 언젠가부터 많은 회사들이 그러한 국민의 일반적 · 보편적 · 상식적 눈높이를 무시하고 있다. 아마 '개성 추구의 유니크한 스타일' 어쩌고 하는 것 같지만, 토요일 청색 미사용은 거의 '변태'에 가까워 보인다. 쳐다보기가 거역스러울 정도이다.

우리 집에서 쓰는 것은 농협중앙회, 남해화학(벽걸이)과 신협(탁상용) 달력이다. 그 달력들이 검정 · 청색 · 빨강 3색으로 구분되어

보기가 편하기 때문이다. 이를테면 제대로 된 달력인 셈이다.

지난 해까진 전북은행 달력을 걸고 보았다. 3색의 제대로 된 달력이었기 때문이다. 그런데 어찌된 일인지 직원에게 눈도장까지 찍어가며 어렵사리 구한 올해 달력은 도대체 색 구분이 없었다. 거의 '색맹' 수준이어서 겨우 구한 4개(탁상용 2개 포함)를 모두 폐기한 바 있다.

나로선 특히 대기업 달력에 대해 실망이 크다. 토요일에 대한 색 구분 없이 이상하게 된 달력은 SK에너지, 현대자동차, 금호타이어, 현대해상보험, 교보생명, 우체국 등 부지기수다. 10개 중 8개 꼴로 봐도 무방할 정도로 많다.

달력 안에 있는 그림이나 사진 등이 아무리 그럴 듯하면 무엇하나. 토요일도 평일과 같은 색으로 표시되어 마치 근무하는 날처럼 착각을 갖게 하는데……. 그것도 달력이라고 찍어 기업홍보용으로 배포하니 그 '무식함'이 놀라울 따름이다.

3색의 경우 인쇄비 부담이 더 클 수 있긴 하다. 기업 입장에서 무시 못할 이유겠지만, 그런 달력이 많은 소비자들로부터 버림받는 점을 감안하면 그것도 아니다. 무엇이 더 실익이 있는지 이미 답은 나온 셈이다.

무엇보다도 평일과 토요일이 같은 색이라면 주5일 근무제와 거리가 먼 70, 80년대 달력이나 다름없는 셈이 된다. 내년부터는 학교까지 전면적으로 주5일제가 실시된다. 토요일도 쉬는 날인 만큼, 그러나 '반공일'인 점을 고려, 청색으로 표시해야 제대로 된 달력이다.

모쪼록 '변태 달력'을 만들어 상대적으로 자원낭비가 심한 결과를 낳는 기업들의 '무지한' 마케팅에 변화가 있기를 기대한다. 아직 늦지 않았다. 검정, 청색, 빨강 3색으로 평일, 토요일, 일요일(공휴일)이 선명하게 구분된 내년 달력을 기대해본다.

(전북매일신문, 2011.11.2)

믿을 × 하나도 없어

교사의 한 사람으로서 그저 묵묵히 학생들만 열심히 가르치려 해도 잘 되지 않는다. 각 지역 교육 수장인 교육감들이 여론의 도마위에 오르거나 심지어 후보자 매수혐의(금품수수)로 구속 · 기소됐기 때문이다. 구속 · 기소와 함께 직무정지된 서울시 교육감의 보석신청은 기각되기까지 했다.

기본적으로 보수정권에다가 그와 짝짜꿍인 조 · 중 · 동 등 거대언론이 '적'이나 다름없는 악덕환경임을 십분 이해한다 해도 이른바 진보로 불리는 그들 교육감의 인사전횡과 금품수수 따위 언론보도는 '믿을 × 하나도 없다'는 자탄을 금할 수 없게 한다.

그런 가운데 '순창판 곽노현사건'이 언론에 보도되었다. 곧 있을 10 · 26 재 · 보선에서 순창군수 무소속 후보가 민주당 공천에서 탈락한 다른 후보를 매수한 것. 언론보도에 의하면 "표를 몰아주면 당선 후 인사권 등 권한의 3분의 1을 주고, 선거준비 비용도 보존해준다는 것"이다.

매수 혐의의 무소속 후보는 선거운동기간 중 구속 · 수감되었다. 조만간 사법부 판단이 내려지겠지만, 정작 씁쓸한 것은 매수당한 이가 그 지역 교육장 출신이기 때문이다. 퇴직했다곤 하나 매수 유혹에 넘어간 것은 '영원한 교육자'가 허구임을 분명히 한 셈이나 마찬가지이기 때문이다.

교육감 · 교육장들의 후보자 매수 혐의로 인한 구속 · 수감은, 필자에겐 2년 전 일을 떠올리게 한다. 그때 필자는 개방형교장공모 어느 학교에 지원했었다. 그런데 뜻밖에도 1차 심사위원인 어느 운영위원으로부터 금품 요구를 받았다. 당연히 거절했다.

그 결과, 정말 더럽게도 1차 심사에서 탈락되었다. 돈을 쓰지 않은 결과는 참혹했다. 청와대에 탄원까지 제기하여 알게 된 필자의 1차심사 점수는 지원자 6명 중 6위였다. 필자의 학교경영계획서를 그대로 베껴 제출한 지원자가 있었는데, 심지어 그보다 아래 순위였던 것.

그때 달라는 돈을 줬더라면 아마 지금은 어느 학교 교장이 되어 있을지도 모른다는 생각이 절로 든다. 그런데도 내가 금품요구를 거절한 것은 그것이 검은 돈이기 때문이었다. 신성해야 할 학교를 부패의 온상으로 만들고, 나아가 사회를 혼탁하게 하는 검은 돈이기에 불이익을 당할망정 애써 안쓴 것이다.

감히 말하건대 그것은 아무리 세상이 부정과 비리가 만연한 시궁창이라 해도 교육자만큼은 절대 그래선 안된다는 신념 없인 불가능한 일이다. 또 금품요구를 거절한 것은 학생 앞에서 부끄럽지 않고 자식들 보기에도 꺼림직하지 않은 교사요 아비이고자 했기 때문이다.

그런데 높은 도덕성과 청렴성이라는 브랜드 가치를 내세운 진보적 후보라 당선된 것이라 믿고 있던 서울시 교육감 같은 거물조차 단일화 조건으로 2억이라는 어마어마한 돈을 사퇴 후보자에게 주었단다. 그깟 교장 한 자리에 너무 청렴을 떤 게 아닌가 하는 후회가 절로 솟구치는 이유이다.

잠깐 필자의 고백에서 보듯 서울시 교육감의 금품수수는 곽노현 개인만의 문제가 아니다. 이른바 진보진영의 정치공학적 접근이나 셈법으로 호도될 일도 아니다. 무죄추정의 원칙도 있다. 그를 물러나라 압박하는 것이나 "35억 돈 모아 물어줄 것"이라는 대응도 볼썽사나운 모습이다.

서울시 교육감은 떳떳하다며 사퇴불가를 천명했지만, 그러나 검은 돈을 안써 교장 자리를 꿰차지 못한 '개 같은 현실'에 치인 필자의 상처를 덧나게 한 죄는 피할 길이 없게 되었다. 요컨대 어떤 경우라도 그런 돈을 써서는 안될 서울시 교육감 자리인 것이다.

서울시 교육감은 구속 · 수감만으로도 재판 결과에 관계없이 이미 엄청난 '범죄'를 저지른 셈이 됐다. "반부패 혁신 전문가 길을 걸으려면 더러운 곳 근처에도 안가야만 가능하다"는 스스로의 룰을 어겼기 때문이다.

아직도 서울시민 나아가 국민들 뇌리 속엔 교장 · 장학관 무더기 파면과 해임, 전 교육감 구속 · 수감 등으로 이어진 서울시 교육청 비리사건이 생생하게 남아 있다. 서울시 교육감은 재판 결과와 상관없이 결코 떳떳하고 당당할 수 없다.

(전북도민일보, 2011.10.24)

깨소금 맛 포인트 7만 점

사실을 말하자면 나는 백화점 단골 고객은 아니다. 20대 멋쟁이 아가씨처럼 허구헌날 백화점을 들락거리긴커녕 어쩌다 큰 맘 먹어야 한 번씩 찾아가는 고객이기 때문이다.

아마 신문광고를 접하면서부터였을 것이다. 친척 어른들에 대한 추석 선물은 화장품이 좋겠다는 생각을 하게 되었다. 설날에야 세뱃돈도 꽤 나가니 현금이 제격일 듯했지만, 추석만큼은 뭔가 정성을 더 담아 전하고 싶었다.

당연히 달랑 얼마의 현금보다 선물에 더 정성을 들여야 했다. 시간을 빼야 하고, 발품도 팔아야 했다. 특히 많은 사람들이 한꺼번에 백화점으로 몰려드는 명절 대목, 선물 사기가 쉬운 일은 아니다. 그만큼 지극정성은 달랑 얼마의 현금에 비할 바가 아닌 셈이다.

그 점을 이미 알고 있던 나는 가급적 서둘러 선물을 사곤 했다. 아무리 정성을 다한다고 하나 주차할 곳도 못찾아 쩔쩔매는 생고생을 이 나이에 사서 할 필요는 없었다. 또 미리 산다고 변질되는 선물도 아니었다.

그러나 지난 추석엔 사정이 달랐다. 추석 겨우 이틀 전, 그나마 토요일에 시간을 낼 수 있었던 것이다. 기왕 정성을 담아 전하고픈 선물이었다. 화장품이라도 백화점에서만 판매하는 것쯤은 되어야 어른들에게 '감동'을 줄 것 같았다.

상대적으로 주차가 수월한 대형마트를 놔두고 나 사는 곳에서 유일한 백화점, 롯데백화점을 애써 찾은 것은 그 때문이다. 자체 주차장은 엄두도 못 내고 아예 주변 골목길로 들어갔지만, 주차하기 힘들긴 마찬가지였다. 마침 비까지 추적추적 내리고 있었다.

'그냥 현금으로 해버릴까?'

나는 때아닌 고민의 늪에 빠져 들었다. 그러기엔 이렇게 들인 정성이 너무 허망했다. 결국 롯데백화점 주변 길을 세 바퀴나 돈 후 가까스로 불법 주차할 수 있는 곳이나마 찾을 수 있었다.

그렇다고 그냥 현금으로 해버릴 걸 하는 후회가 말끔히 가신 것은 아니었다. 후회는, 그러나 백화점 문을 들어서는 순간 거짓말처럼 사라져버렸다. 휘황한 조명과 '쭉쭉빵빵'인 매장 아가씨들의 상냥한 미소에 그만 압도되어버린 셈이라고나 할까.

매장 아가씨의 구체적인 상품안내도 한몫했다. 열심히 듣다보니 주차하며 겪은 고생 따위가 끼어들 틈이 없었던 것이다. 상품안내에는 포인트 점수도 끼어 있었다. 그 동안 누적된 포인트가 오늘 구매로 적립될 것까지 합치면 10만 점 가까이 된다는 설명이었다.

매장 아가씨가 익숙한 손놀림으로 화장품을 포장하는 사이 나는 매장에서 내온 녹차를 마시며 한껏 여유를 부리고 있었다. 봄을 시

샘하는 꽃샘추위보다 더 지독한 늦더위였지만, 정작 나를 땀의 열기 못지 않게 상기시킨 것은 따로 있었다. 포인트, 바로 포인트였다. 깨소금 맛이 분명한 포인트 7만 점!

벌써 눈치챘을지도 모르겠다. 내가 깨소금 맛 포인트 7만 점이라 말한 이유를. 그렇다. 여기서 처음 밝히지만, 그것이 깨소금 맛인 것은 아내가 모르는, 비자금이 생겼다는 의미이다. 선물 구입이라는 명절 임무를 착실히 수행하다보니 생겨난, 굳이 정의하면 정성과 노력의 '뻥땅'인 셈이다.

나는 468,000원을 카드 일시불로 결재하면서 그 중 포인트로 구입한 7만 원이 벌써 손에 쥐어진 듯 흥분을 감출 수 없었다. 거의 그와 동시에 '설날에도 백화점에서만 살 수 있는 화장품 선물로 할까', 때아닌 고민에 빠져 들었다.

나는 양쪽 손에 선물 종이백들과 우산까지 든 채 백화점을 나와 신호등 앞에 멈춰 섰다. 설마 그 사이 딱지를 떼진 않았겠지 생각하며 신호등을 건넜다. 내 차가 있는 곳까지 한참이나 갔는데도, 선물 든 짐은 오히려 가볍기만 했다.

(2011. 10. 3)

박완서문학마을, 크게 멀리 봐야

언론보도에 따르면 경기 구리시가 추진하려던 '박완서문학마을'을 중단하기로 했단다. 유족들의, "고인은 보통 사람으로 살고 책으로만 기억되고 싶어"했다는 뜻을 구리시가 받아들인 결정이다.

구리시는 지난 4월 고 박완서 기념사업 추진 계획을 밝힌 바 있다. 고인이 1998년부터 2011년 1월 22일 별세할 때까지 13년 동안 살았던 아차산 자락의 아치울 마을을 '박완서문학마을'로 조성하려 했던 것.

'구리시 행정기구 및 정원조례 시행규칙'을 개정 기념사업 전담팀까지 꾸린 구리시의 계획은 꽤 구체적이다. 문학관, 문학공원, 문학비에 이어 고인이 생전 작품을 구상하여 산책하던 코스를 '문학둘레길'로 만들 예정이었기 때문이다.

박완서문학마을 중단은, 그러나 바람직해 보이지 않는다. 장녀이자 수필가인 호원숙은 "어머니가 살아 계실 때도 원하지 않은 일"이라고 밝혔는데, 일단 그것은 맞는 얘기다. 살아서 문학관 따위를 갖는 건 구설에 오르내리기 십상이어서다.

하지만 사후라면 사정이 다르다. 평범한 개인이라면 말할 필요조차 없지만, 박완서는 '한국문학의 큰 별'로 평가된다. 그에 대한 추모와, 자라나는 청소년들에게 한국문학 속 박완서를 알리는 일은 우리 살아있는 자들 몫이요 의무이다.

박완서문학마을은 박완서의 한국문학 속 위상만큼 세계적으로 우리의 소중한 문화유산을 알리는 첫걸음이기도 하다. 기본적으로 전국에 산재한 많은 문학관들의 존재가치가 거기에 있지 않은가?

가령 2008년 작고한 박경리 추모사업을 살펴보자. 우선 오는 10월 첫 수상자를 내는 '박경리문학상'(상금 1억 5천만 원)이 제정되었다. 그뿐 아니다. 박경리문학제(강원 원주), 토지문학제(경남 하동), 박경리기념관 건립(경남 통영) 등 박경리와 연고가 있는 지역에서 활발하게 추모사업을 벌이고 있다.

너무 많아 혼란스럽긴 하지만, 그래야 맞다. 혹 박완서는 박경리만큼 문학적 존재감이 미미한가? 그게 아니라면 '가문의 영광'을 위해서가 아니라 빛나는 한국문학, 나아가 문화유산을 보존하고 전수하는 일에 고인이 지녔던 '생전의 겸손함'만 내세워선 안될 것이다.

그것은 좀 심하게 말하면 개인주의, 문학으로 많은 사람들을 울리고 웃긴 공인公人으로 가져선 안될 개인주의이거나 '나만 아는' 이기주의일 수 있다. 유족들이 협조하기로 했다는 고인의 집에 찾아오는 교육프로그램과, 구리시 인창도서관의 '박완서자료실' 운영만으로는 부족하다. 크게 멀리 봐야 한다.

내친김에 하는 말이지만, 사실은 법정스님의 유언에 따른 『무소유』 등 저서 절판도 온당해 보이지 않는다. 그냥 일개 스님이라면 그가 어떻게 하든 할 말 없지만, 수필가 법정은 공인이다. 공인이 무엇인가? 공익을 위해 생사조차 제 맘대로 할 수 없는 사람이다. 그야말로 무소유 그대로 가더라도 뒷 일은 살아 있는 자들에게 맡겨야 하는게 아닐까!

법정은 『무소유』 등 그의 책들을 "그 동안 풀어놓은 말빚"이라 했다. 그렇다면 그것에 열광하면서 사색하고, 깨닫고 감동한 많은 중생은 도대체 뭐란 말인가? 절판 유언이야말로 무소유가 아니겠기에 박완서문학마을 중단 소식은 슬프게 다가온다.

박완서문학마을, 크게 멀리 봐야 한다.

(전북매일신문, 2011.9.29)

김치 이야기

50대 후반의 원로교사(만 55세 이상의 교사)인 나의 김치 사랑은 좀 유별난 데가 있다. 언제부터 그랬는지 정확히 알 수는 없지만 단 하루도, 아니 단 한 끼니도 김치 없이는 밥을 먹지 못하니 말이다. 그런 만큼 김치에 얽힌 사연도 많다.

사실 어머니 살아계실 적엔 김치 걱정이 없었다. '김치의 귀재'인 어머닌 사시사철 김치를 손수 담궈 식탁에 올리곤 했다. 하긴 사시사철이랄 것도 없다. 김장 김치를 다음 해 여름까지도 먹곤 했으니까. 열무김치로 때워야 할 한여름 잠깐을 빼곤 배추김치가 떨어지는 일은 없었다.

나이 들수록 신김치를 못 먹는다는데, 내게 그것은 통하지 않는 말이다. 젊었을 때는 말할 필요조차 없다. 지금도 일부러 익혀서 먹을 만큼 신김치는 내게 딱이다. 거짓말 '한 개' 보태지 않고 신김치가 있어야 비로소 밥을 맛있게 먹었다할 정도이다.

벌써 10년 전 한·일 월드컵이 열리던 무렵 어머니가 세상을 달리했다. 2개월 남짓 입원해 있으면서도 어머니는 노상 김치 걱정뿐이었다. 아, 그렇다고 오해는 없기 바란다. 홀아비 아들이라 병석의 어머니가 김치 걱정을 한 것은 아니니까.

교사인 아내가 김치를 담그는 일은 거의 없었다. 어머니는 돈 버는 며느릴 위해 당신 혼자서 김치를 담그곤 했다. 그랬을망정 아내가 전업주부였다면 자연스럽게 그 비법을 시어머니로부터 전수받았을지도 모르겠다. 그리하여 어머니 사후 김치 없이 밥을 못 먹는 남편의 '고통'을 책임졌을지도.

그래서였을까. 직접 담는 게 서툴렀던 아내는 꾀를 냈다. 친정으로 쪼르르 달려가 김치를 가져오곤 했던 것이다. 어머니보다도 4살 아래인 장모 역시 '김치의 달인'이었다. 굳이 비교하라면 어머니가 한 수 위지만, 장모의 김치 맛도 내게 안성맞춤이었다. 해마다 추석이나 설 같은 명절 저녁식사 장소는 처가였다. 밥상엔 꼭 신김치가 있었다.

둘째 사위인 나만 신김치를 '째보 깜밥 좋아하듯' 할 뿐 다른 식구들은 그러지 않았다. 우선 연로하신 장인부터 신김치는 남이었다. 윗동서와 처형, 두 명의 처남 내외, 아내와 딸들, 그리고 조카들에 이르기까지 신김치를 좋아하는 이는 나뿐이었다.

그러고 보면 장모의 둘째 사위 사랑이 분에 넘쳤지 싶다. 자연 다른 식구들은 김치에 거의 손을 대지 않았다. 명절이라 평소보다 이것저것 다른 반찬들이 많은 탓도 있겠지만, 김치는 나의 독차지였다. 그런 장모의 김치맛이었으니 처가로부터 '공수'를 마다할 이유가 없었다.

어머니의 김치맛을 그리워할 짬도 없이 그렇게 몇 년이 흘렀다. 그런데 아뿔사! 어느 날 장모마저 입원하게 되었다. 혼자 계신 장인 밥상을 딸들이 챙겨드려야 할 형편이 되고만 것이다. 나는 갑자기 뒤통수 맞듯 들려온 장모의 와병 소식에 어쩔 줄 몰라 했다. 내가 어쩔 줄 몰라 했던 것은, 맙소사! 김치 때문이었다.

사위도 자식이라는 말은 그냥 소문일 뿐이었다. 장모의 심각하든 하지않든 병 걱정이 아니라 김치 타령이나 하고 있으니 말이다. 어쨌든 진짜 하늘이 무너져도 솟아날 구멍이 있는 법일까? 장모 입원 소식을 들은 시골 사는 외숙이 대뜸 김장김치를 갖다먹으라고 알려왔다.

외할머니가 계시긴 했지만, 95세 노인이었다. 그 흔한 치매기조차 없이 건강하셨지만, 살림은 외숙모 몫이었다. 아내와 동갑(외숙과 10년 차이)이라 어머니나 장모 같은 손맛은 아닐 수 있는데, 그것은 기우였다. 추석, 설 등 1년에 두 번 외가에서의 점식식사로 이미 외숙모의 김치맛은 검증을 거친 터였다.

외숙모는 '김치의 명인'이었다. 내가 즐기는 꼭 그 맛이다. 어머니와 장모의 김치맛을 그리워 할 짬이 없을 정도였다. 무엇보다도 외가의 김치는 외숙 내외가 손수 농사지은 배추로 담근다는 강점이 있다. 유기농이 무엇인지 시시콜콜 알지는 못하지만, 직접 씨 뿌려 키운 배추라는 점에서 다른 어떤 김치와 비할 바가 아닌 건 분명하다.

"설날 전 김장 때 다시 올 거요."

지난 추석 성묘차 갔던 외가를 떠나오면서 내가 외숙에게 한 말이다. 노상 외숙은 택배로 보내준다며 일부러 오지 말라고 한다. 김장

당일 외가에 직접 가는 것은 말할 나위 없이 너무 고마워서다. 또 막 담궜을 때의 그 맛을 만끽하기 위해서다.

작년 12월 3년여 입원생활 끝에 장모마저 세상을 달리해버렸다. 마침 나보다 4살 아래인 외숙모 김치 맛이 입에 쩍 달라붙어 있을 때였다. 그렇게 가져온 김치는 김치냉장고에 보관, 다음 해 여름까지 먹는다. 당연히 작년 김장김치를 지금도 먹고 있다.

내가 학교 급식 대신 도시락을 갖고 다니는 것도 김치 때문이다. 아침 출근이 바쁜 아내가 짜증내도 어쩔 수 없다. 원래 소음인 체질인 나는 육류나 회 따위를 잘 먹지 못한다. 10여 년 전 학교 급식소가 새로 지어져 어쩌다 그 밥을 먹었다. 20일쯤 되었을 때 비상벨이 울렸다. 반갑잖은 위염이 찾아온 것이었다.

내가 48년 만의 위염을 되게 앓은 후 아내에겐 선택의 여지가 없었다. 내 도시락은 밥 한 그릇과 두 개의 반찬 용기로 구성되어 있다. 응당 반찬 용기중 하나엔 김치만 담겨 있다. 사무실 냉장고에 잠시 넣었다 먹으면 그런 꿀맛이 없다. 특히 동료 여교사들이 안쓰러운 듯 쳐다보지만, 나는 결코 주눅들지 않는다.

가장 괴로운 것은 나들이 때다. 학생들과 함께 백일장에 갔을 때 보통 중화요리집에 간다. 짜장면 등에는 김치가 안 나오는 경우가 허다하지만, 볶음밥을 시키면 다르다. 볶음밥을 시키는 것은 특별히 그걸 좋아해서가 아니다. 내가 볶음밥을 시키는 것은 김치가 나오기 때문이다.

그런데 지난 해 '이조년추모백일장' 참가차 경상도 어느 지방에 갔을 때는 예외였다. 주최측에서 점심제공을 하지 않아 부득이 따로 식사를 해야 했다. 학생 3명은 면, 나와 또 다른 1명이 볶음밥을 주문했는데 김치가 없는 것이었다.

“아니 서울도 아니고 시골인데, 밥에 김치도 안준단 말이오?”

부아가 치밀어 식당주인을 다그치듯 말했지만, 깍두기로 먹는 밥맛이 좋을 리 없었다. 하긴 벌써 오래전부터 서울에서는 김치가 귀했다. 레스토랑은 물론 중화요리 음식점에서도 김치와 밥을 먹기가 어려웠다.

김치가 없으면 밥을 먹지 못하는 나는 혹 ‘변태’일지도 모르겠다. 그렇더라도 김치를 꾸준히 먹어 너무 오래 살게되지나 않을까, 오히려 그것이 걱정이다. 벌써부터 시골 외가의 올해 김장이 기다려진다. 외숙내외에게 이전보다 두 배로 고마운 마음을 전하리라!

(2011. 9. 28)

교육감 임기 3년도 안남았다

교사의 한 사람으로서 그저 묵묵히 학생들만 열심히 가르치려 해도 잘 되지 않는다. 꽃샘추위보다 더 심술궂은 늦더위 때문이 아니다. 각 지역 교육 수장인 교육감들이 여론의 도마 위에 올라 있기 때문이다.

기본적으로 보수정권에다가 그와 짝짜궁인 조·중·동 등 거대 언론이 '적'인 '악덕환경'임을 십분 이해한다해도 이른바 진보로 불리는 그들 교육감의 금품수수와 인사전횡 따위의 언론보도는 '믿을 × 하나도 없다'는 자탄을 금할 수 없게 한다.

전북 교육감의 인사전횡은 주로 지방지에 보도된 내용이지만, 그 역사가 깊다. 전북 교육감은 지난 해 7월 취임하자마자 전남 교육감처럼 사퇴서를 요구한 것은 아니지만 9월 1일 임용예정 교육장 후보를 12명이나 내정했다. 그 결과 1년 미만의 교육장조차 자리를 옮기게 되었다.

그뿐이 아니다. 전북 교육감은 지난 해 7월 1일 취임과 동시 3명의 인사담당 팀장을 전격 교체하는 부정기 인사를 단행한 바 있다. 또 7월 14일엔 교육국장과 기획관리국장도 갈아치웠다. 7월 22일엔 과장(서기관)급 인사도 단행했다.

인사 팀 교체에 대해 전북 교육감은 전북도교육위원회 임시회 답변에서 "인사의 투명성과 예측 가능성을 높이기 위한 조치였다"고 말했다. 그런데 몇 달 후엔 특별한 잘못이 없는 고위직 공무원을 45일 동안이나 대기 발령시키면서까지 기획혁신담당관을 바꾸었다.

여론의 질책이 잇따랐다. 다시는 그런 인사전횡이 없을 것이라 기대했음은 물론이다. 그런 기대는, 그러나 이번 인사에서 산산조각나 버렸다. 일례로 전문직시험을 거쳤다곤 하나 다른 합격자들은 놔둔 채 어느 사립학교 교사만 전직 · 임용되었다.

인사전횡의 하이라이트는 9월 1일자 정기인사와 별도로 단행된 어느 평교사의 교육연구관(교육정책연구소장) 임용이다. 교원인사뿐만이 아니다. 조직개편과 함께 단행된 일반직 부정기 인사에도 말이 많다. 단적인 예로 본청 근무 8개월밖에 안된 사무관의 학교 행정실장 '좌천' 인사가 그것이다.

어떤 원칙에 의한 것인지, 그것이 과연 투명하고 공정한 인사인지 의문을 제기하는 사람이 많다. 그런 소리가 교육감이나 그를 둘러싼 측근들에겐 전혀 들리지 않는지 묻고 싶다. 그렇듯 막가는 걸 보면 이번만 '해먹고' 관두려는지 때아닌 의문이 들기도 한다.

이른바 진보교육감이라 불리우는 전북 교육감의 그런 인사행태를 대하니 이명박 정부의 코드인사 논란이 새삼 떠오른다. 심지어 문화예술계 수장들까지 엄연히 임기가 남아 있는데도 생이빨 뽑듯 사그리 갈아치운 그 인사전횡 말이다.

하지만 필자는 소위 코드인사를 탓할 생각은 없다. 어떤 면에선 '끼리끼리'가 조직의 활성화를 이룰 수도 있기 때문이다. 문제는 원칙을 깬 데 있다. 원칙을 깨는 부적절 인사는 고유권한이 아니다. 전횡일 뿐이다.

재량껏 할 수 있는 내부형교장공모 추진은 희망학교가 없다며 '가볍게' 포기하면서 위인설관식 인사를 하는 것은 옳지 않다. 일련의 희한한 인사를 두고 '차기선거캠프' 따위 듣기조차 민망한 소문이 떠도는 것도 그래서다. 애시당초 그런 '설' 자체가 나오지 않아야 진보교육감 이미지에 맞는게 아닌가?

분명한 사실은 그렇듯 원칙 깨는 인사를 하라고 유권자들이 표를 준 건 아니라는 점이다. 이런 식이라면 많은 사람들이 다음 선거에선 진보아니라 '진보할애비'라도 그런 후보를 뽑아선 안될 것이라 생각하고 있음을 명심해야 한다.

교육감은 교육자이면서 정치인이다. 단적인 예로 교과부와 대립하여 특별교부금을 못 받은 것이 잘한 일로 보이진 않는다. 인사에선 정치인 자질을 유감없이 보이면서 정작 정치력을 발휘해야 할 부분에선 엉뚱한 원칙이나 고집한다면 결코 좋은 정치가 아니다. 좋은 교육은 더욱 아니다.

마르고 닳도록 할 것 같아도 교육감 임기는 3년도 채 안남았다.

(전북도민일보, 2011.9.20)

왜목마을 찍고 필경사 돌아

사실은 진작 나섰던 길이었다. 2년 전 5월 어느 일요일 시 쓰는 제자와 더불어 해 지고 해 뜨는 왜목마을을 찾아 나섰던 것. 그러나 고속도로를 꽉 메운 차량들에 질려 다음 기회로 미룰 수밖에 없었다.

다음 기회는 2년 6개월 만에 찾아 왔다. 내가 꼭 가보고 싶었던 왜목마을인지라 식사나 하자며 만난 동료를 설득한 셈이었다. 마침 마냥 푸르고 높은 하늘이다. 마치 이 르포를 축복이라도 해주는 것 같다. 오랜만에 맛보는 자유롭고 상큼한 여행이다.

왜목마을(충남 당진군 석문면 교로리)은 군산에서 2시간 거리다. 서해안인데도 일출을 볼 수 있는 곳으로 알려지면서 관광 명소가 됐다. 그러니까 동해안 일출과 서해안 일몰을 동시에 볼 수 있는 신비한 세계인 것이다.

바다 쪽에서 바라보면 마치 누워 있는 사람의 목처럼 잘룩하게 생겼다해서 '왜목'이라 불렀다. 또 지형이 왜가리 목처럼 길게 생겨 '왜목'이라는 이야기도 전해진다. 육지가 동쪽을 향해 튀어나와 길게 돌출된 덕분에 서해안인데도 해 뜨는 장관을 볼 수 있다. 뒷산격인 석문산에 올라 보면 장엄한 일출이란다.

하지만 그것은 숙박을 해야 가능한 일이었다. 선착장, 갯내음, 갈매기떼, 붐비는 사람들, 그로 인한 치열한 삶의 현장 같은 느낌으로 만족해야 했다. 참 이상도 하다. 뭔가 막 떠올라 시 「은하」를 쓰게 되었으니 말이다.

은하

5년만 더 살고 싶다던 어머니는
10년 가까이 단 한 번도
꿈에서 본 적 없는데

금방 뭍에 오른 수부水夫가
파시곳 니나노집 찾듯 은하는
꿈에 생생하기만 하다

은하수 건너편 은하 보러 간
해뜨는 마을은, 해지는 마을은
어쩐 일인지 갯내음조차 없건만
삶의 현장으로 넘쳐난다

갈매기 날개짓 하도 요란해서인가
역시 은하는 보이지 않는다

엊그제 꿈에서 요염한 자태를 드러내
마음 설레게 했던 은하는
그 긴 혀만 쏙 내민다

사진에도 사람 감정이 스민다는데
감정이란 놈이 하루에도 열두 번씩
쑥쑥 자라는 생물인 줄은 미처 몰랐다
은하가 밤에만 잠깐 빛나는 별인 줄
나는 이제야 알았다

가까운 곳 칠흑 같은 밤에
은하수 가까이 다가가 은하인
별을, 섹시한 별을
보고 싶다, 따고 싶다.

마냥 감상에 젖어 있을 수는 없었다. 과문불입過門不入. 왜 그때 이 말이 떠오른 것인지 알 길이 없다. 돌아가는 길 송악IC 인근에 '필경사'가 있음을 깨달은 것이었다. 채영신이 동혁과 사랑을 나누며 농촌 계몽활동을 펼치는 내용의 장편소설 『상록수』를 모르는 이가 있을까!

필경사(충남 당진군 송악면 부곡리)는 '붓으로 밭을 일군다'는 뜻이다. 심훈(1901~1936)이 1935년 동아일보 창간 15주년기념 현상공모 당선작 『상록수』를 집필한 곳이다. 장편 『직녀성』 연재 원고료로 심훈이 직접 설계하여 지은 예전 촌의 전형적인 초가 모습이다.

기념관 안으로 들어가니 둥그런 뿔테 안경을 쓴 심훈이 우릴 반긴다. 제법 큰 초상화 옆에 5장의 나이별 사진이 연보와 함께 걸려 있다. 유리장엔 유품들이 빼곡이 들어차 있다. 약간 좁은 듯하지만 여느 문학관과 다름없는 진열이고 장식이다.

필경사 방문으로 새로 알게된 사실이 있다. 소설『상록수』,『직녀성』,『영원의 미소』, 시「그 날이 오면」등 문인으로만 기억해오던 심훈이 영화인으로도 활동했다는 사실이다. 심훈은 1920년 후반부터 1930년대 초까지 비평, 각색·감독, 심지어 주연배우까지 영화인으로 살기도 했다.

그래서일까. 문학제가 아니라 문화제이다. 1977년 시작하여 매년 '상록문화제'(9월말에서 10월초)가 열리고 있는 것. 뜻깊고도 장한 일이다. 그 못지않게 장한 건 왜목마을만 가리라 생각하고 괘히 따라나섰던 동료의 심훈을 애써 이해하려는 듯한 밝은 미소이다.

은하수 별을 보고, 서해안 일출도 보려면 하룻밤 묵어야 하지만, 그때 하필 세상 일이 맘대로 다 되지 않는다는 진리가 떠오른다. 그것이 무슨 조화 속인지를 떠올리며 귀로에 올랐다.

('녹원소식', 2011.9.20에 실린 글의 원본임.)

제5부

황순원백일장의 점심제공을 환영함

얼마 전 신문을 보던 중 너무 반가워 시선이 딱 멈춘 기사가 있었다. '알림-황순원문학제' 소식이었다. 나의 시선이 딱 멈춘 것은 참가학생들에게 점심식사를 제공한다는 내용 때문이었다.

지난 해 나는 학생들을 인솔하여 10월 4일 열린 황순원백일장에 다녀왔다. 경기도 양평군에 위치한 '소나기마을'에서 열린 백일장이라 사실 큰맘 먹어야 갈 수 있는 대회였다.

백일장은 황순원문학제 행사의 하나로 열린 것이었다. 아니나다를까 대학교처럼 그냥 백일장만 하는 대회보다 자칫 소홀할 수 있는 '함정'이 그대로 드러났다. 점심시간이 낀 백일장인데도 학생들 식사제공은 하지 않은 것이다.

당연히 이는 손님을 집에 초대해놓고 식사대접도 하지 않은 결례나 다름없는 일이다. 우리 한국 사회에서는 특히 그렇다. 작고한 문인추모 백일장의 경우 좋은 일 하면서 욕 얻어먹기 십상이기도 하다.

한국문학사에 큰 획을 그은 황순원의 문학적 업적을 기린다면서 학생들로 하여금 '오라 해놓고 밥도 안주냐'는 불만 등 나쁜 인상을 심어줘서야 되겠는가? 그러기에 참으로 인색하고 치사한 일이라 생각하게 되었다

그러나 생각만으로 그친 것이 아니었다. 나는 같은 달 열린 경남 하동의 '토지문학제 학생백일장'의 점심 주지 않은 사례까지 낱낱이 적어 신문에 보냈다. 그럴 듯했는지 신문에서는 즉시 내 글을 게재했다. '밥도 안주는 문인 추모백일장'이 그것이다.

그 덕분에 황순원백일장이 지난 해와 다르게 점심식사 제공을 하기로 했는지 알 수는 없지만, 백 번 잘한 일이라 생각한다. 다른 무엇보다도 지역축제의 하나로 열린망정 백일장참가 학생들을 대상으로 장사를 하려해선 안되기 때문이다.

설마 예산이 없어 점심제공을 못하는 것은 아닐 터이다. 실제 참가학생 점심제공에는 그리 큰 돈이 들지 않는다. 또 그리 복잡할 것도 없다. 인터넷 · 메일 · 팩스 등 사전 접수로 대략적 인원을 파악하고, 도시락을 배달해오면 될 일이다.

당연히 지역업체를 이용하게 되므로 경제 활성화에 기여할 수 있음은 물론이다. 실제로 대학교 백일장말고도 목정문화재단백일장(전북 전주시) · 조병화백일장(경기도 안성시) · 윤선도백일장(전남 해남군) 등 점심을 제공하는 곳도 많다.

그러나 지난 1학기 때 참가했던 경북 고령군의 이조년백일장, 충북 옥천군의 지용백일장, 전남 강진군의 영랑백일장 등 지역축제와 연계한 문학제 백일장에선 여전히 '나몰라라'하며 점심제공을 하지 않는 곳 또한 많다.

어느새 점심을 학교 급식으로 대신한지도 10여 년 되었다. 가족 나들이라면 혹 모를까 대한민국의 어느 엄마가 문인추모 백일장을 가는 자녀 도시락을 싸줄 수 있을까? 그런 '탁상행정'으로 문인추모 백일장을 연다는 게 놀라울 따름이다.

예산지원을 하고 있는 지자체들은 돈만 퍼주지 말고 이 점을 유념, 대회가 진행될 수 있도록 각별히 챙기기 바란다. 응당 지원되는 예산은 지자체 쌈짓돈이 아니다. 지역문인협회나 행사추진위원회 것은 더욱 아니다. 다름 아닌 국민세금의 일부이다.

'토지백일장' 등 8~10월에도 많은 백일장이 열린다. 나는 일선 글쓰기 지도교사로서 힘주어 말한다. 새벽에 출발하느라 아침밥을 쫄쫄 굶고 백일장에 나서는 제자들이 점심도 굶거나 늦게 먹어야 하는 '고통'을 더 이상 보지 않았으면 한다.

(전북매일신문, 2011.9.2)

도대체 교과부는 뭐하는 곳인가

최근 교육과학기술부(교과부)는 전국 16개 시 · 도교육청에 올 상반기 특별교부금을 배부했다. 전북교육청이 신청한 241억 7,500만 원을 뺀 채였다. 교육자치가 시행된 이후 한 번도 들어보지 못한 특정지역 제외 특별교부금 배부이다.

특별교부금 제외에 이어 교과부는 김승환 전북교육감을 직무유기로 검찰에 고발했다. 이유는 두 가지다. 교원능력개발평가시행계획 관련 시정명령 및 직무이행명령불이행, 시국선언 교사 징계 보류 등이다. 쉽게 말해 교과부가 하라는 대로 고분고분 말을 듣지 않아 전북교육감이 고발당한 것이라 할 수 있다.

이를테면 교과부와 전북교육청의 갈등과 대립이 점입가경으로 치닫고 있는 셈이다. 한 마디로 어이 없는 일이 이 교육자치시대에 벌어진 것이기도 하다. 당연히 그것을 지켜보는 학생 · 교사 등 학교 구성원 및 도민들은 참담한 심정을 가눌 길이 없다.

특히 특별교부금 제외 처사는 '쪼잔한' 교과부라는 인상과 함께 도대체 뭣하자는 곳인지 의구심을 갖게 한다. 노골적으로 "소송 결과를 지켜본 후 지원여부를 결정하겠다"니! 국민세금으로 조성된 교육예산 집행을 그렇듯 사적인 감정 따위에 따라 해도 되는지, 쪼잔한 모습을 그대로 드러내고 있어서다.

교과부의 쪼잔한 특별교부금 제외는 지역 주민들을 '졸'로 보는 오만한 행태이기도 하다. 특별교부금이 대부분 학교의 강당 증·개축 등 지역 민원과 직결된 예산이기 때문이다. 따라서 특별교부금 제외는 지역구 국회의원들을 무시한 처사이기도 하다. 도대체 국회의원들까지 무시해버리는 교과부의 안하무인적 힘은 어디서 오는 것인가?

민주당 정세균 최고위원은 당 최고위원회의에서 "명백한 교과부의 진보교육감 탄압"이라며 전북교육청 특별교부금 제외를 질타했지만, 교과부의 존재가치에 대한 의구심은 '영림중 공모교장 임용거부'에서도 여전히 가시지 않는다.

보도(한겨레, 2011.7.26)에 따르면 서울 영림중은 평교사도 지원 가능한 내부형 교장공모를 실시해 후보자를 교과부에 임용·제청했다. 그런데 그 후보자가 전교조 출신인데다가 민노당 후원 교사라 미적거리고 있다는 것이다. 이것 역시 교과부 말을 고분고분 따르지 않는 서울시 교육감의 임용·제청인데다가 대립각을 세우고 있는 전교조출신 교사라 그런다는 의구심으로부터 자유롭지 못하다.

그런 태도는 교과부가 최근 진행한 국립전북기계공업고등학교 개방형 교장공모제 실시와도 너무 다른 모습이다. 교과부는 제1차 심사에서 5배수를 뽑아 달랑 그들의 번호만 홈페이지에 등재했다.

그러니까 학교경영계획서를 홈페이지에 공개하는 등 일선 학교에서의 투명한 절차와 다른 폐쇄적 진행인 것이다. '영림중사건'과 관련해 보면 절차상 그런 하자는 절로 뭐 묻은 개가 뭣 나무란다는 속담을 떠올리게 한다.

과거 김영삼 정권처럼 군사독재를 무너뜨리고 들어선 것도 아닌데, 교과부 하는 짓을 보면 '문민독재' 그 이상이다. 제발 교과부는 이제부터라도 안하무인적 태도를 버리기 바란다. 예컨대 교과부 말을 고분고분 듣지 않는다고 특정지역 교사들 봉급을 주지 않을텐가. 특성화고 학생들이 교과부 말을 따르지 않는다고 신입생 수업료 지원을 중단할 참인가?

전북교육청만을 제외한 특별교부금 배부와 서울 영림중 교장임용 제청 거부 따위는 그런 반문을 갖게 한다. 교과부는 빨리 교육감들이 '예스맨'이던 과거 임명 교육감 시절 같은 행태에서 벗어나기 바란다. 많은 이들이 대한민국 교과부의 수준이 그 정도밖에 안되는가 가늠하고 있음도 명심해야 할 것이다.

(전북도민일보, 2011.8.10)

전북문화재단, 왜 또 그러나

전북도립문학관 개관이 코앞으로 다가왔다. 관련 예산이 도의회에서 의결된 데 이어 그에 따른 공사가 진행되어 왔기 때문이다. 전북도립문학관 개관을 줄곧 주장해온 우리 문인들로선 반갑고 기쁜 일이라 아니 할 수 없다.

그것이 어찌 문인들만의 기쁨이겠는가? 도민 모두의 기쁨이요 경사일 것이다. 말할 나위 없이 또 하나의 소중한 문화유산을 갖게 되어서다. 나아가 우리 아이들이 우뚝 솟은 전북문학의 위상을 직접 보고 배울 수 있게 되어서다. 그들로 하여금 전라북도 도민으로서의 긍지와 자부심을 새삼 지닐 수 있게 되어서다.

이제 전북문화재단 설립이라 생각했는데, 현실은 매우 '요상하게' 돌아가고 있다. 사실 전북문화재단 설립에 이상 징후가 감지된 것은 지난 6월부터다. 전라북도가 도의회에 제출한 1차 추경예산안 가운데 관련 예산이 아예 빠져 있었던 것.

지난 해 편성된 예산의 도의회 삭감에 이어 이번엔 전라북도의 예산 미편성이라니! 어찌된 일인지 종잡을 수가 없다. 그렇게 안하무인적 도정을 펼쳐도 되는지 묻고 싶다. 혹시라도 전라북도와 도의회의 기싸움이 아니길 바라지만, 보도를 보면 무슨 '음모'가 있는 듯하여 개운치 않다. 한심스런 작태라는 생각이 들기도 한다.

예컨대 이런 현상은 "일부 기득권 상실을 우려한 문화특권층이 일부 도의원들을 동원해 반대하면서 나타난 것으로 전북도의 소신행정이 아쉽다"는 지적 따위가 그것이다. 염불보다 젯밥에 더 신경쓰는 추잡한 속사정으로 인해 그렇듯 오락가락하는 것이라면 안될 일이다.

급기야 문화예술계의 두 축인 전북예총과 전북민예총이 나섰다. 요약하면 "시간낭비 그만하고 전북문화재단 설립 조속히 추진하라"는 것이다. 2006년 도지사 선거공약인 점을 들먹일 것도 없다. 지난 해 전라북도의 본예산 편성은 명백한 추진 의사였다. 그것을 '무지하게' 전액 삭감한 도의회 역시 추경예산안 심의때 보자고 한 바 있다.

그런 사안이니 이제 심의 · 의결의 '통과'만 남은 셈인데, 다시 원위치되어버렸다. 두 단체의 시간낭비 지적이 충분히 온당한 이유이다. 무엇보다도 피로감이 쌓이게 하는 건 좋은 정치가 아니다. 도지사나 도의원들은 정치인이다.

때마침 접한 여러 지역의 문화재단 출범 소식은 부러움과 함께 울화를 치밀어 오르게 한다. 대구 달성군은 7월 15일 '달성문화재단'을 출범시켰다. 경북 칠곡군, 경기 용인시, 경기 수원시도 각각 문화재단을 출범시키기로 했다. 충북 진천군은 문화재단 설립을 구상하고 있다.

그들도 전북문화재단처럼 티격태격 논쟁과 오락가락 행보 따위로 보도 내용이 오보로 전락해버리는 것인지 두 눈 부릅뜨고 지켜볼 일이다. 부디 전라북도와 도의회는 기면 기고 아니면 아닌, 생산적인 정치역량을 펼치기 바란다. 설마 도민들 스스로 지쳐 나자빠지게 하려는 저의가 아니라면 말이다.

(전북매일신문, 2011.8.10)

잡지의 추억

잡지 하면 가장 먼저 『선데이 서울』이 떠오른다. 1970년대 초반 고교생이었던 나는 이미 중학생시절 『선데이 서울』의 명성을 자자하게 듣고 있던 터였다. 아직 「애마부인」 같은 영화가 극장에서 상영될 수 없었던 시절, 『선데이 서울』은 여드름 빽빽난 '고딩이'들의 우상이었다.

망측도 하지. 집나이 쉰 여덟 살에, 그것도 비록 사표師表는 못될망정 점잖은 체면이어야 할 국어교사이면서 『선데이 서울』을 우상으로 내세우다니! 그래도 그때 『선데이 서울』에 실린 남정임의 비키니 수영복 차림에 오금을 저리지 않은 청소년들이 과연 얼마나 될까, 생각하니 좀 낫다.

하긴 『선데이 서울』만이 전부는 아니었다. 청소년 잡지로 『학원』이 유명했지만, 내게는 『합격생』이 더 요란했다. 잘못된 펜팔란 때문이었다. 나의 소개중 성별이 여자로 잘못 기재되었던 것이다. 전국 각지에서 쇄도하는 편지가 요즘 애들 말로 대박이었다. 그것들을 태우다가 집에 불이 날 뻔하기까지 했으니 말이다.

불은 나의 잽싼 행동으로 이내 진화되었지만, 정작 고약한 일은 따로 있었다. 광주에서 온 편지에 장난삼아 여고생인 것처럼 답장을 몇 번 했는데, 만나자커니 내용이 점점 진지해지고 있는 점이었다. 알고 보니 그는 가정형편 때문 중졸 후 '공돌이'로 일하고 있는 순진한 청소년이었다.

이대론 안되겠다 싶어 나는 남자임을 밝혔다. 그 동안의 장난도 사과했다. 이제 끝이려니 했는데 한 달쯤 지나 답장이 왔다. 그 편지를 요점만 대략해보면 다음과 같다.

'충격이 컸지만, 이젠 괜찮다. 이것도 인연이니 우리 친구로 지내자!'

그 후 우리는 사는 곳을 서로 오가며 친구가 되었다. 응당 지금도 친구로 지낸다. 지난 해 봄 나는 광주광역시에서 있었던 그 친구 딸 결혼식에 다녀왔다. 여름엔 그가 나의 장인상에 다녀가기도 했다. 청소년 잡지 『합격생』이 맺어준 죽마고우인 셈이다.

왕창 고장난 청춘이 이어지면서 한동안 잡지는 나와 상관없는 '물건'일 뿐이었다. 그런 잡지를 다시 만나게 된 것은 6수 끝에 대학생이 되고나서이다. 주로 도서관을 이용하여 리포트나 논문 따위에 필요한 참고문헌용 잡지를 보는데 여념 없었다. 그리고 새내기 교사였던 시절 『문학사상』으로 인해 한 여자를 만나게 된다.

금방 한 여자라 했지만, 사실은 친구의 제자였다. 객지에 나가 있던 나는 어느 주말 고향에 와 친구들과 어울려 내기당구를 쳤다. 당구장을 나와 술집으로 향하는데, 2명의 친구 제자들을 만난 것이었다. 이내 그들과 동행하게 되었다. 술집에서 자세히 보니 그 중 한 명이 문학월간지 『문학사상』을 갖고 있었다.

나는 『문학사상』을 갖고 다니는 것만으로도 그 제자를 달리 보게 되었다. 그것은 사귐으로 이어지는 원동력이기도 했다. 면소재지인 나의 근무지까지 그녀가 내려오기도 했지만, 결론은 9살이나 차이 나는 그냥 애일 뿐이었다. 결혼적령기에 접어든 나와 달리 그녀는 이제 갓 스무살의 '애'였던 것이다.

25년도 더 지난 일이라서 발뺌하려는 것은 결코 아니다. 내가 그녀를 '차버린 건', 사실 어린 나이 때문만은 아니었다. 그녀의 아버지 때문이었다. 어느 날 그녀의 집에 놀러 갔다. 관광지 기념품 가게를 하는 부모님 귀가 전까지 그녀 집에 있으면 되었다. 그러나 아뿔사! 웬일인지 부모님은 일찍 귀가했다. 특히 아버지의 분노는 '무식' 그 자체였다.

"야, 개새끼야! 너는 뭐야?"

다짜고짜 딸의 머리채부터 잡아채는 그를 말리려는 나는 그런 말 아닌 말을 듣고 말았다. 그녀는 아버지에게 머리를 가위질 당하고, 금족령까지 견뎌야 했다. 집에 있어야 할 그녀는 머리에 수건을 두른 채 아버지의 금족령 따위완 상관없다는 듯 날 찾아왔다. 하지만 그녀의 그런 모습이 내게 감동으로 와닿지는 못했다.

그녀 아버지로부터 들어선 안될 소리를 이미 들은 나의 분노는 하늘을 찌르고 있었다. 그녀의 수건 두른 모습을 보고도 나의 분노는 사그라들지 않았다. 다만, 한 10년 전쯤 그녀를 우연히 만나 들었던 고백은 솔직히 충격이었다. 나는 죄책감에 어쩔 줄 몰라 했다. 글쎄, 내가 '첫사랑'이었다는 것이다.

아까 6수 끝에 대학생이 되었다고 했는데, 당연히 나는 입학 동기생들로부터 '예비역 형'이었다. 유명한 안도현 시인이 대학 1년 후배지만, 실제 나이론 6살쯤 차이나는 것은 그 때문이다.

그때 같은 학번 중에는 시를 쓰기 위해 단식까지 서슴지 않는 후배(나이상으로)가 있었다. 그도 3수인가 하여 나하고 3살쯤 터울이었다. 마침내 그는 중앙일간지 신춘문예 시 부문에 당선되었다. 꽤 요란뻑적지근한 신고식의 시인이 된 것이었다.

마침내 시인이 되었으니 고행은 끝난 것이라 생각했지만, 그러나 그것은 나의 오판이었다. 그는 이제 '좋은 시'에 매달렸다. 그런 그가 지방신문사 기자가 된 것은 뜻밖이었다. 오래 전 사귀어온 초등학교 교사와 결혼도 했다. 시를 쓰긴 할망정 누가 봐도 평범한 생활인의 모습이었다.

한동안 연락이 끊긴 것은 피차 먹고 사는 일이 바빠서라고 해야 옳다. 무소식이 희소식이라는 옛말처럼 연락이 없는 동안 그저 잘 있으려니 했다. 그렇게 몇 년이 흘렀을까, 낯선 출판사 이름이 적힌 잡지 한 권이 우편으로 왔다. 계간지였다. 그런데 그가 발행인이었다.

나는 절로 어~ 하는 신음에 가까운 소리를 토해냈다. 열악한 처우 때문 지방지 기자를 그만둔 것으로 짐작되었지만, 왜 하필 잡지냐는 생각이 들어서였다. 문학을 주로 하되 인문학 등 다른 장르까지도 수렴하는 잡지였다. 구독신청용 지로용지도 여러 장 들어있었다.

혼자 여러 권을 구독할 필요는 없었다. 알음알음 구독 권유를 하라는 뜻이었다. 나는 내용이 빼곡히 적힌 지로용지 몇 장을 손에 쥐자 그제서야 후배와 통화를 시도했다. 처음 부탁인데, 체면치레는 겨우 될 것 같아서였다.

"어떻게 그리 되었네요. 형, 많이 도와주쇼!"

창간호는 2001년 여름호였다. 지금도 책꽂이엔 2004년 여름호까지 그 잡지가 꽂혀 있다. 이를테면 3년 동안 꼬박 잡지를 구독한 셈이다. 그리고 끝이었다. 내가 그만 시들해져 잡지 구독을 그만둔 게 아니라 보내오지 않았던 것이다. 잡지 한다는 소릴 처음 들었을 때의 예감이 현실로 나타난 것이라고나 할까!

다시 무소식이 희소식이란 옛 말에 기대 몇 년이 흘렀다. 그런데 지난 해 3월 전혀 뜻밖의 충격적인 신문기사를 접하게 되었다. 다른 시인과 함께 한 후배의 출가 소식이었다. 나는 전화기를 집어 들었다가 이내 그만두었다. 잡지 폐간이 전부는 아니겠지만, 고단한 삶 속 속세를 떠난다는데 내가 무슨 말을 할 수 있겠는가!

많은 잡지들이 부침을 밥 먹듯 하고 있다. 기본적으로 돈이 안되기 때문이다. 달걀이 먼저냐 닭이 먼저냐의 문제겠지만, 잡지에 냉정하거나 무심한 일반대중이 후배를 산속으로 내몬 게 아니냐는 생각도 몰려온다. 아무리 잘 만들어도 몇 년을 버티기 어려운 이 땅의 잡지 현실이 쓸쓸하기 그지없다.

그러고보면 『수필과비평』은 참 대단하다. 창립 20주년을 맞아 2011년 1월부터 격월간에서 월간으로 전환, 발행되고 있으니 말이다. 그뿐이 아니다. 『수필과비평』을 펴내는 출판사에선 2004년 봄호로 창간한 계간지 『문예연구』를 한 권의 결호도 없이 지금까지 발행하고 있다. 그 잡지들을 나는 '기특하게도' 다 보관하고 있다.

잡지는 한 번 보고 버리는 책이 아니다. 무릇 소설처럼 처음부터 끝까지 모두 통독하지 않는 대신 그때그때 필요에 따라 꼭 소용되는 것이 바로 잡지이다. 그것을 알기에 꾸준한 보관이 가능한지도 모른다. 나의 오지랖 넓음을 탓해도 별 수 없게 되었지만, 책장에 꽂아두어야 비로소 잡지라는 생각엔 변함이 없다. 내친김에 책장에 꽂아둔 잡지들을 훑어본다.

『문학과경계』, 『원광문학』, 『비평문학』, 『창작과비평』, 『문학과사회』, 『세계의문학』, 『상상』, 『리뷰』, 『수필세계』, 『표현』, 『현대수필』, 『대한문학』, 『신동아』, 『월간중앙』, 『광장』, 『전북문단』, 『방송과저널』, 『출판저널』, 『씨네21』, 『작가세계』, 『문학의시대』, 『새교육』, 『독립기념관』, 『전북수필』, 『현대문학』…….

족히 수백 권은 되어 보인다. 내 방의 왼쪽, 오른쪽 또는 베란다에 있는 책장 속 잡지들은 오늘따라 더 없이 오랜 친구같다. 혹 나만 그럴까, 잡지들이 너무 대견하고 뿌듯하다.

(2011. 8. 6 ~ 8. 8)

2년에 걸친 대가야 체험

국어교사라 그런 것은 아니다. 백일장이며 학교신문제작 지도를 할망정 그렇게하지 않는 교사가 더 많다. 축제현장이나 문학관 사제 동행은, 이를테면 순전 나의 열정 때문이라 해야 맞다. 손꼽아보면 가족보다 제자들과 함께 한 횟수가 오히려 더 많으니 아내와 딸들에겐 완전 구박감이다.

2010년 새학기 시작과 함께 나는 4월 11일 열리는 제2회 이조년 백일장을 구상하고 있었다. '대가야 체험축제'의 하나로 열리는 것이니 속된 말로 도랑 치고 가재 잡는 나들이였지만, 먼 거리가 문제였다. 더구나 일요일이라 가려는 아이들이 있을지도 걱정이었다.

그러나 그것은 말 그대로 기우에 불과했다. 3학년 4명이 흔쾌히 간다고 했던 것. 휴일이든 먼 거리든 예사로 있던 일이라 그런지 경북 고령군 고령읍까지 가는 백일장 참가인데도 교감, 교장선생님은 두말없이 오케이였다.

아이들을 태우기 위해 약속장소에 도착, 잠깐 차 밖으로 나왔다. 꽃샘추위까지는 아니더라도 아직 바람이 제법 쌀쌀했다. 이윽고 톨게이트를 지나 고속도로로 접어들었다. 전북 전주에서 경북 고령군까지 2시간 남짓 만에 도착할 수 있었다. 참 좋은 세상, 편리한 시대라는 생각이 절로 든다.

점심 식사 후 행사 장소인 '산림녹화기념숲'에 도착하니 막 안내가 시작되고 있었다. 나는 학생들에게 주의사항 등을 다시 일러주고 곧장 '대가야 체험'에 나섰다. 대가야 역사테마관광지는 그야말로 인산인해였다.

사실 가야 유적지는 처음이었다. 연전에 김해를 간 적이 있지만, 결승에 오른 축구부 응원차 학교에서 단체로 간 것이었다. 단지 최인호의 소설 『제4의 제국』이나 TV드라마 「김수로」 등을 통해 얼핏 알고 있는 정도였다. 역사는 승자의 기록이라지만, 나의 무지를 깨닫는 순간이었다.

그래도 인터넷 등 나름 준비는 해둔 터였다. 가야는 고대 낙동강 하류지역인 변한에서 1세기경 12부족의 연맹체가 단합하여 6가야로 통합된 나라이다. 6가야는 금관가야(김해) · 대가야(고령) · 소가야(고성) · 아라가야(함안) · 성산가야(성주) · 고령가야(상주 · 함창?) 등이다. 그러니까 지금 6가야중 가장 강성했다는 대가야 한복판에 서게 된 것이다.

축제기간이라 그냥 매표소를 통과했다. 그렇다고 팜플렛조차 그냥 지나친 것은 아니다. '대가야탐구생활'이라는 팜플렛을 펼쳐 보았다. 알고 만나는 것과 모른 채 엉겁결에 구경하는 데에는 체험의 농도가 다름을 이미 알고 있기 때문이다.

팜플렛에 의하면 대가야는 서기 42년부터 520년간 고령지방을 중심으로 찬란한 문화의 꽃을 피웠던 고대 국가이다. 건국신화에 따르면 대가야의 시조 이진아시왕은 정견모주라는 가야산 여신과 하늘신 이비가 사이에서 태어난 '뇌질주일'이다.

대가야는 뛰어난 제철기술로 이루어진 '철의 왕국'이었다. 제철기술로 만든 무기, 장구, 마구류 외에도 장신구, 토기 등을 일본과 중국에 전파했다. 바닷길을 통해서였다. 현재 중국과 일본의 곳곳에서 대가야 유물들이 출토되고 있는 것이 그 증거이다.

대가야는 5세기 후반 급속히 성장하여 신라·백제·고구려 3국과 대적할 정도의 국가가 되었다. 고구려 광개토태왕에 의해 금관가야가 망한 후 철과 기름진 농토를 배경으로 가야연맹을 이끌지만, 그러나 대가야는 562년 신라 진흥왕의 공격으로 무너지고 만다.

그러고 보니 금방 무심히 지나쳐 온 연못이 '우륵지'이다. '악성'이라 불리는 가야금의 대가 우륵이 바로 대가야 사람이었던 것이다. 그의 명성은 '전국우륵가야금경연대회', '악성우륵추모제', '고령가얏고음악제' 같은 축제의 메인 행사만 보아도 미루어 짐작할 수 있다.

그런 상식을 간직한 채 발길을 재촉했다. 4월의 분수가 이채로웠다. 가야산 여신 정견모주 분수대다. 사람들로 북적거리는 가야장터(음식점)를 지나는데 햇빛 받은 액자들이 손짓을 한다. 지난 해 '이조년백일장' 수상 및 지역문인 시들이다. 몇 편을 읽어본다.

가만, 우리 학생들은 상받을 만큼 좋은 작품들을 쓰고 있나? 어느새 주어진 시간이 얼마 남지 않았다. 결국 고대 가옥촌, 대가야 유물체험관, 대가야 가마터 체험관, 대가야 입체(4D)영상관을 둘러보는 것으로 만족해야 했다. 아직 애들인데, 낯선 객지에서 인솔교사가 안 보인다면 얼마나 놀라고 불안해할까! 생각이 그에 미치자 마음이 급했다. 아무리 빨리 걸어도 땀이 날 계절은 아닌데, 이마를 타고 내려오는 것이 있다. 군청을 지나 농협 건너편 주차한 곳까지 오니 이젠 다리가 뻐근하다.

다행히 아이들은 아직도 글을 쓰고 있었다. 산기슭에 위치해서 그런지 바람이 매우 차게 느껴져 오히려 다행이다. 나만의 대가야 체험 사실이 바람에 묻힐 수 있어서다.

지난 4월 10일 제3회 이조년백일장에 다시 갔다. 작년 제자들은 모두 졸업했지만, 1명도 상을 받지 못했었다. 하긴 시 잘 쓰는 1학년 학생을 발굴하지 못했다면 이번 참가는 포기했을지도 모른다. 두 번째 찾아가는 길이라 그만큼 편했다.

"와, 되게 사람이 많네요!"

대가야 체험 축제가 열리는 대가야역사테마관광지에 들어서니 아이들이 탄성을 질렀다. 사실 백일장 장소가 대가야역사테마관광지로 바뀐 것도 다시 나설 수 있는 동력이 되었다. 지난 해 아쉬웠던 대가야 체험을 이제 맘껏 할 수 있기 때문이었다.

"자, 우선 글부터 쓰고 시간 되는 대로 구경도 한다, 알겠지? 아자!"

나는 애들을 잠시 잊고 2년에 걸친 대가야 체험에 빠져들었다. 지난 해 잠깐 보았던 곳들부터 다시 들렀음은 물론이다. 일명 '흙내음쇠소리터'인 토기 · 철기방, 바닥에서 물줄기가 솟아오르는 바닥분수의 가야광장을 거쳐 고분 전망대까지 오를 수 있었다.

신비한 나라 대가야관 고분 전망대에선 국내 최초 순장묘인 44호 고분을 비롯하여 200여 기의 대가야 고분군을 볼 수 있었다. 지난 해 여름 가족과 함께 간 아라가야 함안의 고분들과는 또 다른 위용이랄까, 장관이 펼쳐졌다. 대가야가 500여 년이나 계속된 고대왕국이었음을 확실히 깨달은 셈이었다.

고분전망대를 내려오다 보니 아름다운 숲과 물이 흐르는 곳에 펜션들이 즐비하다. 바로 대가야왕가 마을이다. 벽천폭포를 지나니 대가야 탐방숲길이다. 왕관 모형의 탐방숲길이 어느 자연 휴양림 못지 않다. 불현듯 세 번째 대가야 체험은 유독 산림을 좋아하는 아내와 해야지 하는 생각이 스쳐간다.

이번엔 시 쓰는 애들만 데리고 왔다. 벌써 다 썼을 시간이다. 그나저나 나는 애들의 대가야 체험에 가이드라도 되어야 하나, 생각하며 발길을 재촉했다. 2년에 걸친 대가야 체험이건만 바쁘다, 바빠!

(2011. 8. 5 ~ 8. 6)

둘째, 아자!

둘째 아이가 들으면 몹시 서운해 할 일이 있다. 지금은 아니라고 강변하는 모양이지만, 그때 서른 두 살은 분명 노총각이었다. 그 딱지를, 열 번도 넘게 맞선을 보는 등 힘겹게 떼어낸 나는 자식 욕심이 없었다. 딱 하나만 가질 생각이었던 것. 교사인 아내도 딱히 반대하지는 않았다.

큰애가 딸로 태어났다. 어머니가 둘째 아들인 나와 살게 된 것은 순전 큰애 때문이었다. 부부교사였기에 어머니로서 도저히 사양할 수 없는 큰애 키워주기였다. 이를테면 무슨 효자가 나서 둘째인 내가 어머니를 모신 것은 아니었던 셈이다.

그러나 어머니를 모시고 사는 대가는 컸다. 따로 살면 명절이나 제사, 어머니 생신이나 어버이날 같은 때 한 번씩 듣고 흘려버릴 수도 있을 것이다. 그런데 365일 노상 둘째 타령을 해대시는 데에는 견뎌낼 재간이 없었다. 버티는 것도 한두 해지 4년 되던 때 결국 나는 백기를 들고 말았다. 어머니의 주장은 한결같았다.

"혼자는 너무 외로워. 애들을 위해서라도 둘은 돼야 혀!"

큰애 하나로 만족하려던 '꿈'이 깨지고, 마침내 둘째가 태어났다. 또 딸이었다. 졸지에 딸딸이 아빠가 되었지만, 어머니는 서운하다 내색하실 처지가 못되었다. 또 딸이 태어나더라도 절대 서운해 하지 않을 것이라는 약속(?)하에 둘째를 갖기로 했기 때문이다.

그렇게 태어난 둘째는 큰애와 5살 터울이다. 벌써 9년 전 돌아가신 어머니 말씀처럼 다섯 살이나 차이가 나는데도 자매간 사이는 단순한 핏줄 이상의 전우애(?)랄까, 아무튼 끈끈한 그 무엇으로 되게 뭉쳐 있다. 적어도 내 눈엔 그렇게 보인다.

이제야 터놓지만, 내가 둘째를 갖지 않으려 한 데는 그만한 까닭이 있었다. 바로 내가 둘째 아들이기 때문이다. 아버지가 서둘러 돌아가시기 전까지만 하더라도 둘째 아들이자 막내인 나는 누님이나 형과 다른 대접의 '왕자마마'였다.

그러나 서른일곱에 청상과부가 된 어머니, 그러니까 편모슬하에서 나는 찬밥 신세였다. 어머니는 장남이자 종손인 형에게 의지하려 했다. 그뿐이 아니었다. 참고서 살 돈조차 형에겐 바로 주던 것을 나는 1주일가량 기다려야 했다. 오죽했으면 초등학교 5학년 때 가출을 했을까! 가출행각은 뒤쫓아 온 형에 의해 싱겁게 끝나버렸지만, 나는 계속 엇나가기만 했다. '이유 없는 반항'이었던 셈이다. 그 결과는 고3 때 59명 중 59등(학급 기준)의 성적으로 나타났다.

환골탈태를 위해 자그마치 5년의 기나긴 세월이 필요했다. 개천에서 용 나듯 나는 고교 졸업 6년 만에 대학생이 되었다. 마치 한이라도 맺힌 듯, 그야말로 눈썹 휘날리게 공부했다. 그리고 지금 29년째 고등학교 선생님이다.

"둘째 아들이 없었으면 어쩔 뻔했어!"

장례식을 치르고 얼마 있다 어머니에게 들었다며 이모가 내게 해준 말이다. 그때 마침 어머니가 그렇게 의지했던 형은 국회의원 선거에서 떨어져 백수로 지내고 있었다. 내 둘째 딸까지 웬만큼 키워주신 후 따로 독립해 홀로 사시는 어머니에게 생활비며 거의 매일 방문 등 그 동안 못다 한 효도를 내 깜냥으론 한다고 하던 시절이었다.

다행히 지금 둘째 딸은 내가 겪었던 편애로 인한 '이유 없는 반항'이 없어 보인다. 돌아가신 어머니가 형을 편애했다면 '그 놈의' 가난이 '웬수'였을 뿐이다. 설마 제 부모가 부부교사인데 둘째 딸을 가난 때문 큰애와 차별하며 키웠겠는가?

아, 둘째가 큰애처럼 서울로 가지 못한 것은 순전 '지 탓'이다. 실력이 안 돼 서울로 대학을 못간 것이니 말이다. 그러고 보면 죽자사자 둘째를 낳지 않으려 한 것은 나의 괜한 기우였지 싶다. 이제 나는 둘째 딸에게 비는 처지가 되었다. 우리 둘째, 부디 아빠 좀 '이쁘게' 봐다오. 아자!

아참, 깜박했다. 어머니 임종 때 백수였던, 그리하여 나보다 더 서럽게 펑펑 울어댔던 내 하나뿐인 형은 지금 국회의원이다.

(2011. 7. 27)

재직자특별전형을 기대한다

이명박정부의 특성화고(옛 전문계고) 대책은 여느 정권에 비해 많은 편이라 할 수 있다. 마이스터고라든가 특성화고 취업강화사업 등이 그것이다. 그런 가운데 "특성화고 졸업 후 3년 이상 취업 땐 대학가기 쉬워진다"는 '재직자 특별전형' 계획이 발표되었다.

재직자 특별전형이란 특성화고 졸업 후 3년 이상 취업자를 대입에서 정원 외로 특별히 뽑는 것이다. 대신 현재 시행되는 '동일계 특별전형'(대학이 특성화고 학생을 정원 외로 5% 선발하는 제도)은 연차적으로 축소, 결국 폐지된다. 쉽게 말해 특성화고 학생들은 졸업 후 진학하지 말고 바로 취업을 하라는 얘기이다.

재직자 특별전형 역시 참여정부의 정책을 뒤집은 것이긴 하지만, 오랜만에 제대로 방향을 잡은 대책이라 할만하다. 지난 해 전문계고 학생들의 대학진학은 10명 중 7명꼴이었다. 취업이라는 전문계고 설립 목적이 무색한 현상이지만, 그것이 엄연한 현실이다.

정부 예산지원으로 취업률 제고에 박차를 가하고 있는 여자상업고 등 전문계고에서조차 학부모총회를 하면 진학반 편성을 비롯한 대입 공부의 활성화대책 같은 학부모들 건의가 봇물을 이룰 정도이다.

그러나 현행법상 전문계고는 그 취지에 맞는 교육과정을 운영해야 한다. 전문계고 취업률 제고사업으로 봄부터 이루어지는 취업학생 지도 및 면접시험 등도 그런 과정이라 할 수 있다. 이명박정부 들어 전문계고에까지 보편화된 8 · 9교시 방과후 학교(사실상 정규수업이후의 보충수업)에서도 그렇게 하고 있다.

사정이 그런데도 전문계고 학생들은 잘도 대학에 들어간다. 아무리 대학신입생 정원보다 고3 수험생이 적어 사활을 건 대학들의 '신입생 모시기'가 치열한 현실일망정 뭐가 잘못되었어도 크게 잘못된 것이라 아니 할 수 없다.

재직자 특별전형이 제대로 된 대책이라 말한 것은 그 때문이다. 개인적으론 전문계고에서의 대학진학이 금지돼야 맞다고 생각하지만, 현실적으로 불가능한 일이다. 그러기에 재직자 특별전형의 의미는 각별해 보인다.

전문계고의 취업강화사업은, 그러나 적잖은 후유증도 안고 있다. 예컨대 학기 초부터 3학년 취업지도 때문 면학분위기가 흐트러질 수밖에 없어서다. 이를테면 대입에 올인하는 일반고와 달리 전문계고는 취업과 진학 두 마리 토끼를 다 잡아야 하는 '이중고'를 짊어지고 있는 셈이다.

특성화고로 이름을 바꾼다고 전문계고 위기가 해소되는 건 아니다. 궁극적으로 전문계고에서는 진학하기가 불리하다는 확실한 인식을 심어주는 대책이 필요하다. 그와 동시에 특성화고 학생으로서 자부심을 갖고 취업하게 하는 것이 진정한 '전문계고 살리기'일 터이다.

애써 지적하자면 많은 여상 학생들이 선택하는 반도체나 LCD 등 대기업 제조직 취업이 올바른 방향은 아니다. 지방 명문 여상고의 금융계취업 인프라 구축이 절실한 이유이다. 재직자 특별전형은 그 첫걸음인 셈이다.

(조선일보, 2011.7.22, 전북매일신문, 2011.7.27)

공교육활성화, 매맞는 교사로는 어렵다

요즘 보도되는 교실 붕괴 기사는 그걸 끝까지 다 읽을 수 없게 한다. 오죽했으면 76세 퇴임 교사가 '5초 체벌 교사 징계 소식'에 분개, 1인 시위에 나섰을까 생각하니 씁쓸하여 견딜 길이 없다.

그만큼 반인륜적 · 패륜적인 내용들이다. 학교의 살풍경스런 모습은 경기도 교육청의 학생인권조례 제정에 이어 지난 해 11월 1일부터 서울시 교육청이 모든 초 · 중 · 고에서 체벌을 전격 금지한 후 벌어진 일들이다.

그런 가운데 「두 교육감, 교실체험 해보라」 같은 데스크 칼럼은 그나마 교사들에게 위안을, 학부모들에겐 공감을 주고 있다. 세상에 학생들이 여교사를 성희롱하고 주먹과 발길질을 예사로 하는 교실이라니, 교사의 한 사람으로서 참담함을 금할 수 없다.

급기야 보수성향 교원노조들이 '체벌금지 불복종'을 선언하기에 이르렀다. 그들은 서울시 교육감에게 "난장판이 된 수업을 제재할 권한도 주지 않으면서 어떻게 공교육을 정상화하라는 것인지 대안을 제시하라"고 요구했다.

그 주장에 보수 · 진보를 떠나 전적으로 공감하는 것은 지금 '막장교실' 현실이 너무 심각하기 때문이다. 이와 관련, 필자는 학생들을 그렇게 날뛰게 하는 것이 진보인지 묻고 싶다. 해결책은 하나다. 결자해지 차원에서 소위 진보교육감들이 '저질러' 놓은 '막장교실'을 스스로 수습해야 한다는 것이다.

그런데 이상한 일이다. 현재는 서울과 경기도에서만 체벌금지가 이루어졌는데, 언론에 보도되는 '막장교실' 문제는 가히 전국적 현상이니 말이다. 이는 소위 진보교육감들의 체벌금지를 포함한 학생인권조례 제정이 현장과 괴리되어 있음을 뜻한다.

그런데도 곽노현 · 김상곤 두 교육감은 체벌금지가 요즘 교실붕괴와 무관하다고 말하는 모양이다. 그런 이상주의자들이 대한민국의 절반을 차지하는 서울과 경기도 지역의 교육 수장이라니 뭐가 잘못되었어도 크게 잘못되었다. 그런 생각이 비단 필자만은 아닐 것이다.

사실 체벌금지는 시대착오적이거나 십분 양보해도 시기상조다. 과거 무너진 학교의 원인 중 하나는 김대중 정부가 선불리 발표한 체벌금지 조치였다. 초등학생마저 선생님에게 잣대로 손바닥 몇 대 맞은 걸 경찰에 신고하는 일이 벌어진 것을 벌써 잊었단 말인가?

겨우 안정을 찾아가나 싶었는데 '일개' 교육감들이 다시 그런 빌미를 제공, 온 나라를 들끓게 하고 있다. 도대체 대한민국은 어떤 나라인가, 반문하지 않을 수 없다. 말할 나위 없이 김대중정부 때보다 더 심한 양상의 교실붕괴현상을 보이고 있어서다.

그렇다고 교사들 편하자고 체벌 허용을 주장하는 것은 아니다. 학생들의 '밥'이 되고 있는 교사들로는 공교육을 활성화시킬 수 없어서다. 학생들에게 희롱당하고, 심지어 맞기까지 하는 교사가 제대로 된 스승이겠는가?

원칙적으로 학교에서의 체벌은 금지되어야 하지만, 지금은 아니다. 교사의 스승으로서의 권위가 이 지경이라면 공교육 활성화는 공념불일 수밖에 없다. 그렇듯 이치는 간단명료한데 두 교육감만 그걸 모르는 것 같아 답답할 뿐이다.

(전북매일신문, 2011.7.20)

교육장공모 문호 개방 해볼만

전라북도 교육청은 9월 1일자 발령을 목표로 교육장 공모제를 진행하고 있다. 계획에 의하면 현장 방문심사와 면접심사, 그리고 공모심사위원회 개최 등을 통해 7월 19일 교육장임용 후보자를 발표할 예정이다. 교체 지역은 공개되지 않았지만, 3곳인 것으로 알려졌다.

일단 교육장공모 절차는 뜬금없어 보인다. 김승환 교육감은 작년 7월 취임 직후 14곳 중 12곳의 교육장을 교체한 바 있다. 나머지 2곳 역시 지난 봄 인사가 있었다. 그러니까 14명 교육장 모두 재임 기간이 1년 미만이라는 얘기이다.

'교육장은 파리 목숨'이라는 탄식이 새어나올 법하다. "특별한 경우가 아니면 2년 임기를 보장하겠다"(전북일보, 2010.7.14)던 김승환 교육감의 공언이 생생한데, 그 사이 무슨 일이 벌어졌는지 되게 궁금하다.

물론 '특별한 경우'가 생긴 교육장이라면 교체해야 맞지만, 그게 아닌 또 다른 이유로 교육장공모를 하는 것이라면 문제다. 인사권 남용은 물론 공모 자체만으로도 전전긍긍하는 분위기가 조성될 수 있기 때문이다. 그런 분위기 속에서 소신껏 직분을 다할 교육장은 없다. 조직의 안정을 꾀하기도 힘들다.

새삼스런 말이지만, 모름지기 인사는 예측가능하고 투명한 것이어야 한다. 14개 지역교육장 중 교체 대상인 2년 재임자가 없는 상황에서 대상 지역조차 공개하지 않은 채 공모를 진행하는 것은 온당치 않다. 도교육청에선 '행정 누수나 공백이 생길 수 있는'(전북일보, 2011.7.7) 우려를 하는 모양이지만, 그러기에 그런 일을 왜 하는 것인가?

어쨌든 1년 만에 이루어지는 3명의 교육장 교체는 지난 해 인사의 잘못을 시인하는 셈이 되어버렸다. 그렇듯 논란으로부터 자유롭지 못한 교육장공모제라면 차제에 생각해볼 것이 있다. 평교사에 대한 문호 개방이 그것이다.

지난 해 장만채 전라남도 교육감은 취임직후 기존 교육장 전원의 사퇴를 요구했다. 그리고 여수 · 영광 · 담양 3개 지역 교육장을 공모했다. 응모 자격은 '정년 잔여기간 3년 이상, 4년제 대졸 기준 9년 이상 평교사'였다. 교장이나 장학관뿐 아니라 교사 누구나 응모를 가능하게 했던 것. 결과적으로 담양과 여수에서 평교사가 응모했으나 교육장에 임용되지는 못했다.

내부형 교장공모제가 그렇듯 평교사에게 개방되는 교육장 공모제라면 적어도 '그들만의 리그' 비아냥은 잦아들 것이다. 초등의 경우 도교육청의 대상지역 비공개 이유 중 하나인 선 · 후배 간 담합 같은 우려 따윈 말끔히 불식될 수 있을 것이다.

단 1년도 교수학습 등 교단 경험조차 없는 인사가 국립 마이스터고에 교장으로 척척 임용되는 세상이다. '교장재직 1년 이상인 현직 교장이나 장학관(교육연구관)'만을 자격기준으로 고집할 일은 아닌 것 같다. 변화되는 세상에 맞게 새로운 패러다임이 교육장공모에도 필요해 보인다.

그 길은 전국 최초로 평교사 지원가능 교육장공모제를 실시한 전라남도 교육청이 이미 열어 놓았다. 개혁이니 혁신이 말처럼 쉬운 일은 아니다. 관건은 교육감의 의지다. 교육장 인사가 임명이 아니라 공모라면 숨어 있는 인재 발굴 차원에서 문호 개방을 적극 검토해볼 만하다.

(전북매일신문, 2011.7.13)

국어교과서를 신주단지 모시듯

최근 교육과학기술부가 발표한 '스마트교육추진전략'에 따르면 2015년까지 초 · 중 · 고 교과에 디지털 교과서가 만들어진다. 디지털 교과서는 기존 CD로 배포되던 전자교과서와 다른 형태로 개발된다고 한다. 필요할 때마다 개별 PC나 태블릿 PC, 스마트폰 등 다양한 단말기에 내려받아 활용할 수 있게 한다는 것.

그냥 발표로 그칠지 더 두고 볼 일이지만, 세상이 너무 변했고 하루가 다르게 변하고 있는 건 사실이다. 그나마 2015년 이후 종이 교과서가 사라지는 것은 아니라니 다행이다. 정규수업 시간에는 온 · 오프라인 교과서가 함께 활용된다. 디지털 교과서는 방과 후 학교나 가정에서 주로 이용한다는 것이다.

후유, 절로 나오는 안도의 한숨 소리다. 예정대로 디지털 교과서가 만들어져 각급 학교에 보급된다면 정년 말년에 '교실 안 스마트 혁명'을 직접 겪어야 할 판이다. 지금의 교과서로도 학생들 가르치는데 아무런 지장이 없다. 그런데도, 2조 2000억 원이라는 막대한 돈을 들여 '스마트혁명'인지 뭔지를 꼭 해야 하는지…….

나의 푸념은, 그러나 내가 '기계치'여서만은 아니다. 29년째 선생을 하면서 깨달은 확고한 신념 때문이다. 바로 '교과서는 소중한 것이여'이다. 우리 것이 소중하듯 교과서 역시 말할 나위 없다. 그것이 국어교사를 30년 가까이 하면서 얻은 나의 결론이다.

최근 '초 · 중 · 고등학교 검정교과서 저자협의회'가 중앙일간지 5단 통광고를 통해 보낸 '대통령께 드리는 호소문'에서도 그 점은 확인된다. 요컨대 교과서는 "한 사회의 지혜와 지식, 시대정신이 결집된 정수精髓"요, "다음 세대를 키워내는 중차대한 소명을 부여받은 책"이라는 것이다.

교과서는 수업시간 중 학생과 교사의 유일한 커뮤니케이션이다. 지식 전수뿐 아니라 대화의 장이고 소통의 창구이다. 그렇기에 교과서는 수업 중 없어선 안될 필수품이다. 벌써 15년 전 어느 전문계고에서 근무할 때였다. 9월 1일자 중간발령에 의해 전문계고로 부임해 간 나는 깜짝 놀랐다.

아예 공부와 시멘트 담을 쌓은 학생들이 부지기수였다. 1교시부터 졸거나 자는 학생, 잡담을 하거나 교과서조차 가져오지 않은 애들 등 이것이 과연 교실일까 하는 의구심에 어찌할 바를 몰랐다. 교과서 검사를 해보니 맙소사, 40여 명 중 겨우 7명만이 가져왔을 뿐이었다.

급기야 나는 그런 교실풍경을 리얼하게 담아 지금도 발행되고 있는 교육신문과 월간 잡지에 발표했다. 지금보다 훨씬 젊은 열정이 있던 시절이었다. '전문계고 이래선 안된다'는 게 글의 의도였지만,

문제는 엉뚱한 데서 불거지고 말았다. 전문교과 동료 교사들이 단체로 강한 유감을 전해왔던 것. 대략 "그럼 우리는 놀면서 월급만 받아먹는 교사들이냐"는 항의였다.

사건 확대를 우려한 보통교과 선배들의 중재도 있고, 나는 직원조회 시간에 공식 사과를 하게 되었다. 공부하려면 교과서 준비 등 기본이 갖춰져야 하겠다는 일념뿐, 솔직히 동료 교사들 명예를 폄하할 의도가 있었던 건 아니었기 때문 가능한 일이기도 했다.

사실 굳이 따져보면 교사 아닌 학생들이 문제였다. 어느 교사가 "교과서 가져오지 말고, 수업시간에 잠이나 자라"고 하겠는가! 물론 그런 학생들일수록 교사의 지도가 필요할 것이다. 지금처럼 체벌이 사회문제화되던 때도 아니었고, 교사의 열정만 있으면 얼마든지 때려서라도 굽은 길의 아이들을 바른 길로 가게 지도할 수 있던 시절이었다.

졸지에 일종의 필화사건을 겪은 나는 그때 전출의무 근무 연한인 2년을 채우고 인근의 인문계고로 옮겨갔다. 당연히 거기에서도 교과서는 필수였다. 그런데 특기 · 적성교육(지금 말로 하면 방과후 학교)시간인 문예창작 강의에선 적당한 교재가 없었다.

생각다 못해 직접 '간이 교과서'를 만들어 활용하게 되었다. 희망학생에 한해 하는 수업이었으므로 정규시간에 쓰는 '작문' 교과서 진도를 나갈 수 없었던 데다가 부피가 너무 많아 제한된 시간에 전부 소화할 수는 없었던 것.

"선생님, 국어나 문학시험 잘 보는 비결이 뭡니까?"

어느 날 수업시간 용기를 낸 듯 물어오는 학생이 있었다. 나는 달달 외워 답을 쓰는 과목이 아닌 국어선생으로서 자신 있게 대답했다.

"비결? 비결은 없습니다. 교과서를 열심히 읽어보는 것 외엔."

학생은 의아해 하는 표정이 역력했지만, 사실이 그랬다. 국어나 문학시험의 답은 "다음 글을 읽고 물음에 답하시오"에서도 짐작할 수 있듯 교과서 속에 있다. 가령 어떤 소설을 한 번 읽어도 이해되지 않으면 다시 읽어야 한다. 그렇게 읽다보면 무슨 내용인지, 또 어떤 메시지인지 감이 잡힌다. 자신 있게 표현하기 등 발표까지는 못하더라도 머릿속에 그림은 어느 정도 그려지게 된다.

교과서는 제쳐두고 문제집 풀이를 하며 수능시험 준비에 몰두하는 인문고 학생들 공부는, 이를테면 헛짓인 셈이다. 공부는 얼마 동안 하느냐보다 어떻게 하느냐가 중요하다. 비효율적 방법으로는 공부한 시간만큼 좋은 성적을 거두기 힘들다.

교과서와 그것 읽기의 중요성이 그렇듯 큰데도 학교 현실은 그렇지 못하다. 안타까운 일이다. 하긴 많은 국어교사들이 그렇게 지도하니 학생들만 나무랄 일도 아니다. 중·고, 인문고·전문계고 가리지 않고 교과서 읽기는 국어나 문학수업의 정답이다. 지금 근무하는 학교 3학년 문학수업시간에도 그 방식은 목하 진행중이다.

솔직히 전문계고에선 각자 집에서 읽어오라면 그렇게 하는 학생이 거의 없어 애써 수업시간에 시나 소설을 읽게 하는 것이다. 예컨대 소설의 경우 다 읽은 후 질문을 던진다. 줄거리는, 주인공은, 느낀 점은 무엇인가? 놀랍게도 학생들은 한 마디씩은 대답한다. 바로 교과서 읽어보기의 힘이다.

그렇듯 교과서는 소중하기 이를 데 없다. 어느덧 '쉰 세대'가 되어서인지 요즘엔 그런 제자를 통 보거나 만날 수 없지만, 젊었을 땐 그러지 않았다. 특히 나를 좋아하는 학생들은 국어교과서를 신주단지 모시듯 했다. 누가 지나가다 가지런하게 놓은 책상 위 국어교과서를 건들기라도 하면 직방 싸움이 일어나기도 했다.

그뿐이 아니다. 불량했던 학창시절에도 나는 교과서만큼은 비닐이나 포장지 따위로 꼭 싸곤 했다. 교사가 되고 나서도 그런 학생을 발견하는 것은 너무 흔한 일이었다.

그러나 지금은 어떤가? 예전 같은 교과서에 대한 정성과 사랑을 찾아보기가 힘들다. 그냥 그런 것이면 그나마 다행인데, 교과서의 진정한 가치를 소홀히 하는 듯하여 안타깝다. 일본의 독도 왜곡 교과서 수록 '준동'만 보아도 그래선 안 된다는 자각이 절로 생겨나지 않는가?

(2011. 7. 13)

뒷집 아저씨

생각해 보니 벌써 27년이 다 되어간다. 내 젊음의 좌절과 절망이 켜켜이 쌓여가던 마을 남노송동南老松洞을 떠나온 것이. 지금 아내와 딸들이랑 살고 있는 송천동 우리 집 말고 어머니와 형, 그리고 내가 살았던 우리 집은 시내 변두리에 있었다.

산림분야 공무원이었던 아버님이 봄 어느 날 예고편도 없이 허망하게 세상을 달리한 것은 내가 초등학교 5학년 때였다. 장례식을 치른 후 서둘러 남노송동으로 이사 온 것은 남편의 갑작스런 죽음을 하루라도 빨리 잊고 싶은 어머니 때문이었다.

'남쪽의 늙은 소나무 마을'이란 뜻의 동네였지만, 실제 늙은 소나무는커녕 송홧가루 날리는 새끼 소나무도 없는 동쪽 마을이었다. 집 바로 위, 5분 거리도 안되는 곳, 나중 나의 모교가 된 중·고등학교가 있을 뿐이었다.(고등학교는 지금도 그곳에 자리하고 있다.)

승용차 2대가 겨우 서로 비껴 갈 수 있는 신작로를 경계로 한쪽은

중노송동이었다. 신작로를 끼고 구멍가게와 싸전, 그리고 문구점 등이 올망졸망 붙어 있었다. 얼마 전 그 쌀집 아들, 나와 초등학교 동창이기도 한 막내아들로부터 연락이 와 깜짝 놀란 일이 있었다. 당연히 너무 반가워서였다.

그러나 남노송동에서의 생활은 결코 순탄치 않았다. 남노송동으로 이사와 적응도 하기 전, 그러니까 초등학교 5학년인 내가 처음 한 일은 가출이었으니까! 아버지 돌아가신 후 편모슬하가 된 나는 어머니의 형에 대한 편애를 못견뎌했다. 그야말로 무작정 집을 나간 것은 어쩜 당연한 일인지도 모른다.

가출은, 그러나 싱겁게 끝나버렸다. 역전으로 나가보니 서울 가는 기차는 밤에나 있었다. 역 대합실에 쪼그리고 앉아 있던 나는 이내 뒤쫓아온 형에게 끌려 집으로 돌아갈 수밖에 없었다.

가출은 헛수고로 끝났지만, 삐딱해진 나는 걷잡을 수 없이 방황과 타락의 수렁으로 빠져들기 시작했다. 고등학생이 되면서는 숫제 '암적인 존재'였고 '인간망둥'이었다. 어찌어찌 졸업장은 받았지만, 그런 나를 오라는 직장이 있을리 없었다.

나는 당연히 마을에서도 악명이 자자한 '아비 없는 호로자식'이었다. 그럴망정 남들에게 막상 그 말을 듣게 되면 나도 모르게 그만 '뚜껑'이 열려버렸다. 편모슬하 자녀들에게서 흔히 나타난다는 행동의 기본적 또는 잠재적 정서라고나 할까?

우리 집에 세 들어 사는 형(두 살 위지만 친구처럼 지냈다.)은 화물차 운전기사였다. 모처럼 집에 들렀지만, 하룻밤 자고 다시 일을 나가야 했다. 그런데 화물차를 주차하려다 운전 미숙으로 그만 담벼락을 살짝 건드리고 말았다. 우리 집 담이었지만 극히 일부는 뒷집

소유였다.

형이 사과하고 피해를 보상한다는데도 뒷집 아저씨는 막무가내였다. 작은아버지뻘쯤 되는 뒷집 아저씨는 막걸리 잔이나 걸쳤는지 형을 심하게 몰아세우며 혼내고 있었다. 보다 못한 내가 한 마디 거들었다.

"아저씨, 우리 집 담이 대부분이고, 아주 쬐끔 그런 건데 너무 심하잖아요!"

"넌 뭐야 새끼야! 애비 없는 후레자식같으니라고……."

아! 그 말을 들은 나는 나도 모르게 용수철처럼 튀어 올랐다.

"그래, 씨팔 ×아! 나는 애비 없는 후레자식이다. 니가 뭐 도와준 것 있냐?"

아마 그 정도, 아니 그 이상으로 이웃집 아저씨에게 막 퍼부어댔던 것 같다. 어머니가 쫓아 나오고, 오히려 형이 말려 겨우 진정은 되었지만, 나는 그나마 동네에서 낯 들고 다닐 처지조차 되지 못하였다.

꼭 그 때문만은 아니었지만, 나는 서울로 올라간다. 무슨 뾰족한 수가 있는 것은 아니었다. 상고를 나왔으면서도 자격증 하나 없는 내가, 고3 때 성적이 59명 중 59등이었던 내가 취직할 곳은 없었다. 1년 동안 신문보급소 총무, 호텔 웨이터, 책 세일 등을 전전하다 다시 남노송동으로 돌아 왔다. 징집 영장이 나온 것이었다.

그로부터 5년 후, 그러니까 고교 졸업 6년 만에 나는 개천에서 용나듯 대학생이 되었다. 졸업반일 때 눈썹 휘날리는 공부 덕인지 순위고사(지금의 교원임용고사)에 합격했다. 그리고 지금 29년째 교사이다.

그러나 화려한 변신을 하는 동안에도 뒷집 아저씨를 찾아볼 짬은 없었다. 내 나이가 57살이니 뒷집 아저씨는 혹 이 세상과 벌써 작별했을지도 모른다. 그렇더라도 '아비 없는 호로자식'의 화려한 변신만큼은 꼭 알려주고 싶다. 이제 그만 용서해달라는 사과와 함께.

(2011. 7. 12)

죽을 용기로 살지, 그런다고 죽냐

노무현 · 최진실 · 안재환 · 최진영 · 박용하 · 정종관.

이미 짐작했겠지만, 최근 2~3년 사이 우리 곁을 떠난 사람들이다. 전직 대통령, 연예인, 축구선수 등 다양한 직업군임을 알 수 있다. 그들은 자연사가 아니라 스스로 목숨을 끊어 세상을 놀라게 했다.

그런데 이번엔 대학교 총장이 스스로 목숨을 끊어 충격을 주고 있다. 그뿐이 아니다. 지난 주 평소 교류해오던 시인이 스스로 목숨을 끊기도 했다. 오죽했으면 그랬겠냐 싶기도 하지만, '그런다고 죽냐'는 생각이 떠나질 않는다.

연예인의 경우 전문가들은 "다른 직업군과는 달리 세대교체가 빠르고, 인기 지속 기간이 짧다는 직업적 특성 때문에 항상 두려움과 외로움과 두려움에 시달린다"고 진단하며 언뜻 긍정적 옹호론을 펼치지만, 그것 역시 아니라는 생각이다.

설사 그렇더라도 그것은 연예인들이 그런 직업을 택한 이상 스스로 감당해야 할 몫이다. 변명이나 합리화시킬 수는 있지만, 생목숨을 스스로 끊어야 하는 절대가치의 이유는 아닌 것이다.

그 점은 다른 부류의 직업을 가진 이들도 마찬가지다. 누구도 예외가 될 수 없지만, 특히 사회 지도층 인사나 연예인 같은 유명인의 자살은 '죽을 용기로 살지, 그런다고 죽냐'라는 아쉬움과 탄식을 준다. 바로 그들의 '이름값' 때문이다.

여기서 짚고 넘어갈 것이 있다. '그럴 수밖에 없었겠어.' 따위 동정론의 언론보도가 그것이다. 자살, 특히 유명인의 자살은 전염력이 매우 강해 모방에 쉽게 노출되는 학생 등 10대 청소년들에게 위험한 영향을 끼치는 사회문제라 할 수 있다.

보건복지부와 한국자살예방협회가 최진실 자살 직후 자살보도를 신중하게 해달라고 언론사에 요청했던 것도 그런 이유에서다. 자살 같은 극단적인 반사회적 행동이 유행을 타서야 되겠는가?

한 가지 분명한 사실은 어느 누구도 살기가 만만하거나 호락호락하지 않다는 점이다. 인간 누구에게도 삶에는 고통과 괴로움, 슬픔과 외로움 등이 따르기 마련이다. 우리가 살고 있는 세상이 원래 그렇다.

그럼에도 불구하고 살아 있음은 축복이다. 아름다운 것이다. 의미와 가치가 충분한 것이다. 극단적으로 말해 아무리 '개 같은' 삶이라하더라도 살아있음이 죽음보다는 낫다.

한 통계를 보면 우리나라 자살 사망자는 인구 10만 명당 24.8명으로 OECD 회원국 가운데 최고 수준이라고 한다. 국가차원의 자살예방 시스템이 절실하지만, 그보다 앞서 관건은 각자의 의지다.

웬만큼 살아봐서 아는데 죽을 용기로 살면 못 헤쳐나갈 것이 없다. 말할 나위 없이 그렇게 서두르지 않아도 우리 모두 언젠가 죽는다. 부디 그 점을 명심, 그 동안은 우리 모두 열심히 살아갔으면 한다.

(전북매일신문, 2011.7.6)

미친 등록금, 이대론 안된다

이른바 '미친 등록금'이 온 나라를 뜨겁게 달구고 있다. 가칭 '등록금과 교육비를 걱정하는 학부모모임'이 국내 최초로 결성되었는가 하면 대학생들은 여학생들까지 삭발한데 이어 지난 달 29일부터 '반값 등록금 실현집회'를 매일 벌이고 있다.

반값 등록금을 피터지게 외쳐대는 대학생들 시위 현장엔 방송인 김제동, 영화배우 김여진 · 권해효 등 30~40대 유명인들이 나타나 후배들을 격려했다. 한 신문사가 한국리서치에 의뢰해 실시한 여론조사에선 국민 5명 중 4명이 '반값 대학등록금' 정책에 찬성하는 것으로 나타나기도 했다.

그렇듯 대학 등록금이 사회 이슈로 등장한 것은 한 마디로 너무 비싸기 때문이다. 비싸다면 그만큼 돈값을 해야 맞는데, 졸업 후 취업난 등 그러지 못해서다. 그런데도 191개 4년제 대학들은 정부 압박에 아랑곳하지 않으며 10곳 중 1개꼴로 등록금을 인상했다.

등록금 인상률이 두 번째로 높은 대학에 막내딸을 입학시킬 때만 해도 그냥 '이렇게 비싼거야.' 했는데, 이제 보니 그게 아니다. 대학생들의 저항에 충분한 당위성이 있다. 학부모들 움직임에 공감이 생긴다.

특히 대학생들이 팔짱을 서로 낀 채 누워 시위하는 장면 사진은 너무 짠해 보인다. 왜 국가의 미래를 짊어진 대학생들이 공부에 매진하긴커녕 길거리에서, 그것도 누워서 돈 문제 따위로 목이 터져라 외쳐대며 서로서로 팔짱을 껴야 하는가?

대학생들이 팔짱을 낀 채 누워 시위하는 것은 청와대로 행진하려다 경찰의 저지를 받았기 때문이다. 소통부재라는 트레이드 마크를 단 이명박정부의 단면이 또 한번 여지없이 드러난 셈이라 해도 시비할 사람은 별로 없겠지 싶다.

국민과 소통하는 민주주의 국가라면 청와대로 향하는 시위대를 막을 이유가 없다. 등록금이 너무 많아 알바 등으로 그 돈을 버느라 공부에 전념할 수 없다는, 대학생들의 하소연마저 원천봉쇄하는 것은 G20개 국 정상회의 의장국 어쩌고 하는 국격에 맞지 않는 볼썽사나운 모습이다.

더 볼썽사나운 것은 대학생과 학부모들의 벼랑 끝에 내몰린 심정을 당리당략적으로 접근하는 듯한 정치권 행태이다. 예컨대 한나라당은 평균 B학점 이상 학생들에 대한 지원방안을 언론에 흘리고 있다. 그것은, 그러나 장학금지원이지 반값 등록금 대책은 아니다.

확정된 당론이 아니라곤 하지만, 아직도 사태의 심각성을 깨닫지 못한 게 아니냐는 의구심을 떨칠 수 없다. 사태의 본질은 그게 아니다. 지금 납부해야 학교를 다닐 수 있는 비싸디 비싼 등록금을 반절까지는 아니더라도 전체적으로 낮춰야 한다는 것이다.

수조 원이 드니 어쩌니 하는 모양이지만, 방법이 아예 없는 것이 아니라면 그렇게 해야 맞다. 민생 문제 등 모든 사안이 그래야 되지만, 특히 미친 등록금만큼은 여·야간 서로 손을 맞잡고 아무런 사심없이 대책을 마련해야 한다.

대학생들이 "우리 부모가 세금을 버젓이 내고 있는데 왜 등록금을 내야 하느냐." 외쳐대며 데모하는 독일처럼 할 수 없을망정, 백악관에서 잘 볼 수 있는 곳에 시위할 자유가 보장되어 있다는 미국같이 하지는 못할망정 분명한 사실이 있다. 미친 등록금, 이대론 안된다.

(전북도민일보, 2011.7.4)

입상자 발표, 약속 지켜라

6월 5일은 세계환경의 날이었다. 우리나라는 1996년부터 법정기념일로 정해 제16회 환경의 날을 맞았다. 그에 맞춰 여기저기서 이런저런 기념행사가 펼쳐졌다. '제9회 영산강 · 섬진강사랑 환경작품공모전'(이하 '환경작품공모전'), '2011세계환경의날기념 제10회 전국환경백일장'(이하 '전국환경백일장') 등이 그것이다.

환경작품공모전은 영산강유역환경청이 주최하고, 광주 · 전남환경보전협회가 주관한 행사이다. 4월 7일부터 5월 4일까지 광주 · 전남 · 북 학생, 일반인을 대상으로 시 · 산문, 사진, UCC 작품을 공모했다. 전국환경백일장은 재단법인 군산환경사랑이 6월 3일 실시한 바 있다.

그 외 전주지방환경청이 주최하고, 전북환경보건협회가 주관한 '제2회 새만금 2020상상일기공모전'이 5월 31일까지 응모를 마감했다. 그림일기는 5~10세, 일기는 대한민국 모든 국민을 대상으로 작품을 공모했다. 6월 중 전주지방환경청 홈페이지와 개별통보로 수상자를 발표할 예정이다.

공모전에는 제자들 작품을 응모했고, 백일장엔 직접 참가시켰다. 모두 최고상이 환경부장관상인 걸 보면 환경부 산하 단체이거나 정부로부터 예산지원을 받아 환경관련 행사를 치르는 것으로 짐작된다. 솔직히 환경관련 단체가 그렇게 많은 줄 처음 알게 되었다.

그러나 학생 문예작품을 공모, 시상하되 문외한이라 그럴까. 그들에게 대회진행은 다소 버거워 보인다. 특히 이미 입상자 발표와 시상이 끝난 환경작품공모전의 경우가 그렇다. 주최(관)측은 5월 19일 개별통보, 홈페이지 게재로 발표한다던 약속을 지키지 않았다. 당일 전화로 항의하니 그제서야 5월 20일로 하루 연기했음을 공지사항에 올렸다.

결재가 늦어져 그리 되었다는 직원 설명은 이해되지 않았다. 무슨 청장 결재가 하루씩이나 걸리는지, 심사위원회가 올린 수상자 명단에 청장은 사인만 하면 되는 것일 텐데, 하는 상식적 생각을 갖고 있었기 때문이다. 출장 등 청장 부재중이라 하더라도 그 정도는 전결로 결재가 이루어질 사안이 아닌가 싶다.

하루 늦어진 그 사이 무슨 '음모'가 있었는지 의혹이 생기는 것은 홈페이지 게재의 약속을 지키지 않아서이다. 개별통보와 홈페이지 게재의 발표 사이엔 하늘과 땅만큼의 차이가 존재한다. 응모자 전원을 포함한 모든 이들이 아는 것과 수상자와 주최측 단 둘이만 아는 것의 차이이기 때문이다.

그 때문 응모한 제자들에게 '연락오지 않았냐'고 물어보는 것으로 심사결과를 판단할 수밖에 없었다. 그 동안 주최(주관)측 홈페이지를 수없이 방문하는 등 시간낭비가 심했음은 물론이다. 약속지키지 않은 수상자 발표의 주최측으로부터 뒤통수를 한 대 얻어맞은 셈이라고나 할까.

전국환경백일장의 경우는 또 다른 문제를 안고 있다. 그 백일장엔 10회째 한 해도 빠지지 않고 학생들을 인솔, 참가해 왔다. 1등상인 장원도 제자가 받은 적이 있는데, 맙소사 부상은 고작 10만 원(그것도 문화상품권)이었다. 명색 전국대회이고, 훈격이 환경부장관상인데, 너무 '쪽팔리지' 않는가?

환경을 살리겠다며 관련 단체에서 공모전이나 백일장을 하는 것은 좋은데, 분명한 사실이 있음을 명심했으면 한다. 어린 학생들이 표현을 안 해서 그렇지 모두 느끼긴 한다는 사실이다. 학생들에게 '쪽팔릴' 일도 그렇지만, 불신마저 심어준다면 많은 돈을 들여가며 굳이 그런 행사를 할 이유가 없지 싶다. 말할 나위 없이 그것은 혈세낭비이기도 하다.

(전북매일신문, 2011.6.29)

LH 실패, 자중지란은 안돼

LH(한국토지주택공사)가 경남 진주로 일괄 배치되었다. 전라북도와 도내 국회의원, 도의원, 종교계, 전북애향운동본부 등 도민의 염원을 담은 각계 각층 지도자들이 '범도민적으로' 분산배치에 나섰던 터라 허탈감과 상실감은 클 수밖에 없다.

경남 진주로의 일괄배치가 발표된 뒤에도 도내 국회의원과 전라북도 등 정 · 관계 인사들은 대통령 면담을 요구하며 청와대 앞 정부 규탄 시위에 나서고 있다. 이에 대해 청와대는 싸늘한 반응으로 일관하고 있다. 아주 이상스럽게도 중앙 언론 역시 묵묵부답이다.

일부 신문만이 정부의 일관이전 발표 다음 날 사설 '지역감정들만 더 키운 엘에이치 본사 진주이전'을 통해 LH 문제를 제기한 정도이다. 사설은 분산배치 원칙을 밝혔던 정부의 뒤집기에 대해 성토하고 있다. 원래 나눠 가기로 한데다가 통폐합한 뒤 분산배치 약속에 따른 전북 몫 챙기기는 정당하다는 주장도 들어 있다.

그런데 정부가 발표한 일괄배치 이유는 "통합된 공사를 다시 양분하는 것은 경영 비효율화를 낳아 통합 취지에 부합하지 않는다"는 것이다. 이 말을 뒤집어보면 통합 당시부터 진주로 고스란히 보내려 했던 혐의를 읽을 수 있다. 애초에 지역균형발전 따위는 이명박정부의 코드가 아니었던 셈이다.

사정이 이런데도 이상한 기류가 흐르고 있다. 도의회의 책임론 따지기에 이어 시민단체의 "LH 실패 국회의원 도지사가 책임져야"가 그것이다. 도의회나 시민단체 모두 그 위상과 임무가 있어 일견 그럴 듯한 주장이나 지적처럼 보이지만, 그러나 도민의 한 사람으로서 그것을 온전히 받아들이기는 거역스럽다.

가령 시민단체는 전북 정치권에 대한 대대적인 물갈이를 주장했다. 또 '권의주의적인 낡은 리더십의 김완주 도정'을 질타하고 있다. 앞에서 보듯 국회의원이나 신식 리더십의 도지사였어도 진주로의 일괄배치는 정해진 수순임이 드러났는데, 뭘 더 어떻게 했어야 한다는 말인가?

그렇다면 LH 유치실패라는 결과로 이어지는 동안 시민단체는 도대체 분산배치를 위해 무슨 활동을 했는지 묻고 싶다. 삼보일배를 벌이며 일괄배치의 검은 속내를 드러내지 않는 정부에 강한 압박이라도 가해놓고 '관변단체 동원'이니 '도정에 책임 돌리기 급급한 의원'들이라며 질타하고 있는 것인가?

요컨대 LH 유치실패가 명백해진 지금은 '우리끼리' 자중지란을 일으킬 때가 아니라는 것이다. 멀쩡한 우리 몫을 '날강도'처럼 빼어간 이명박정부에 대해선 도민들의 응징이 있을 것으로 믿는다. 다른 사안에 비해 너무 무기력하게 대응한 민주당 지도부에 대해서도 마찬가지이다.

내친김에 하는 말이다. 청와대 앞까지 가지도 못하는 수요일 시위 잠정중단은 잘한 일이다. 그 대신 앙꼬 없는 찐빵처럼 되어버린 혁신도시는 반납하기 바란다. 그와 관련된 모든 행정에 대한 비협조, 무대응 전략은 일견 속이 다 후련한 대응이라 할만하다.

지역간 균형발전을 이루지 못한 역대 정권의 '죄업'이 아직까지도 하늘을 찌르고 있는데, 이명박정부만 그걸 모르는 모양이다. 그런 '무지한' 이명박정부는 놔둔 채 '우리끼리' 자중지란하는 것은 옳지도 않고 바람직스럽지도 못하다.

(전북매일신문, 2011.6.22)

혼불학생문학상 지도교사상 유감

지난 9일 '혼불학생문학상' 수상자가 발표되었다. 방송사가 주관해서 그런지 밤 9시 뉴스를 통해서였다. 장원의 주인공이 '군산여자상업고등학교 1학년 변아림양'이란 뉴스를 보았을 때 필자의 수상때보다 더 놀랍고 기쁜 마음이었다. 필자가 지도한 제자가 기라성 같은 일반고 · 외고학생들을 제치고 최고상을 차지했기 때문이다.

다음 날 출근하니 뉴스를 봤다며 동료 여러 명이 필자에게 축하의 말을 전해왔다. 교장은 출장중이었고, 교감에게 기쁜 소식을 먼저 전했다. 학교 홈페이지에 올리라는 교감의 '명'에 따라 그리 하기도 했다.

한편으론 이번에도 지도교사상 없는 대회에서 제자가 1등을 한 것이라 내심 서운했고 아쉽기도 했다. 지난 봄 제자가 목정문화재단 주최 전북고교생백일장에서도 장원(운문부)을 차지했지만, 아뿔사! 지난 해까지 있던 지도교사상은 폐지해버린 후였다.

그런데 어찌된 일인지 13일자 지역신문에 보도된 제자의 장원 수상 소식엔 지도교사상 수상자 명단이, 그것도 3명씩이나 들어 있다. 의아스러운 것은 장원 수상학생 지도교사인 필자 이름이 없어서가 아니다. 이상한 것은 작품공모시 공문내용에 지도교사상 시상이 없었기 때문이다.

이는 바꿔 말하면 주최측이 즉흥적이거나 임의로 지도교사상을 선정했다는 의미이다. 그것도 말이 안되지만, 장원 수상학생의 학교 교사에게 주는 일반적 상식을 뒤엎는 것이라 당혹스럽다. 3명 수상자 명단을 살펴보니 아마도 지도교사상 선정기준은 다수학생 수상 학교의 교사인 것 같다.

하지만 그것도 썩 납득되진 않는다. 전북외고 7, 전주유일여고 5, 전주동암고 3명 순대로의 지도교사상 수상도 아니기 때문이다. 3명의 동암고 대신 2명 수상의 전주 해성고가 전북외고, 전주유일여고와 함께 지도교사상 수상자이다. 장원 학생의 지도교사를 제외하고, 다수 수상 학교도 아니라면 그 기준은 도대체 무엇인지 아리송하다.

혹 지도교사상 기준은 응모작 규모인가? 그래도 문제는 남는다. 37명 수상자 중 전문계고 학생은 군산여상이 유일하다. 이는 전문계고의 부인할 수 없는 학생 글쓰기 현실이다. 필자 역시 장원 수상 제자 포함 겨우 3명만 응모하게 할 수 있었다. 그런 기준이라면 전문계고 교사는 원천적으로 지도교사상 수상을 봉쇄당하고 있는 셈이다.

물론 지도교사상을 주고 안주고는 주최측의 자유이다. 학생작품을 공모하면서도 지도교사상이 없는 백일장이나 공모전도 많다. 그럴망정 지도교사상을 주는 것이라면 공모내용에 알려야 맞다. 당연히 인원, 훈격, 선정기준 등이 제시되어야 한다.

처음에 계획이 없었다면 지도교사상은 주지 않아야 맞다. 제자의 수상 소식을 듣고 이런 '엿 같은' 기분이 들기는 20년 만에 처음이다. 처음 공모전이라 시행착오도 겪을 수 있지만, 그런 지도교사상이라면 제2회부터는 '구색맞추기'쯤 되는 전문계고를 아예 빼고 공모하기 바란다.

한 가지 이상한 것이 또 있다. 지난 5월 어느 백일장대회에서 실무자로부터 교육감상이 축소된다는 얘길 들은 것과 달리 신설된, 그것도 한 대회에 3명이나 주는 교육감 지도교사상이 그것이다. 어느 곳엔 '막 퍼주고' 어떤 대회엔 있던 상도 없애는 교육감상이 되어선 곤란할 것이다.

(전북매일신문, 2011.6.15)

바보 아빠 만든 보이스피싱

얼마 전 마침 개교기념일이어서 집에 있었다. 운동하고 샤워 후 머리를 말리고 있는데 전화벨이 울렸다. 웬 전화인가 의아해하며 수화기를 드니 '그놈 목소리'가 들렸다. 딸 이름(고1년생이다.)을 대며 "데리고 있으니 많이도 필요 없고 일천만 원만 보내라"는 것이었다. 딸은 병원 검진이 있는 날이라 학교에 있지 않았다.

"유괴라니, 당신 애들 유괴범은 100% 잡힌다는 것 몰라서 하는 짓이야, 시방?"

나는 기세좋게 오히려 반격을 가하고 있었다. 사태의 심각성을 온몸으로 느낀 것은 "아빠, 살려주세요"라는, 영락없는 딸아이의 우는 음성이 수화기를 통해 들리면서부터였다.

나는 '그놈'이 하라는 대로 휴대폰으로도 전화를 받는 한편 계좌번호 · 비밀번호 등을 초등학교 학생처럼 불러주었다. 어제까지 조회했던 예금잔액 번호는 웬일인지 자꾸 틀렸다. '그놈'이 버럭 짜증을 냈다.

잔액이 40만 원도 안된다고 하니 '그놈'은 10분 줄 테니 돈을 입금시키라며 인심 쓰듯 말했다. 다시 내가 이백만 원은 30분 사이에 해볼 수 있을 것 같다고 하자 '그놈'은 "아이 살리려거든 어떻게 해야 하는지 알지?" 하며 전화를 끊었다.

돈을 마련하기 위해 양말을 신는데 평소같지 않았다. 외출복으로 갈아입고 문을 열려는 순간 신고가 떠올랐다. '딸을 무사하게 하려면 경찰에 신고해선 안되는데…….' 고민이 계속되었다. 그때 잘 아는 아무개 경찰서장이 떠올랐다.

"보이스피싱 같은데 우선 딸에게 전화부터 해보세요. 그리고 다시 전화주세요."

아무개 서장이 내 전화를 받고 말했다. 그제서야 왜 딸아이한테 전화해볼 생각을 못했는지, 아차 싶었다. 벨이 여러 번 울렸는데도 딸아인 전화를 받지 않았다. '영락없이 잘못되었구나.' 깊은 체념의 늪에 빠져드는 순간 딸 아이 목소리가 들렸다.

"예, 아빠 저 검진 끝내고 시내 나와 친구들하고 밥 먹고 있어요!"

딸아인 생글거리는 평소의 전화음성대로 말하고 있었다. 아무개 경찰서장의 말처럼 보이스피싱(전화금융사기)에 걸려든 것이었다. 신문이나 방송 등 언론을 통해 그런 범죄를 알고는 있었지만, 솔직히 내가 당하리라는 생각은 해본 적이 없었다.

아무개 경찰서장에게 즉시 전화를 했다. 곰곰 생각해보니 괘씸하기 이를 데 없는 일이었다. 휴대전화에 찍힌 '그놈'의 번호를 눌러댔다. 분명 발신음으로 찍힌 번호인데, 없는 번호라는 멘트가 흘러 나왔다. 또 걸어오겠지 생각하며 '그놈'을 확실히 혼낼 생각이었다.

은행에 지급중지 요청의 전화를 한 후에도 '그놈' 목소리는 다시 들려오지 않았다. 답답하고 한심스러워 견딜 길이 없지만, 분명한 사실이 있다. 내가 이 글을 쓰는 순간에도 보이스피싱은 버젓이 자행되고 있을 것이란 점이다. 특히 자녀납치 운운 사기 건은 꼼짝없이 당할 수밖에 없는 범죄란 점이 문제이다.

보이스피싱 범죄가 얼마나 자심한지 학교 "수업중이나 시험보는 시간 휴대폰 켜야 하나 꺼야 하나" 하는 제목의 신문기사가 있을 정도이니 할 말을 잃는다. 보이스피싱을 직접 겪은 내가 한 가지 터득한 지혜가 있다.

지금 생각해보니 자녀유괴 운운하며 돈부터 보내라는 전화는 십중팔구 보이스피싱이다. 진짜 유괴의 경우 그렇듯 조급하게 돈부터 요구하지 않으니까. 그에 맞춰 이렇게 대처해보면 어떨까.

"뭔 소리야, 우리 애 지금 멀쩡히 잘 있는데!"

그러나 그로부터 7개월 후인 2009년 1월, 나는 다시 보이스피싱에 걸려들고 말았다. 방학중이라 점심식사 후 여유롭게 음악을 듣고 있는데, 전화가 걸려 왔다. 마침 집에는 아무도 없었다. 받아보니 우편물 반송 어쩌고 하는 내용이었다. 그냥 끊었으면 아무 일 없었을텐데, 궁금증이 일어 1번을 누른 게 화근이었다.

통화하는 동안 계속 의아해하며 반문해도, '그놈'은 전화를 끊지 않았다. 얼마전 본인 모르게 계좌에서 돈이 빠져나가는 신종범죄 소식을 TV뉴스에서 봤던 터였다. '그놈'의 '안전한 조치'라는 말에 솔깃했는지, 나는 마치 무엇에 홀린 듯 휴대폰을 끄지 못한 채 현금지급기 앞으로 가게 되었다.

몇 번이나 번호를 잘못 누르면서도, 결국 내 손으로 계좌이체를 한 것이었다. 자그마치 1천 3백 4십만 원이었다. 이체를 끝내놓고 보니 졸다가 물벼락이라도 맞은 듯 정신이 번쩍 들었다. 아는 경찰서장에게 전활 걸어 신고하고 은행에 지급정지 요청을 했지만, 10분 남짓한 그 사이 이미 돈은 빠져나가고 없었다.

그 날 밤 나는 잠을 이룰 수 없었다. 아내는 그렇다쳐도 어린 딸에게 '바보 같은 아빠'가 되어버린 자괴감이 어둠 속 천장에 늘어붙어 자꾸 나를 놀리는 듯했다. 배울 만큼 배운 사람이, 그런 교육을 학생들에게 시켜 그들 부모가 당할 피해 예방을 해야 할 교사가 정작 보이스피싱에 걸려 들다니!

동료나 친구 누구에게도 너무 '쪽팔려' 아무 말 하지 못한 채 벙어리 냉가슴 앓듯 두 달여 흐른 어느 날 보이스피싱에 걸려 6백 49만 원을 송금한 여대생의 자살 소식이 들려왔다. 아무리 그렇다하더라도 생목숨 끊은 것은 옳지 못한 일이지만, 보이스피싱 경험자로서 그 심정은 충분히 이해가 되었다.

국민권익위원회에 따르면 2008년의 경우 110 콜센터에 접속된 보이스피싱 신고 건수는 7만 7177건, 피해액은 21억 9100만여 원에 달한다. 신고되지 않은 것까지 합치면 피해 규모는 훨씬 더 크고 많을 것으로 추정된다.

경찰 백 명이 도둑 1명을 잡는 게 어렵다고 하나 정부의 강력한 대책이 필요한 대목이다. 그야말로 '보이스피싱과의 전쟁'이라도 벌여 애먼 서민들 소중한 목숨을 끊는 일이 다시 일어나지 않게 해야 할 것이다. 보이스피싱 근절 역시 친서민정책의 시각에서 접근하면 어떨까?

경찰로부터 내가 계좌이체한 2명의 통장주인 검거 소식을 들었지만 돈을 찾지는 못했다. 그나마 소득이라면 이제 다시 보이스피싱에 걸려들지 않을 자신감이다. 계좌이체 운운하는 건 무조건 전화사기 범죄라는 사실이 그것이다.

떠올리기조차 싫은 악몽을 먼지 털어내듯 애써 꺼내놓은 이유이다.

(2010. 10. 30)

맞춤형 피서지 함안으로

"이번 피서는 함안으로 간다."

고3 막내딸의 여름방학 중 보충수업이 끝나갈 무렵 내가 불쑥 말했다. 아내와 딸은 내가 뜬금없이 하는 말로 여겼는지 모르지만, 사실은 그게 아니다. 가야에 대한 관심은 2006년 최인호의 소설 『제4의 제국』을 읽으면서 비롯되었다. 지난 해 인기리에 방송되었던 드라마 「선덕여왕」을 보며 다시 가야가 떠올랐다.

마침내 얼마 전 끝난 MBC 주말특별기획드라마 「김수로」는 가야에 대한 내 관심의 결정판이었다. 드라마 「김수로」는 유감스럽게도 「선덕여왕」과 달리 본전 생각나게 한 대하사극이었지만, 나로 하여금 가야(발상지)로의 여행을 부채질한 것만은 틀림없다.

"근데, 아빠 함안이 어디예요?"

딸이 젓가락으로 반찬을 집어 들며 시큰둥한 표정으로 묻는다. 딸은 내심 학창시절의 마지막 여름방학(비록 보충수업이다 뭐다 해서 겨우 4~5일 주어지는 것이지만)이라 바다 등 좀 더 그럴 듯한 피서를 생각했는지도 모른다. 피서가 소원이다시피한 아내 역시 마찬가지다.

나는 딸애의 호기심을 자극할 양으로 내가 아는 가야에 대한 그리 많지 않은 상식을 얼른 풀어놓기 시작했다. 백과사전이나 역사책에서 알아본 가야는 고대 낙동강 하류지역인 변한에서 1세기경 12부족의 연방체가 단합하여 6가야로 통합된 나라이다. 6가야는 금관가야(김해) · 대가야(고령) · 소가야(고성) · 아라가야(함안) · 성산가야(성주) · 고려가야(상주 · 함창) 등이다.

사실 가야 하면 김해(금관가야)를 떠올리지만, 나로선 이미 한번 가본 곳이어서 흥미가 덜했다. 고령(대가야) 역시 지난 봄 가보았다. 마침 '대가야 체험축제'가 열리는 때였지만, 제자들을 데리고 이조년백일장에 참가하기 위한 나들이였다. 딸애는 내 설명에 흥미를 느꼈는지 또 물었다.

"그럼 함안에 유명한 것이 뭐 있나요?"

"그건 가보면 안다!"

마침내 8월 12일. 그 날 세계일보에 실린 "함안군수의 '신선한 파격' 훈훈"이라는 기사를 보기도 했다. "군수 권한 대폭 넘기고, 불필요한 의전행사는 축소"한다는 내용이다.

눈이 부시게 높은 하늘이다. 그만큼 더위가 맹위를 떨치는 날씨이기도 했다. 그 동안 함안군청 홈페이지 등을 수시로 방문했음은 말할 나위 없다. 먼저 여항산 · 방어산 · 청룡산(작대산) 등 '함안의 명산'은 비켜갔다. 고3 딸애를 데리고 등산은 엄두도 낼 수 없어서다.

함안박물관을 비롯 명승지와 문화유적, 천연기념물과 사찰, 그리고 서원 등 알고보니 가볼 곳이 너무 많았다. 1박 2일도 아니고 당일치기로는 눈물을 머금고 몇 군데로 제한할 수밖에 없었다. 원칙은 함안을 강렬하게 상징할 수 있는 곳이어야 했다. 함안박물관, '도항·말산리고분군, 입곡군립공원, 고려동유적지, 대산리 석불 등이 가보기로 한 곳들이다.

함안에 도착한 건 낮 11시 조금 넘어서였다. 시장기가 들었지만, 즉시 함안박물관으로 향했다. 도로 표지에 안내된 대로 찾아가니 바로 함안박물관이었다. 2003년 10월 30일 개관한 함안박물관에선 가야인들 삶의 흔적을 볼 수 있었다. 가야읍 도항리 아파트 신축공사시 출토된 4~5세기 때 유물들이 그것이다.

물론 선사시대의 유물도 있다. 몸돌(구석기시대)·빗살무늬토기(신석기시대)·붉은 간토기(청동기시대)가 그것이다. 또 '안야국'이라는 소국小國에 불과했던 삼한시대의 주머니모양단지·소뿔모양손잡이항아리 등이 1~2세기에 걸쳐 전시되어 있다. 투박하면서도 다소 특이하게 생긴 모습이다.

'안라국'으로 성장한 4세기 이후의 유물들은 특이한 모습을 넘어 신비스럽기까지 하다. '공工자 모양 굽다리 접시'라든가 '불꽃무늬가 있는 굽다리 접시' 등은 어디 역사 드라마에서 본 것도 같지만, '수레바퀴모양토기'와 '미늘쇠'는 처음 대하는 것들이다. 이 나이 되도록 가야 유물을 직접 본 것은 처음이라니, 아무리 역사 아닌 국어선생 일망정 부끄럽기조차 하다.

가장 눈길을 끈 것은 안라국의 활발한 대외교류이다. 이 점은 드라마 「김수로」에서도 본 바 있지만, 가야 여러 나라뿐 아니라 백제 · 신라, 그리고 바다 건너 왜倭와도 활발하게 교류했음을 보여주는 것은 외래계 토기들이다. 특히 일본 각지에서 '함안산' 토기가 출토되고 있다니 놀랍기도 하고 뿌듯한 마음이다.

함안박물관에는 그 외에도 말갑옷, 목간, 책판 등이 자세한 설명과 함께 관람을 돕고 있었다. 한참을 둘러보고 메모도 하다보니 딸애가 배고프다고 보챈다. 당연히 금강산도 식후경이다. 이곳저곳에서 기념사진을 찍고 서둘러 식당을 찾았다.

손님이 제법 북적이는 식당에서 쌈밥을 맛있게 먹고 가야읍에서 제일 가까운 대산리 석불을 보러 갔다. 알고 보니 17세 이하 여자축구 월드컵에서 일본을 꺾고 세계를 제패한 여민지 · 이정은 선수가 재학중인 대산고등학교가 있는 바로 그 마을이다.

그러나 생각처럼 석불을 쉽게 찾진 못했다. 입곡군립공원쪽으로 한 바퀴 도는 등 헤맸지만, 그래도 좋았다. 어차피 처음 가보는 곳이니 드라이브한 셈치면 되고, 그 또한 다 의미가 있을 것이기 때문이다.

함안면 소재지로 들어가 주민에게 물어 가까스로 대산리 석불을 찾아갔지만, 맙소사! 그곳엔 터만 있었다. 이를테면 함안 톨게이트에서 구한 '아라가야의 고도, 함안여행' 팜플렛이 '오보'를 한 셈이었다. 그 전까지 있었다는 주민의 말을 뒤로 한 채 곧장 찾아간 곳은 입곡군립공원이었다.

그런데 알고보니 함안이 처음 와 본 곳은 아님을 깨닫게 되었다. 연전에 진해와 김해를 가면서 통과한 산인톨게이트가 바로 함안군 산인면에 있는 곳임을 알게 되어서다. 갑자기 그리 낯선 함안이 아님을 생색내려 하는데 딸애가 소리친다.

"와, 너무 멋져요. 아빠!"

국립공원도 아니고 도립공원도 아닌 입곡군립공원의 풍광을 보고 딸애가 10대소녀다운 감수성을 발휘한 것이다. 산과 물, 그리고 더위를 피해 여유작작 나선 사람들. 아마 눈이 부시게 푸르고 높은 하늘 때문인지도 모를 일이다. 혹은 집에서 독서하는 것이 제일 좋은 피서라는 아비임을 알고 한 소리인지도 모를 일이다.

고려동 유적지 가는 길도 그렇게 쉽지는 않았다. 마침 공사 차량들이 옛길로 드나들어 표지판을 쉽게 볼 수 없었는지 모르지만 어쨌든 한 번 지나쳤다 다시 돌아와 찾아간 고려동 유적지였다. 고려동 유적지는 이성계 세력에 의해 고려가 무너진 것에 분개한 성균관 진사 이오李午의 충절을 기린 곳이다. 지금까지 고려충신으로 정몽주 등만 알고 있던 무지가 절로 드러난 셈이다.

다시 함안군청쪽으로 향했다. 설마 했는데, 도항·말산리 고분군은 정말 함안군청 뒷편에 자리잡고 있었다. 군청 주차장 한켠 계단을 잠깐 오르니 웅장한 모습의 무덤들이 눈앞에 펼쳐진다. 고총 고분이 153기, 그 유역 면적이 14만 평이라니 경주나 부여에서도 볼 수 없었던 규모가 아닌가 싶다.

"진짜로 대단하네!"

여기저기 다니며 딸보다 더 마냥 좋아하던 아내가 모처럼 한 마디 한다. 나는 그 말에 괜히 우쭐해진다. 가족을 위해서 먼 길 마다하지 않고, 바다 아닌 고대국가의 발상지, 맞춤형 피서지 함안으로 역사 여행을 떠나온 까닭이다. 이런 기분이라면 돌아가는 길도 그리 피곤하지 않으리라!

(2010. 10. 11)

경주, 또 다른 모습의 황홀경

경주를 모르는 한국인이 있을까? 한국인뿐만 아니라 외국인에게도 널리 알려진 신라 천년의 고도古都 경주인 만큼 한두 차례 가보지 않은 사람 또한 없으리라. 고교 교사인 나 역시 수학여행 인솔부터 가족과 함께한 나들이까지 여러 차례 경주에 간 바 있다.

그러나 2009년 10월 마지막 일요일 경주행은 조금 색다른 경험이었다. 취재차 경주에 갔기 때문이다. 뭐, 취재차라고? 그렇다. 나는 학교신문 '녹원소식' 지도교사이다. 그리고 그때는 MBC 대하드라마 「선덕여왕」이 '국민드라마'로 불리울 만큼 그야말로 확 뜨고 있었다.

그 국민적 관심과 열기를 생생히 담아 우리 '녹원인'에게 르포로 전하고 싶었다. 「선덕여왕」 세트장인 신라밀레니엄파크를 취재하기 위해 학생기자를 데리고 경주에 다시 가게된 것이다. 사실은 최종회인 62부까지 단 한 회도 빠짐없이 시청한 열혈팬이었던 나의 간절함이 더 컸는지도 모른다.

출발 당일 이른 아침, 학생기자 2명이 전화를 해왔다. 원래 3명의 학생기자가 가기로 되어 있었는데, 갑자기 2명이나 못 가게 된 것이다. 학생기자 한 명만 데리고 가야 하는, 자칫 또 연기되거나 최악의 경우 취소까지 해야 하는 위기상황이 아닐 수 없었다.

하지만 그 위기를 극복하는데는 그리 많은 시간이 걸리지 않았다. 동리 · 목월문학관에 대한 또 다른 유혹을 떨치기 힘들었던 것. 안개가 끼어서인지 달리는 기분이 마냥 신나진 않았지만, 이미 한 차례 연기했는데 '지금 아니면 언제 가볼 수 있으랴'는 마음엔 변함이 없었다.

졸지에 혼자 취재에 나선 학생기자 수빈이 뒷좌석에서 졸다 깨다를 반복하는 사이 경주 톨게이트에 도착했다. 그런데 아뿔싸! 고속도로에서는 막히지 않았는데 경주 입구에 오니 각종 차들이 장사진을 이루고 있었다. 설마 신라밀레니엄파크와 동리 · 목월문학관을 가는 차량은 아니겠지 하면서도 평일 르포에 인색했던 교장 선생님 생각이 절로 떠오르는 걸 어찌 할 수 없다.

관광도시라 그럴까. 20여 분 만에 경주시내로 들어서자 바로 휴게소가 있었다. 금강산도 식후경, 수빈은 아침식사도 거른 모양이었다. 너무 반가워 얼른 식사부터 해결했다. 도로나 안내가 비교적 잘 되어 있어 많이 헤매지 않고 「선덕여왕」 세트장에 도착할 수 있었다.

그곳엔 많은 차량들이 넓디넓은 주차장을 가득 메우고 있었다. 또 상상할 수 없을 만큼 많은 사람들이 북적거리고 있었다. 다시 한 번 「선덕여왕」의 인기를 실감하는 순간이었다. '옳지, 르포답게 바로 이런 현지 모습을 생생하게 전하기 위해 이리 먼 곳까지 달려온 게 아니던가?' 생각하며 연신 카메라 셔터를 눌러 댔다.

매표와 함께 받아든 팜플렛을 펼치며 세트장 안으로 들어갔다. 우선 사복차림인 수빈이 교복으로 갈아입어야 했다. 말할 나위 없이 르포 기사와 함께 실릴 현장감 넘치는 사진을 위해서였다.

화장실 밖에 적당한 곳이 없어 그리 보내고, 주위를 둘러보니 먼저 '송림길'이 시야에 들어온다. 시대별로 신라적 분위기를 느낄 수 있게 한 송림 길가 나무 위엔 돌모양의 스피커가 있다. 안내 멘트 대신 음악이 나오고 있다. 제법 이채롭다.

신라궁궐에 들어섰을 땐 실제 촬영 장면을 보는 것 같았다. 신라궁궐은 미실의 처소와 공주궁 등으로 나오는 「선덕여왕」 촬영의 대표적 장소라 할 수 있는 곳이다.

곳곳에는 드라마 촬영을 하다가 찍은 사진들이 전시되어 있었다. 화랑산채에 들어서니 주연인 김유신을 빼고 드라마에서 감초 역할을 톡톡히 하는 화랑들이 금방이라도 눈앞에 나타날 것만 같다.

다음 둘러본 곳은 여러 가옥들이다. 가옥은 신라시대의 신분에 맞게 구분되어 있다. 진골 가옥은 그 자체가 너무 커서인지 눈에 확 띈다. 6두품 가옥에 들어가니 최치원과 설총이 안내 표지에 나와 있다. 역사에 이름을 남긴 그들이 6두품 출신이라는 걸 처음 알게 되었다. 담장에 기와가 없는 것이 6두품 가옥의 특징이라는 사실도 알게 되었다.

애써 아쉬운 점을 꼽자면 비싼 입장권이다. 성인 기준 18,000원의 관람료는 그 어떤 유명 드라마 세트장을 다녀 봤어도 없던 고액이다. 신라밀레니엄파크 르포를 '녹원소식'에 실어 재학생 · 교직원 ·

동문 등 학교 구성원의 마음 깊숙이 들어찬다면 그 값어치는 충분한 셈이라는 자위를 하며 동리 · 목월문학관으로 향했다.

그야말로 엎드리면 코 닿을 거리, 과문불입過門不入이라는 말도 있지 않은가! 하긴 그런 말이 없어도 문학 교사인 나로선 꼭 방문하고 싶은 곳이었다. 김동리가 누구인가, 박목월이 누구인가? 김동리의 단편소설 「역마」는 해마다 문학시간에 가르치고 있다. 청록파 시인 박목월 역시 마찬가지다.

그런데 신라밀레니엄파크로 오는 길과 달리 안내가 자세히 되어 있지 않았다. 아주 가까운 거리에 위치해 있는데도 길을 헤맨 건 그 때문이다. 국내 유일의 '쌍둥이' 문학관이라 할 동리 · 목월문학관을 답사한 감회는, 오히려 그 때문 더 설레고 기쁜 것이었다.

다만, 아까 TV드라마 세트장에서 북적이던 인파는커녕 열 손가락 안에 들 정도의 관람객이 아쉬울 따름이다. 때아닌 '문학홀대'가 떠올라서다. 규모가 그리 크진 않았지만, 일단 엄숙한 기분이 든 건 그 때문일지도 모르겠다.

고요하여 생기는 경건함과 진지함. 문학관 앞 분수만이 가까운 거리인데도 어렵사리 찾아간 우리를 반겨준다. 전시된 시화들을 살펴보고 문학관으로 들어갔다. 작품연보, 펜 · 안경 같은 유품, 집필실 등을 보니 금방이라도 동리 · 목월이 말을 걸어올 것만 같다.

이런저런 백일장 공모전에서 상을 여러 번 받은 수빈에게 방명록 작성을 권했다. 수빈인 처음엔 주저하더니 '나도 꼭 후세들이 기억하는 글쓰는 사람이 될 것'이라 쓴다. 뜻밖에 수빈의 야무진 다짐을 대하니 뿌듯해진다. 그만큼 동리 · 목월문학관에서 깊은 감명을 받았다는 반증인 것 같아서다.

불현듯 마음이 급해진다. 짧은 10월의 해를 생각하며 톨게이트로 향했다. 그런데 이건 또 웬일인가! 경주에 들어올 때 상황은 아무것도 아니었다. 고속도로로 접어드는데 1시간도 더 걸린 '고통'을 미처 예상치 못한 경주행이다.

그럴망정 신라 천년의 고도 경주에 대한 또 다른 모습의 황홀경을 만나본 감홍은 1년이 지난 지금도 이렇듯 '생생 블루스'로 남아 있다.

(2010. 10. 10)

골동품, 그래 바꾸자

지난 해 9월 학생 4명을 데리고 고산 윤선도 백일장대회에 참가했다. 여유롭게 출발했는데도 처음 가는 길이라 그런지 시간이 빠듯했다. 백일장 장소인 전남 해남군 녹우당에 도착했을 때는 이미 일정에 대한 안내가 진행되고 있었다.

주차 후 행사장으로 올라가니 애들은 다른 참가 학생들 속에 섞여 얼른 보이지 않았다. 어디 있는가 확인하려고 휴대폰을 꺼내 들었다. 마침 혜진에게 온 메시지를 지우지 않고 둔 게 있었다. 뚜껑을 열어 두 번만 눌러 간편하게 통화가 이루어졌다.

"와, 신기하다! 골동품 같아요. 박물관으로 보내야겠네, 호호호……."

한참 통화를 하고 있는데, 초등학생으로 보이는 여자애가 내 앞으로 다가와 말했다. 그 친구들로 보이는 초등학생들 여러 명이 순식간에 나를 에워싼 채 말하며 웃기까지 한 것이었다.

내가 아니라 휴대폰을 보고 하는 말이요 웃음이었다. 글쎄 요즘 같은 초스피디, 첨단화된 정보통신시대에 10년쯤 사용했으니 그런 소릴 듣는 게 당연한지도 모르겠다.

그러나 나의 생각은 다르다. 아직 멀쩡한데 새것으로 바꿀 이유가 없었다. 설사 가진 게 돈밖에 없다하더라도 그건 그렇다. 한데 꼬맹이들로부터 그런 소리와 웃음까지 사고 보니 괜시리 얼굴이 빨개지는 기분이었다.

하긴 내 휴대폰은 직접 가르치는 제자들로부터 오래전 웃음거리가 되기도 했다. 어느 날 3학년 1반 문학수업시간 요란한 벨소리가 울려댔다. 아뿔사! 나는 당황한 나머지 양복 오른쪽 주머니에 들어 있는 휴대폰을 꺼내 들었다. 스팸이나 다름없는 전화였다. 얼른 끄고 잠시 중단된 설명을 이어 가려는데, 여기저기서 웃음소리와 함께 한 번 보자는 요구가 빗발쳤다.

학생들 요구를 거절했냐고? 그러지 못했다. 진지한 수업 분위기를 깨버린 죄책감보다도 숨기거나 감출만한 하등의 잘못된 것이 아니라는 자부심 때문이었다. 언젠가는 3학년 2 · 3반에서, 1학년 국어 수업시간에도 그런 일이 벌어졌다.

그렇듯 제자들에게 '박물관에나 가야 할' 나의 휴대폰이 공개되니 오히려 뭔가 편한 기분이었다. 수업에 들어갈 때는 휴대폰을 끄거나 소지하지 않아야 되지만, 나는 그렇게 습관이 되어 있지 않다. 하루 종일 한두 통 전화가 걸려올 정도로 이 정보통신시대와 거리가 먼, 현대 속 원시인 같은 생활을 하고 있어서다.

내가 첫 휴대폰을 갖게 된 건 1998년이었던 것으로 기억된다. 집이나 사무실이 아닌 거리에서 전화를 할 수 있는 휴대폰이 처음 나왔을 때 과학의 발달에 놀라기는 했을망정 강렬한 호기심이나 소유욕 따위는 일지 않았다. 동료 교사가 같이 가자고 하도 권하여 갖게 되었을 뿐이다.

그 '웅장함'이 마치 무전기 같았던 나의 첫 휴대폰은, 그러나 2년 만인가 3분지 1쯤 크기로 줄어든 '016 애니콜'로 바뀌게 되었다. 불과 2년 만에 이루어진, 그렇듯 초소형 휴대폰 등장은 그야말로 신기할 정도의 진화라고나 할까. 아무튼 일단 두 번째 폰은 처음 것에 비해 가벼워 휴대하기가 편하고 좋았다.

다만 너무 귀엽게 생긴 것이 흠이었다. 어느새 안경 너머로 액정화면에 나타나는 글씨 등을 보는 불편함이 따랐던 것. 하긴 중년 이후에 돋보기 안 쓰는 사람이 비정상이듯 작은 휴대폰 탓만을 할 수도 없는 노릇이었다.

무엇보다도 어디 다치거나 상한 데가 없는데 애들처럼 유행에 놀아날 필요가 없었다. 아니다. 오랜 세월이 흘러도 반가운 올드보이처럼 겨우겨우 익힌 기능을 버리고 싶지 않았는지도 모른다. 또는 새것을 구입하면 온갖 첨단화된 기능을 새로 익혀야 할 일이 심란해서인지도 모른다.

그렇다. 50대 중반에 접어든 내게는 뭔가 새로운 걸 해보려는 의욕도, 그것을 눈썹 휘날리게 하려는 열정도 없다. 그래서 지금은 국회의원인 형이 백수시절, 그러니까 54세 때인가 색소폰을 어느새 배워 가족들 앞에서 시연試演했을 때 나는 그 열정에 깜짝 놀랐다.

그뿐이 아니다. 오래 전 모셨던 교장선생님이 70을 바라보는 나이에 수필 쓰는 걸 보고 놀라기도 했다. 전직 교장선생님은 내게 작품을 이메일로 여러 편 보내왔다. 문학평론가인 나더러 문장이며 문단, 띄어쓰기와 맞춤법 따위 정서법을 지도해달라는 것이었다.

내가 열심히, 열정을 가지고 하는 일은 27년째 교직 동안 오로지 글쓰기 지도이다. 새파란 후배들에게 물려줘도 진작 물려줬어야 할 학생들 글쓰기 지도이건만, 나는 어느 학교에서든 그 일만큼은 도맡아 하고 있다. 학교신문이며 교지제작 지도 역시 응당 나의 몫이다. 그런 일은 내게 교실 수업 못지않은 자부심과 뿌듯함을 안겨준다.

"아니, 무슨 휴대폰을 또 산다는 것이냐?"

애비가 그런 사람인데, 1년 전 고2 막내딸은 그걸 미처 몰랐던 모양이다. 막내딸은 새 휴대폰으로 바꾼지 6개월뿐이 안됐는데도 막 출시된 새 모델 타령을 하고 있었다. 갖고 싶다는 새 모델 휴대폰의 가격은 자그마치 40만 원이나 되었다.

얄미운 것은 아내였다. 나 역시 어느 부모들처럼 하도 험악한 세상이라 문명의 이기인 휴대폰이 어느 정도 자녀에 대한 안전장치를 한다고 믿고 있다. 2년 전. 마침 학교생일이라 집에서 쉬고 있는데 유선 전화벨이 울렸다. 딸을 데리고 있다는 '그 놈 목소리'였다. 처음 당하는 일이라 '그 놈 목소리'대로 하다가 문득 아는 경찰서장이 떠올랐다.

"보이스피싱 같은데 우선 딸에게 전화부터 해보세요."

왜 진즉 그런 생각을 하지 못했을까. 나는 경찰서장 충고대로 급하게 휴대폰을 열었다.

"네, 아빠? 건강 검진 마치고 친구들과 밥 먹고 있어요."

마치 전쟁터에서 죽었다 살아온 아들 목소리 같았다. 그야말로 깻잎 한 장 차이로 보이스피싱을 피해갔음은 물론이다. 그렇더라도 아무런 고장이 없는 휴대폰을 6개월 만에 새 모델로 바꾸는 것은 낭비고 사치라는 생각엔 변함이 없다.

남들은 부부교사인 나더러 '걸어다니는 중소기업'이라며 부러워하지만, 비교적 여유가 있는 형편이라 하더라도 그 진리가 바뀔 이유는 하등 없다. 아내는 그런 나에 동조해 딸을 설득해야 했는데, 정반대였던 것이다.

나의 일장 훈시와 간헐적 고성 때문이었는지, 딸애는 기어코 눈물을 흘리고 있었다. 참 이상한 일이다. 총각 때 여자의 눈물에 결코 약해지는 남자가 아니었는데, 자식 이기는 부모 없어서인가. 결국 나는 40만 원짜리 새 모델 휴대폰을 딸에게 사주고 말았다. 원님 덕에 나발 분다고 아내도 그보다 적은 가격으로 새 휴대폰을 챙기게 되었다.

"아빠, 예쁘죠?"

다음 날 딸애는 언제 연기하듯 펑펑 울었냐 싶은 얼굴이었다. 미리 봐둔 모델인지 직방 새 휴대폰을 들고 와 자랑이 청산유수였지만, 나는 애써 외면해버렸다.

딸애가 금세 무안해하며 제 방으로 가버리고 나서도 한참 후에야 나는 딸애의 새로 산 휴대폰을 볼 수 있었다. 딸애가 화장실 간 사이 몰래 그 방으로 들어가 얼른 본 것이었다.

그때까지만 해도 나의 휴대폰은 건강했다. 아이들처럼 책상 아래로 떨어뜨린 적이 없었다. 그렇다고 어디 식당 같은데 두고 온 적도 없었다. 비록 제자들 웃음거리가 되고 초등학생들에게마저 골동품 소리를 들었을망정 10년 가까이 동고동락한, 그야말로 올드보이 같은 휴대폰이었다. 액정 볼 일이 있으면 안경 너머 눈 앞 바짝 대는 것도 이제 습관이 돼 아주 자연스럽게 느껴졌다.

"따르릉 따르릉~~."

몇 달 전 어느 날 마침 수업이 없어 책상에 앉아 이것저것 하고 있는데, '원시음'인 일반 전화벨 소리의 휴대폰이 울렸다. 바깥 액정을 보는데, 아무것도 없는 게 아닌가! 2010년 x월 x일 xx시라는 액정화면 표시가 저절로 지워져버린 것이었다. 전화벨이 울려도 이를테면 어디서 온 것인지 알 수 없게 되어버린 셈이다.

"부품이 없습니다. 웬만하면 바꾸시지요."

서비스센터에 갔더니 그 대답이 나로선 가관이었다. 부품이 없어서 고칠 수 없다니! 사용한지 아직 10년이 채 안된 휴대폰인데……. 그래도 당장 휴대폰을 바꿀 생각은 일어나지 않았다. 불편함 하나가 추가된 셈이지만, 10년 동안 고락을 함께 해온 친구 같은 휴대폰을 버린다는 건 생각만 해도 끔찍한 일이었다.

그로부터 두어 달쯤 지났을까. 지난 여름 가족들과 피서를 갔을 때였다. 휴대폰 뚜껑을 열자 안쪽 액정화면이 순식간에 사라져버렸다. 마침 고속도로 휴게소에 내려 아내와 나란히 편의점으로 갈 때였다. 아내에게 중병에 걸린 휴대폰 알몸을 송두리째 들켜버린 셈이었다.

기다렸다는 듯 아내의 끈질긴 공략이 시작되었다. 가족 3명이 뭉치면 30% 할인된다나 어쩐다나, 공짜폰 모델을 찍어오기까지 하는 등 야단법석이었다. 여러 날 때아닌 고민과 갈등을 겪던 내가 내린 결론은 '골동품, 그래 바꾸자'였다. 불과 20여 일 전 일이다.

"선생님, 새 폰 보고 싶어요."

1학년 유린이가 제법 간절하게 요구했지만, 그러나 솔직히 말하자면 썩 즐거운 기분은 아니다. 만지작거리고, 보고 또 보며 사용법을 익혀야 할텐데 그것이 그리 만만한 일이 아니어서다. 우선 아쉬운 대로 수능 준비에 여념없는 막내딸 도움으로 이름과 함께 번호 여러 개를 저장했다.

과연 스스로 그리 할 수 있는 날은 그 언제일까, 나는 새 휴대폰으로 인해 변화된 삶을 살게 될까?

(2010. 9. 23)

깜도
안 되는 것들이

인쇄 2013년 1월 15일
발행 2013년 1월 22일

지은이 장 세 진
발행인 서 정 환
발행처 신아출판사

등록 1984년 8월 17일 제28호
주소 전주시 완산구 공북 1길 16(태평동 251-30)
전화 (063)275-4000, 253-5633
팩스 (063)274-3131
E-mail sina321@hanmail.net
shina321@chol.com

값 15,000원

ISBN 978-89-98524-04-3 03810

이 도서의 국립중앙도서관 출판시도서목록(CIP)은 e-CIP홈페이지(http://www.nl.go.kr/ecip)와 국가자료공동목록시스템(http://www.nl.go.kr/kolisnet)에서 이용하실 수 있습니다.(CIP제어번호: CIP2013000041)